中青年经济与管理学者文库

湖北省社会科学基金一般项目（后期资助项目）成果，项目立项号：2019090

CEO SHEHUI ZIBEN DUI QIYE CHUANGXIN DE YINGXIANG YANJIU

CEO 社会资本对企业创新的影响研究

赵丽娟　著

中国财经出版传媒集团
中国财政经济出版社

图书在版编目（CIP）数据

CEO社会资本对企业创新的影响研究 / 赵丽娟著. --北京：中国财政经济出版社，2020.6
（中青年经济与管理学者文库）
ISBN 978-7-5095-9669-2

Ⅰ.①C… Ⅱ.①赵… Ⅲ.①社会资本－影响－企业创新－研究 Ⅳ.①F273.1

中国版本图书馆CIP数据核字（2020）第035618号

责任编辑：潘 飞　　　　责任校对：徐艳丽
封面设计：智点创意

中国财政经济出版社 出版
URL：http：//www.cfeph.cn
E-mail：cfeph@cfemg.cn

社址：北京市海淀区阜成路甲28号 邮政编码：100142
营销中心电话：010-88191537
北京财经印刷厂印装 各地新华书店经销
880×1230毫米 32开 8.875印张 209 000字
2020年6月第1版 2020年6月北京第1次印刷
定价：40.00元
ISBN 978-7-5095-9669-2
（图书出现印装问题，本社负责调换）
本社质量投诉电话：010-88190744
打击盗版举报热线：010-88191661 QQ：2242791300

策划人语

题记：一个人的精神成长史，取决于他的阅读史。只有阅读能最有效地培养精神生活习惯，而好的习惯又培养性格，性格决定人生。

——我们自豪，因为我们就是创造这精神产品的人。

选择了飞翔，总能看到蓝天；选择了远航，总能感受大海。人生不仅要作出选择，也要坚持住自己的选择。学会计、当编辑是我的意外选择。人说编辑是为人做嫁衣，可是这一选择我坚持了27年，苦在其中，乐在其中，也算是有声有色。每当我把一本本好书呈献给人们的时候，我觉得我是“富贵”的人：富，不是你身上的钱财，而是你心里的满足；贵，不是你地位的显赫，而是你被人需要的程度。

书海探寻，情怀永恒

我要说，做编辑我幸运，因为我不仅是第一个读者，可以对作品“品头论足”，也可以对作品“生杀予夺”；更重要的是，这是一个很高层次的平台，在多年与名家的交往和名著的“对话”中，深深地为他们的人格和才学所感动，被作品的精彩所吸引，这不仅使我“下笔如有神”，更使我的思想和灵魂也受到一次次洗礼和震撼，得到一次次升华。对于我的作者我的书，如数家珍，作者中不乏才学和为人同样过人的多位泰斗和“颜值高责任大”的众多才子佳人；策划的作品不仅立足专业还兼顾人文，也是情怀所在，专业加人文路才会更宽。

多年的体会是，作为一名编辑，起码要“三心二意”，即“责任心、细心、耐心”和“服务意识、创新意识”。要多策划一些有分量的拳头产品，用一个选题推动一个系统工程，用一个系统工程培养一个出版社品牌。给新入职编辑讲座时我做过一个比喻：编辑两项基本功，审稿——甚至要比博导审批学生论文还要全面、细致；选题策划——要像电影导演一样做“星探”，善于发现优秀作者和挖掘好的原创作品。记不得27年来我策划和编辑了多少书，组织和策划了一大批教材、业务培训用书、通俗读物、理论专著等，有的获得过国家、省部级各类奖项，有的以其填补空白、社会热点、风格新颖、开拓尝试等特点受到读者的欢迎。20世纪90年代我开始自主策划选题，多年来每年都有新丛书问世。比如，21世纪初内部控制研究在国内刚兴起时，策划了《现代内部控制丛书》，其中《企业内部控制管理操作手册》是我鼓励作者将自己饱含心血的经过长期钻研和实践并证明卓有成效的成果奉献付梓，使得更多的人能受益于此，这无疑是对我国内部控制理论探索和实践发展的一种贡献，内部控制选题至今还是热点。2013年的《来去无尘——一位财政部长的生前事》所展现的吴波精神，与深入推进党风廉政建设相得益彰，得到中央领导同志的高度重视和重要批示。中央各大主流媒体纷纷连续报道，掀起了全社会学习吴波高尚情操的热潮。2014 年至今的前沿选题《财务云丛书》等也越来越受到业界认可。

想是问题，做是答案

众所周知，目前的图书出版业在行业竞争和纸质图书受到严重冲击的情况下，出版人无不感到莫大的危机。在这种背景下，策划一套专业图书是颇感困惑的一件事，风险更大。但即使这样我们也不能因噎废食、停滞不前，还要积极应对，继续发挥纸质图书的固有特质，挖掘出版内容和形式都精彩的原创作品，适应新形势下读者的更高需求。2017 年，我们接受新的挑战，开启新的征程，又策划《中青年经济与管理学者文库》《当代税收名家丛书》《中国税务律师系列丛书》《现代管理实务丛书》《高等院校应用型会计人才精细化培养系列教材》等，继续为扶持学术研究和总结最新成果，在高端研究与专业知识普及和应用之间搭建一座座有益的桥梁。

每一个时代的经济环境不同，理论研究和实务探索所需要解决的问题也有所差别。当前我国不仅处于经济结构调整和供给侧改革的攻坚期，同时也处于大数据和互联网突飞猛进的变革期，矛盾叠加，风险交汇，市场环境和组织模式不断演变发展、推陈出新，经济、管理、财税等领域的新理论、新思想、新方法、新工具也层出不穷。乱花渐欲迷人眼，击水三千浪几何？这些领域的研究人员被时代赋予了更艰巨的责任，也面临着更高、更多元的要求，我们不仅要具备更广阔的学术视野，而且要有更严谨的学术思维。

输在犹豫，赢在行动

《中青年经济与管理学者文库》的作者，都是我国经济与管理领域的中坚力量，也是未来的大家。他们中有些人潜心从事理论研究，有些人则深耕在实务一线，但无论现实身份如何，视野全都没有被拘泥在“象牙塔”内。他们从不同视角对市场经济的不同要素进行细致审视，然后汇聚于“财经版”这面旗帜之下，相互碰撞，彼此激荡，力求在市场经济转型升级的关键时期留下最新鲜的“中国印记”。

这些经济与管理领域的中青年学者，就是我国市场经济发展的潜力与优势，他们的研究成果，不仅将引领市场经济的各个组成环节向更科学、更先进的方向发展，而且将成为我国政府和企业在未来经济世界扮演更重要角色的支点与动力。祝愿这些中青年学者能攀上更高的学术之山，走向更远的研究之路，也期待宏观、中观、微观各个层面的市场参与者都能从这套文库中得到切实的启发与指引，在全面深化改革、增强发展活力的关键时期，发挥正能量和积极作用，为经济社会发展增添新的动力！

如果您认可，如果您有意愿，欢迎您和您的朋友加盟我们的作者队伍！在中国财经出版传媒集团的“旗舰”下，中国财政经济出版社这“老字号”，一定励精图治，谱写新的篇章。我们用“龙的精神，玉的品质”来助力您实现梦想！

策划人：樊清玉

邮箱：qingyuf@ sina. com

2017 年春

前　言

创新是一个国家和民族进步的灵魂，是推进社会经济发展的不竭动力。近年来，我国经济处于增速换挡阶段，为了确保社会经济的平稳运行、实现社会的和谐共处，中国政府高度重视并积极寻找推动经济可持续发展的新引擎。“大众创业、万众创新”已经成为引领社会经济发展的重要理念之一，构建国家创新体系是促进经济增长的新动力。企业作为经济运行中的微观主体，实现企业创新在促进国家创新体系的建设中发挥了重要的支撑和引领作用。从企业层面来看，创新有助于培育企业的长期竞争优势，引领企业新的增长点；从社会层面来看，企业创新有助于促进社会的技术进步，实现产业的转型升级，推动经济的可持续发展。因此，推动企业创新是实现社会经济发展的一项重要工作。

企业创新是一项资源消耗较大、收益不确定性较高的战略选择。企业创新活动的开展离不开企业内外部资源的整合与投入；然而，单纯依靠企业内部创造的资源已经很难满足企业创新发展的需要，从企业外部寻找促进企业创新的资源优势是实现企业创新的必由之路。但是，现阶段我国经济处于转型的特殊时期，各项外部正式制度还不够完善，企业能够从正式制度中获取的资源也非常有限，此时，作为正式制度有效补充的非正式制度成为企业获取资源的另一有效途径。首席执行官（Chief Executive Officer，CEO）社会资本是典型的非正式制度下的产物，CEO 社会资本是指嵌入其社会关系网络中的能够被个人和企业利用的资源的集合。非正式的社会关系网络是社会资本形成的载体，社会资本的运用在中国关系文化盛行的背景下是一种普遍的现象，CEO 作为连接企业与外部利益相关者间的"桥梁"，CEO 社会资本的运用有助于实现企业与外部相关者群体之间的资源交换与互补，为企业创新活动的开展提供了重要的外部信息和资源，从而影响企业的创新水平。

本书立足于中国关系文化和转型经济的特定背景，深入研究了不同维度的 CEO 社会资本对企业创新的影响及其作用路径，为 CEO 社会资本影响企业创新的研究提供经验证据。本书主要从以下 6 个方面展开研究：

"绪论"部分。阐述了本书的研究背景和研究意义；提出本书的研究目的，概括本书的研究内容和研究方法；阐明本书的研究思路和结构安排。

第一章，"理论基础与文献综述"。首先，对本书涉及的重要的概念进行界定，确定其研究范畴；其次，归纳并总结与本书相关的理论基础，为后续研究提供理论支撑；最后，梳理现有相关文献的进展情况，指出现有研究中的不足，引出本书的切入点，阐明本书拟要解决的问题。

第二章，“CEO 社会资本与企业创新关系的研究”。本章实证检验了不同维度的 CEO 社会资本与企业创新的关系，以及不同维度的 CEO 社会资本相互作用对企业创新的影响；同时，还进一步考察了不同维度的社会资本对企业创新的影响在不同属性企业中的差异，本章的研究结论为不同维度的社会资本与企业创新之间的关系提供了重要的经验证据。

第三章，“CEO 社会资本影响企业创新的作用路径分析”。本章从“资源分配”和“风险承担”这两个视角出发，分别引入“研发投入强度”和“风险承担水平”这 2 个中介变量，构建了不同维度的 CEO 社会资本影响企业创新作用路径的分析模型，进行实证检验，由此打开了不同维度的社会资本影响企业创新的作用“黑箱”，揭示了不同维度的 CEO 社会资本影响企业创新的作用路径。

第四章，“CEO 社会资本与企业创新关系中的调节作用分析”。本章从企业外部制度环境和企业内部激励和监督机制出发，引入市场化程度、持股比例、薪酬水平以及董事会权力 4 个调节变量，构建不同维度的社会资本与调节变量的交互项，实证检验市场化程度、持股比例、薪酬水平以及董事会权力在 CEO 社会资本影响企业创新的过程中的调节作用。

第五章，“研究结论与展望”。本章对本书的主要结论进行概括，阐明本书的研究结论给企业管理和监管部门带来的启示，并指明本书的理论贡献和研究创新；最后，指出本书的不足之处和未来可能的研究方向。

根据本书的研究内容，利用我国上市公司的样本数据，采用固定效应模型，对 CEO 社会资本影响企业创新的后果及其作用机制进行实证分析，得出了以下 4 个方面的研究结论：

第一，不同维度的 CEO 社会资本对企业创新的影响不同。研究结果表明：CEO 商业社会资本和与海外社会资本对企业创新有显著的正向影响，商业社会资本与海外社会资本有利于促进企业创新；而政治社会资本对企业创新具有显著的负向影响。

第二，不同维度的 CEO 社会资本相互作用对企业创新的影响不同。研究结果表明：商业社会资本和海外社会资本均有助于缓解政治社会资本对企业创新造成的不利影响，而海外社会资本弱化了商业社会资本对企业创新的促进作用，海外社会资本和商业社会资本在影响企业创新的过程中存在替代效应。

第三，不同维度的 CEO 社会资本影响企业创新的作用路径不同。研究结果表明：研发投入强度在政治社会资本和商业社会资本影响企业创新过程中发挥部分中介作用，风险承担水平在政治社会资本和海外社会资本影响企业创新过程中发挥了部分中介作用，说明创新资源分配和风险承担意愿是 CEO 社会资本影响企业创新的有效路径。

第四，不同情境因素在 CEO 社会资本影响企业创新的过程中的调节作用存在差异。研究结果表明：市场化程度在 CEO 社会资本影响企业创新的过程中发挥了负向调节作用；持股比例在商业社会资本和海外社会资本影响企业创新的过程中发挥了正向调节作用，而在政治社会资本影响企业创新的过程中发挥了负向调节作用；薪酬水平在政治社会资本影响企业创新的过程中发挥了负向调节作用，减弱了其政治社会资本对企业创新的不利影响；董事会权力在商业社会资本和海外社会资本影响企业创新的过程中发挥了正向调节作用，而在政治社会资本影响企业创新的过程中发挥了负向调节作用。

本书的创新之处主要体现在以下 4 个方面：

第一，构建了不同维度的 CEO 社会资本影响企业创新的作用模型，揭示了不同维度的CEO社会资本在影响企业创新的过程中的作用差异，拓展了社会资本在企业创新战略领域的相关研究，为提升企业创新水平提供了新的理论视角。

第二，构建了不同维度的CEO社会资本相互作用对企业创新的作用模型，揭示了不同维度的社会资本在影响企业创新的过程中的交叉作用，深化了我们对不同维度社会资本对企业创新发挥作用的理解，加深了对社会资本动态转换能力的认识。

第三，构建了不同维度的CEO社会资本影响企业创新的作用路径模型，本书深入挖掘了不同维度的社会资本影响企业创新的作用路径，揭示了创新资源分配和风险承担意愿是CEO社会资本影响企业创新的有效路径，利用作用路径模型检验了研发投入和风险承担水平在不同维度的社会资本影响企业创新的过程中的中介作用，丰富了不同维度的社会资本影响企业创新的作用机制研究，为后续深入研究CEO社会资本对企业创新的影响提供了扎实的理论基础，为企业和监管部门合理利用社会资本来提升企业创新提供了参考。

第四，构建了企业内外部情境要素在CEO社会资本影响企业创新的过程中的调节作用模型。揭示了不同内外部环境下CEO社会资本影响企业创新的差异。本书从企业内部激励和监督机制以及企业外部制度环境2个视角出发，引入市场化程度、持股比例、薪酬水平以及董事会权力4个调节变量，构建CEO社会资本与调节变量的交互项，实证检验CEO社会资本影响企业创新的过程中的调节效应，拓宽了社会资本影响企业创新调节作用的研究范畴，对加快提升企业的创新水平具有重要的理论和现实意义。

感谢湖北省高校人文社会科学重点研究基地“中南民族大学高校风险预警防控研究中心”资助。

目录

绪　论

自法国社会学家 Bourdieu（1978）在《社会科学研究》杂志上正式提出社会资本的概念以来，与社会资本相关的研究引起了多个学科领域众多学者的广泛兴趣。从资源观的视角来看，社会资本是嵌入行为主体社会关系网络的资源集合，社会关系网络是社会资本产生的重要载体。中国是一个关系文化较为盛行的国家，关系思维时刻影响着人们的生产生活，人们在生产生活中也会积极寻求关系网络的构建，因为关系网络能够给人们的生活带来了诸多便利，使人们的生产生活变得游刃有余。在当前经济转型的特殊背景下，各项正式制度还相对欠缺，企业从正式市场中获取的资源比较有限，为了获得维持企业长期发展的竞争优势，中国的企业管理者们非常重视关系网络的建立和运用，因为丰富的社会关系网络可以为企业发展提供资源支撑。CEO 是企业日常经营活动的最高决策者，嵌入 CEO 社会关系网络的社会资本必然会影响到企业战略选择，进而影响到企业的长远发展。因此，本书基于中国关系文化和经济转型的特殊背景，去研究嵌入不同社会关系网络的 CEO 社会资本对企业创新的影响，以期获得适合中国情境的 CEO 社会资本影响企业创新的经验证据。具体来说，本书立足于中国关系文化和转型经济的特定背景，利用上市公司的大样本数据，构建多元回归分析模型，运用 Excel、Stata 等统计分析工具，深入研究了 CEO 社会资本对企业创新的影响后果及其内在作用路径，回答并解释了以下几个问题：（1）在中国关系文化和转型经济的特定背景下，CEO 社会资本是否会对企业创新这一战略选择产生影响？（2）不同维度的社会资本相互作用对企业创新的影响如何？（3）CEO 社会资本影响企业创新的内在路径是怎样的？（4）企业内外部情境要素在 CEO 社会资本影响企业创新过程中的权变效应有何差异？

本章为“绪论”部分，重点介绍本书的研究背景与研究意义、研究目的、研究内容与研究方法、研究思路和技术路线以及本书的结构安排，本章的介绍，有助于我们从整体上认识和了解本书的研究内容。

第一节　研究背景与研究意义

一、研究背景

（一）现实背景

第一，提升企业创新，实现企业可持续发展是中国经济平稳运行的重要保障。创新是一个国家和民族进步的灵魂，是推进经济社会发展的不竭动力。近年来，我国处于经济增速换挡阶段，为了确保经济的平稳过渡、实现社会的和谐共处，中国政府高度重视并积极寻找推动经济可持续发展的新引擎（Lee，2015）。“大众创业、万众创新”已经成为引领经济社会发展的重要理念之一，习近平总书记在庆祝改革开放40周年的重要讲话中强调“创新是改革开放的生命”，肯定了创新在改革开放中发挥的重要作用。当前中国社会正在积极构建以企业为主、市场为导向的国家创新体系。企业是国家经济体系中的微观主体，企业创新在国家创新体系的构建中发挥了重要的支撑和引领作用。从宏观层面来看，企业创新有助于促进社会技术进步，提高社会生产力，实现产业的转型，进而推动经济的长期可持续发展；从微观层面来看，企业创新有助于提高企业资源的利用效率，增强企业的核心竞争优势，实现企业新的增长。因此，提升企业创新能力、实现企业的可持续发展是中国经济平稳运行的重要保障。

第二，在中国经济转型的特殊背景下，正式制度对企业创新的支持力度还有待提升。1984年以来，中国政府开始实行“计划经济加市场经济”的双轨制发展模式。经过多年的不懈努力，我国市场经济体制已经初步建立，市场在资源配置中的主导地位逐步加强，政府在市场经济中的职能也逐步发生改变。但是，在经济转型的特殊背景下，我国市场经济制度的建立还任重道远，离完备的市场经济制度还存在一定的差距，虽然政府的作用在逐渐减弱，但是很多的社会资源还掌握在政府手中，市场还未在资源配置中发挥绝对的支配作用，市场这种正式制度能够给企业发展提供的资源还比较有限，企业面临的资源约束状况没有得到很好的改善。企业创新是一项资源消耗较大的战略选择，没有充足的人力、物力和财力的支持，创新活动的开展会受到较大限制。为了缓解企业创新面临的资源约束，企业就会积极地寻找其他能够获取资源优势的有效途径，转向非正式制度给企业创新带来的资源支持。而社会资本往往被视为一种非正式制度，从社会资本的资源观视角看，社会资本提供了有利于企业发展的有价值的资源和竞争优势，能够帮助企业获得准确、及时的政策动态和市场信息，从而发挥着资源配置的效应并影响企业创新。

第三，中国关系文化为 CEO 社会资本的研究提供了丰富的土壤。中国是一个关系文化较为盛行的社会（张敏等，2015），关系文化深刻影响着人们的生产生活，行为主体间的关系构成了社会生活中的关系网络，社会关系网络为企业的发展提供了资源优势（石秀印，1998；蔡宁，2018）。因此，积极构建有利于企业发展的社会关系网络是企业获取竞争优势的有效途径之一。CEO 是企业日常战略选择的最高决策者，嵌入 CEO 社会关系网络的社会资本对企业创新战略产生了重要的影响。因此，在中国关系文化的影响下，CEO 社会资本的构建与运用在中国企业中是比较普遍的，进而反映到 CEO 社会资本与企业战略选择的关系中，企业创新是企业的一项重要的战略选择，基于关系网络形成的 CEO 社会资本也必然会影响到企业创新。

（二）理论背景

近年来，有关社会资本的理论引起了学者的广泛关注，也取得了颇为丰硕的研究成果。但是，直接从 CEO 社会资本的视角来研究其对企业创新影响的文献还相对较少，且现有文献的研究结论也存在一定的分歧，因此，对于 CEO 社会资本影响企业创新的研究还存在较大的提升空间。

第一，现有研究中关于 CEO 社会资本如何影响企业创新存在分歧。对于 CEO 社会资本影响企业创新，主要存在两种观点。一种观点认为，CEO 社会资本有助于促进企业创新，由于 CEO 社会资本带来了企业创新所需的资源和信息，加强了企业与社会关系网络中其他相关主体的沟通与合作，促进了资源的有效流通与利用，进而提升了企业创新绩效。另一种观点则认为，CEO

社会资本对企业创新具有负面的影响。由于过度嵌入社会关系中造成企业资源的挤占，同时造成企业创新思维受到限制，影响企业决策的自由权，进而不利于企业创新（白璇等，2012）。上述不同的观点促使我们进一步研究 CEO 社会资本与企业创新之间的关系，并分析 CEO 社会资本影响企业创新的作用路径。

第二，现有研究中关于 CEO 社会资本影响企业创新的机制还比较笼统。目前，大多数研究是基于信息效应和资源获取效应去分析 CEO 社会资本影响企业创新的内在作用路径，而对于其他视角下的作用机制分析还比较欠缺。由于 CEO 社会资本包含了多个维度的社会资本，不同维度的社会资本对企业创新影响的作用机制可能存在差异，笼统地考察社会资本或者某一类型的社会资本对企业创新的影响不能充分揭示不同维度 CEO 社会资本对企业创新的影响机制差异。

第三，现有研究对于 CEO 社会资本影响企业创新的权变效应关注不足。CEO 社会资本对企业创新作用的发挥受到多重情境的制约，企业创新实践活动不是孤立的，它受制于企业所处的内外部环境的影响，现有文献在考察 CEO 社会资本对企业创新的影响情境时往往只关注某一层面的调节效应，而没有充分考虑企业内外各层面的情境，如果不全面、充分地考虑具体情境影响的权变效应，将不利于弄清影响效果的边界条件，使得变量之间的因果关系与实际情况发生偏离，从而减弱研究结论的说服力和预测力。

第四，现有研究很少关注不同维度的 CEO 社会资本的相互作用对企业创新的影响后果。目前，学者们主要是针对某一类别的社会资本进行研究，或者是考虑多个维度社会资本的独立作用，而没有考虑不同维度的 CEO 社会资本相互作用对企业创新的影响。由于不同维度的 CEO 社会资本的作用机制可能存在差异，而且 CEO 社会资本具有一定的动态特征，不同时点下 CEO 社会资本可能相互转化或不同维度的社会资本同时存在。因此，考察不同维度的 CEO 社会资本的相互作用对企业创新的影响有助于我们更加深入地认识和理解 CEO 社会资本对企业创新的影响。

二、研究意义

（一）理论意义

本书立足于中国关系文化和经济转型的特殊背景，通过整合社会资本理论、资源依赖理论和高层梯队理论，利用大样本数据，构建合理的模型，运用正确的检验方法深入研究了不同维度的 CEO 社会资本与企业创新之间的关系及其作用路径，并进一步探讨了企业内外部情境因素在两者间的调节作用。对于揭开不同维度的 CEO 社会资本影响企业创新的作用“黑箱”具有重要的理论意义，主要体现在以下 3 个方面：

第一，拓宽了 CEO 社会资本和企业创新前置影响因素的研究范围。已有文献大多数集中研究了 CEO 社会资本的某一个层面。本书从我国企业管理实践中普遍存在的 CEO 商业社会资本、政治社会资本和海外社会资本 3 个维度研究了社会资本对企业创新的影响，丰富了 CEO 社会资本的研究内容。此外，现有研究主要基于企业特征、公司治理层面对影响企业创新的前置因素进行分析，本书从 CEO 社会资本这一视角分析了其对企业创新的影响，拓宽了企业创新前置影响因素的研究范围，为考察影响企业创新的因素提供了新的视角。

第二，揭示了不同维度的 CEO 社会资本影响企业创新的作用路径。本书立足于社会资本理论、资源依赖理论和高层梯队理论，引入研发投入和风险承担这 2 个中介变量，构建了不同维度的CEO社会资本影响企业创新作用路径的分析框架，并运用大样本数据和固定效应模型等研究方法进行实证检验，由此揭开了不同维度的CEO社会资本影响企业创新的作用“黑箱”，揭示了不同维度的社会资本影响企业创新过程的作用机制。

第三，洞察了CEO社会资本影响企业创新过程的权变效应。现有研究在考察CEO社会资本与企业创新的关系时，对企业内外部情境要素的调节作用关注不足。企业创新虽然是一项重要的内部战略选择，但是，创新活动会受到企业内外部各种情境的影响，因此，研究CEO社会资本对企业创新的影响，应当充分关注企业内外部的情境因素所发挥的作用。首先，从企业内部情境因素出发，本书考察了激励机制和监督机制在影响CEO社会资本作用发挥方面的调节作用，因为CEO社会资本是其所拥有的专属资本，只有将CEO社会资本转化为促进企业创新的资源优势时，CEO社会资本对企业创新的作用才会得以体现，因此，提高CEO利用社会资本的积极性是推动企业创新的关键所在。其次，从企业外部情境因素出发，本书考察外部制度环境在社会资本影响企业创新的过程中的调节作用。社会资本作为一种非正式制度，是对正式制度的有效补充，当外部正式制度环境较好时，CEO社会资本对企业创新的作用也会发生变化。因此，在研究CEO社会资本影响企业创新的过程中，要充分关注企业内外部情境的变化，从而有助于我们对不同维度的社会资本影响企业创新的过程中的边界条件加深理解。

（二）现实意义

从微观企业层面来看，利用不同维度CEO社会资本带来的信息和资源优势，提升企业风险承担水平，提高资源利用效率，通过提升企业创新水平来获取企业的长期竞争力优势，实现企业新的增长具有重要的现实意义；在特定的经济转型时期，企业如何获取资源信息优势，努力增强企业竞争力，实现可持续的绩效提升是企业界、学术界以及政府部门都非常关心的现实问题。本书从不同维度 CEO 社会资本的视角，深入探讨 CEO 社会资本对企业创新的影响后果及其作用机制，具有非常重要的现实意义，主要体现在以下几个方面：

第一，研究不同维度 CEO 社会资本对企业创新的影响，为提升企业创新提供新的思路。企业创新是培育企业长期竞争优势、实现企业长期发展的必然途径。企业创新是一项资源消耗较大的战略选择，创新活动的开展离不开人力、物力和财力等各方面的资源支持，面对变幻莫测的市场环境，企业完全依靠自身内部的资源来实现企业的长足发展已经变得非常困难，因此，寻求企业外部有利的资源优势是提升企业创新的现实途径。CEO 社会资本为企业创新发展带来了有利的资源和信息，为提升企业创新效果提供了可能。

第二，研究不同维度 CEO 社会资本影响企业创新过程中内外情境因素的调节作用，有利于企业提高对内外部相关因素的关注，有利于完善公司治理，降低公司的代理成本。企业加强对外部环境的关注，有利于企业及时把握市场机会，制定合理的发展战略，帮助企业在激烈的市场竞争中获得主动权，从而实现企业价值最大化的财务管理目标。

第三，研究不同维度 CEO 社会资本的重要作用，为企业加快培育 CEO 社会资本、选择合适的继任者提供借鉴。不同维度的社会资本是维持企业可持续发展的重要资源，选择合适的高管是关乎上市公司成败的重大决策之一，企业在选择继任者时应当关注 CEO 给企业带来的资源优势，只有选择了合适的、有能力的高管，才能帮助公司在重大战略方案上做出正确选择，降低公司的代理成本，提高企业绩效。因此，培育和选择社会资本丰富的高管是改善公司治理、提高企业创新的重要举措之一。

第四，为我国监管部门加快完善相关制度建设提供借鉴。对于政府部门而言，要积极推进帮助企业培育 CEO 社会资本的制度建设。深化经济体制改革、实现创新驱动经济发展，已经成为当下促进我国经济发展的重要保障。因此，政府应当高度重视商业社会资本和海外社会资本的培育，建立公平完善的制度机制，更大力度地吸引海外社会资本投入企业创新，从而有利于 CEO 社会资本作用的发挥，推进整个社会经济的良好发展。此外，政府部门应当特别关注政治社会资本在影响企业创新的过程中的不利影响。政府应当促进公平的市场交易，优化资源的配置效率，避免让政治社会资本沦为“掠夺之手”。政府还可以积极推动我国多层次的资本市场的发展，为企业创新提供更多的资源和渠道。

第二节　研究目的

基于中国关系文化和经济转型的特定背景，考察不同维度的 CEO 社会资本对企业创新的影响及其作用机理，为完善企业 CEO 的培育机制和选聘机制、实现企业创新发展提供可靠的经验证据。同时，为企业及政府相关部门制定政策提供有效的借鉴，这是本书的基本出发点和根本落脚点。具体而言，本书的研究目的主要体现为以下几点：

第一，构建适合中国制度背景的不同维度的 CEO 社会资本衡量指标。尽管国外有关社会资本和社会网络的研究起步较早，并且取得了丰富的研究成果，但是，这些研究主要是基于西方资本主义社会的制度背景，对于中国特定的社会文化和经济转型背景可能是不适用的。因此，本研究利用中国上市公司的数据，基于中国关系型社会的背景，构建适合中国情境的不同维度的 CEO 社会资本的衡量指标，用以检验其对我国上市公司创新的影响效应。具体来说，本书选取 CEO 政治社会资本、商业社会资本和海外社会资本 3 个方面，分别检验这 3 类社会资本以及它们之间的相互作用对我国上市公司创新的影响。

第二，洞察不同维度的 CEO 社会资本及其相互作用对企业创新的影响结果。企业创新是企业保持长期竞争优势、实现可持续发展的保障，发掘影响企业创新的前置因素对于提高企业创新水平具有重要的理论和现实意义。创新是企业一项的重要的战略选择，CEO 作为企业高管的核心成员，CEO 社会资本带来的资源和信息优势深刻影响着企业创新战略选择结果和执行效率，因此，本书从 CEO 商业社会资本、政治社会资本和海外社会资本 3 个角度出发，深入分析不同维度的 CEO 社会资本对企业创新的影响后果，并进一步研究不同维度的社会资本之间的相互作用对企业创新的影响。通过上述研究，以期弄清不同维度的 CEO 社会资本及其相互作用对企业创新的影响，为企业寻找提升创新水平的前置因素提供新的思路。

第三，揭示 CEO 社会资本影响企业创新的作用路径。不同维度的 CEO 社会资本对企业创新造成了不同的影响后果，本书从资源分配和风险承担的视角，沿着“CEO 社会资本—研发投入/风险承担—企业创新”的逻辑思路，构建了不同维度的社会资本影响企业创新的作用路径的分析框架，并利用大样本数据，采用固定效应模型对 CEO 社会资本影响企业创新的作用路径进行实证检验，由此打开不同维度的社会资本影响企业创新的作用“黑箱”，揭示不同维度的社会资本影响企业创新的作用机制。

第四，寻找影响不同维度的 CEO 社会资本作用发挥的约束机制。不同维度的CEO社会资本对企业创新的影响结果受到企业内外部因素的制约，本书从企业内部和外部2个方面去寻找影响CEO社会资本作用发挥的边界条件。具体来说，本书重点考察了企业内部的激励和监督机制、企业外部的制度环境方面的情境要素在CEO社会资本影响企业创新过程中的调节作用，加深我们对影响CEO社会资本作用发挥的边界条件的理解。

第三节 研究内容与研究方法

一、研究内容

基于上述研究背景和研究目的，本书围绕不同维度的CEO社会资本如何影响企业创新这一基本问题展开研究，着眼于CEO社会资本带来的信息资源优势对企业创新的影响，沿着“CEO社会资本—研发投入/风险承担—企业创新”的逻辑思路，对各要素间的作用机制进行了一系列的理论探讨与实证研究，具体的研究内容主要体现在以下4个方面：

（一）研究不同维度的CEO社会资本与企业创新的关系

基于社会资本理论、资源依赖理论和高层梯队理论，本书研究了不同维度的CEO社会资本对企业创新的影响结果，资源依赖理论认为，企业创新离不开人力、物力以及财力等的资源支持，而基于资源观的社会资本是指嵌入其社会关系网络的有利资源的集合，CEO社会资本为企业创新提供了信息和资源前提，有助于企业创新活动的开展。在本书中，我们分别从CEO商业社会资本、政治社会资本以及海外社会资本3个维度详细考察它们对企业创新的影响。

（二）研究不同维度的 CEO 社会资本的相互作用对企业创新的影响

CEO 社会资本是一种动态的资源体现，不同维度的社会资本可以共存或者相互转化，因此，本书还进一步探讨了不同维度的 CEO 社会资本的相互作用对企业创新结果的影响。具体而言，考察了商业社会资本与政治社会资本的相互作用、政治社会资本与海外社会资本的相互作用以及商业社会资本与海外社会资本的相互作用对企业创新的影响。

（三）研究不同维度的 CEO 社会资本影响企业创新的作用路径

不同维度的 CEO 社会资本对企业创新造成了不同的影响后果，本书基于资源分配和风险承担的视角，沿着“CEO 社会资本—研发投入/风险承担—企业创新”的逻辑思路，构建了不同维度的社会资本影响企业创新内在路径的分析框架，并运用大样本数据和固定效应模型等研究方法进行实证检验，由此打开不同维度的 CEO 社会资本影响企业创新的作用“黑箱”。

（四）研究不同维度的 CEO 社会资本影响企业创新过程中的权变效应

CEO 社会资本一方面体现为潜在的或实际的信息资源优势，另一方面体现了 CEO 利用该资源优势的能力与意愿。因此，如何最大限度地发挥 CEO 社会资本对企业创新的促进作用是本书关心的一个重要问题。由于企业创新不是孤立存在的，它会受到企业内外部不同情境因素的影响，在考察 CEO 社会资本影响企业创新的过程中应该特别关注不同情境因素的调节作用。本书从企业内部和外部 2 个方面去寻找影响 CEO 社会资本作用发挥的边界条件，重点考察了企业内部激励和监督机制、企业外部制度环境方面的情境要素在 CEO 社会资本影响企业创新过程中的调节作用，加深我们对影响 CEO 社会资本作用发挥的边界条件的理解。

二、研究方法

本书立足于中国关系文化和经济转型的特殊背景，结合我国上市公司治理的实际情形，旨在研究 CEO 社会资本对企业创新的影响，并揭开 CEO 社会资本影响企业创新的作用机制，以期在理论上丰富社会资本与企业创新的相关研究，在实践上提升我国上市公司的创新水平，实现企业的可持续发展。为了更加全面且深入地揭示本书的研究结论，本书主要采用了以下几种研究方法：

（一）文献归纳法

作者利用中国学术期刊网（知网）、外文期刊网、国外顶级期刊数据库、谷歌学术等文献资料库进行全面检索，收集并阅读了国内外大量关于不同维度 CEO 社会资本、企业风险承担、企业创新等的研究文献，并对已有研究文献的整体情况及存在的问题进行了深入的梳理、总结和评述，从而确定了本书的切入点和研究思路。此外，在总结现有文献的基础上，界定了本书中不同维度的 CEO 社会资本及企业创新的概念与内涵，构建了不同维度的社会资本、研发投入、风险承担及企业创新等指标的衡量方法。

（二）规范研究法

梳理、归纳并总结了与本书相关的理论基础，利用演绎的方法，基于资源依赖理论、社会资本理论以及高层梯队理论，找出不同维度的 CEO 社会资本影响企业创新的理论支撑，推导出不同维度的社会资本对企业创新影响的基本假设，构建了不同的社会资本影响企业创新结果的实证模型。基于上述理论分析和逻辑推导，本书进一步提出了不同维度的社会资本影响企业创新的作用机制假设与研究模型，并系统分析了内外部因素在不同维度的社会资本影响企业创新的过程中的调节作用。

（三）实证研究法

利用国泰安（CSMAR）、万德（WIND）等数据库资料，利用 EXCEL 工具及手工方式收集、整理有关实验数据，结合本书构建的实证模型，运用 STATA 数据分析工具对实证模型进行检验，以期科学、严谨地展示各变量之间的因果关系。首先，对收集整理好的样本数据进行描述性统计分析，从总体上对各变量的整体特征有一个初步的认识，简单分析出不同维度的 CEO 社会资本与企业创新之间的关系；其次，进一步利用面板数据的固定效应模型对 CEO 社会资本影响企业创新的结果以及作用机理进行深入分析；再次，由于不同维度的 CEO 社会资本与企业创新之间的因果关系可能会面临“内生性”问题的影响，如果不能很好地控制内生性问题，会对本书的实证结果造成偏差。为了保证实证结果的稳健可靠，本书选用匹配倾向得分模型（PSM 模型）来减少自我选择性偏误，并利用多种方法进行稳健性检验。

第四节　研究思路与技术路线

一、研究思路

本研究选取 2001—2017 年我国 A 股上市公司作为初始研究对象，利用有关数据库提供的数据以及通过手工收集整理的原始数据，基于社会资本理论、资源依赖理论、高层梯队理论、委托代理等理论基础，研究了不同维度的CEO社会资本与企业创新的关系及其影响机理。具体思路如下：在已有研究的基础上，对不同维度的CEO社会资本、企业创新的相关理论和文献进行梳理总结，并指出已有研究存在的主要问题。再在理论分析的基础上，提出本书的研究假设，并利用样本数据对本书的研究假设进行实证检验，主要沿着“CEO社会资本—研发投入/风险承担—企业创新”的研究思路逐步开展。首先，考察不同维度的CEO社会资本对企业创新的影响；其次，考察不同维度的CEO社会资本对企业创新的影响机制，实证检验研发投入与风险承担在不同维度的CEO社会资本影响企业创新过程中的中介作用；最后，考察企业内外部因素在不同维度的CEO社会资本影响企业创新过程中的调节作用；在理论推导和实证结果的基础上，本书对培育不同维度的CEO社会资本、完善公司CEO选聘制度、加强监管部门的制度建设、提高企业创新等问题提出了相关的政策建议，并指出本书的不足之处，以及对未来研究的展望。

二、技术路线图

基于中国关系文化和经济转型的特定背景，采用理论研究与实证研究相结合的方法，分别构建了不同维度的社会资本及其相互作用对企业创新影响的检验模型、不同维度的社会资本对企业创新影响的作用路径检验模型、企业内外部情境因素在不同维度的社会资本影响企业创新过程中的调节作用模型，利用上市公司的大样本数据，采用固定效应模型、PSM模型进行实证检验，以期厘清不同维度的社会资本对企业创新的影响及内在逻辑机制，为提高企业创新提供经验证据。本书的技术路线如图0-1所示：

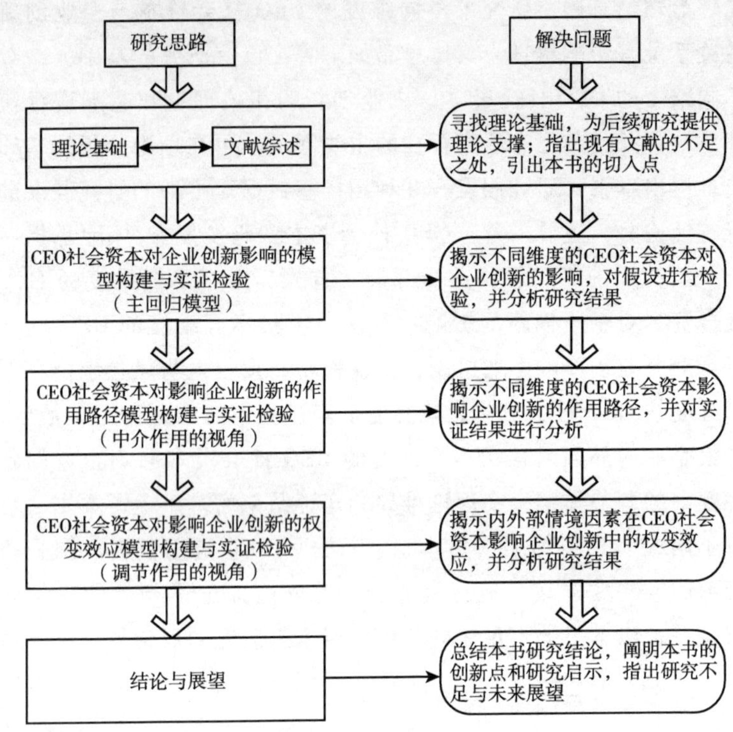

图 0-1 本书的研究技术路线图

第五节 结构安排

立足于本书的研究目的，遵循本书的研究思路，将本书的研究内容合理地安排到各个章节中，具体来说，本书从以下 6 个部分开展不同维度的 CEO 社会资本对企业创新的影响研究。具体论文结构安排如下：

“绪论”部分。基于本书的理论背景和现实背景，明确本书的研究意义；阐明本书的研究目的，概括本书的研究内容以及主要研究方法；提炼本书的研究思路，指出本书的研究框架。

第一章，“理论基础与文献综述”。本章主要对本书涉及的重要的概念进行界定，确定其研究范畴；归纳并总结与本书相关的理论基础，具体包括社会资本理论、资源依赖理论和高层梯队理论，为后续研究的开展提供了理论支撑；梳理现有文献的进展情况，对企业绩效创新的前置影响因素、不同维度的 CEO 社会资本与企业创新关系的相关文献进行回顾，指出现有研究中的不足之处，引出本书的切入点，提出本书拟要解决的问题。

第二章，“研究不同维度的 CEO 社会资本对企业创新的影响”。选取 2001—2017 年我国 A 股上市公司作为初始样本，手工收集整理不同维度的 CEO 社会资本数据，实证检验了商业社会资本、政治社会资本以及海外社会资本对企业创新的影响，并进一步考察不同维度的 CEO 社会资本的相互作用对企业创新的影响后果。本章还研究了不同维度的 CEO 社会资本对企业创新的影响在不同属性的企业中的差异，为不同维度的 CEO 社会资本及其相互作用影响企业创新提供重要的经验证据。

第三章，“研究不同维度的 CEO 社会资本影响企业创新的作用路径”。本书立足于社会资本理论、资源依赖理论和高层梯队理论，从资源分配和风险承担这 2 个视角，分别引入研发投入和风险承担水平这 2 个中介变量，构建了不同维度的 CEO 社会资本影响企业创新内在路径的分析框架，并运用大样本数据和固定效应模型等研究方法进行实证检验，揭示不同维度的 CEO 社会资本影响企业创新的作用“黑箱”。

第四章，“研究不同维度的 CEO 社会资本影响企业创新的权变效应”。企业创新虽然是一项重要的内部战略选择，但是，创新活动会受到企业内外部各种情境的影响，在研究不同维度

CEO 社会资本对企业创新影响的过程中应当充分关注企业内外部的情境因素所发挥的作用。本章从企业外部制度环境和企业内部激励和监督机制出发，将市场化程度、持股比例、薪酬水平以及董事会权力作为调节变量引入研究模型，探讨市场化程度、持股比例、薪酬水平以及董事会权力在不同维度的 CEO 社会资本影响企业创新的过程中的调节作用。

第五章，“研究结论与未来展望”。对本书各部分的结论进行系统概括，揭示了本书对企业管理和监管部门的实践启示，阐明本书的理论贡献和创新之处，指出本书的研究不足，并提出未来可能的研究方向。

第一章 理论基础与文献综述

第一节　重要概念的界定

一、CEO 社会资本的内涵及研究维度

（一）CEO 的范围界定

CEO（Chief Executive Officer）也称首席执行官，CEO 的职责主要是组织、协调与控制企业日常的经营管理活动。CEO 掌握着企业日常经营管理活动的决策权，并全面负责和管理企业战略选择的执行，是企业高管团队的核心；CEO 的个人特征和管理风格会影响高管团队成员间的沟通与合作效率，进而影响整个企业战略执行的效果。在西方企业管理实践中，CEO 是比较常见的职位，但是，在中国企业高管人员的职位设置中，明确设置 CEO 职位的企业还不是很多，随着企业治理水平的

逐步提高，CEO 的重要作用在企业管理中也日渐突出，相信未来会有更多的企业单独设置该职位，并逐步完善 CEO 在企业管理活动中的职责与权限。本书在充分理解西方企业中 CEO 的作用和地位的同时，根据我国企业高管人员在企业发挥作用的实际情况，将本书中的 CEO 界定为上市公司总经理、总裁以及首席执行官（CEO）这 3 类高管人员。

（二）CEO 社会资本的内涵

自法国社会学家 Bourdieu（1978）在《社会科学研究》上正式提出社会资本概念以来，有关社会资本理论的研究引起了多个学科领域学者的广泛兴趣。在现有的文献中，直接研究 CEO 社会资本的文献相对较少。在经济管理类文献中，关于社会资本的研究主要集中在个体和企业 2 个层面上。从个体层面上看，现有文献主要探讨了高层管理人员个人或高管团队社会资本（刘媛媛等，2019；张润宇等，2017）和企业家的社会资本（张震刚等，2016；吴俊杰等，2015；陈爽英等，2010；耿新、张体勤，2010）对企业管理多方面的影响。由于 CEO 是企业高管团队的核心，甚至有部分企业的 CEO 也是企业的创始人，所以，部分企业中的 CEO 与企业高管或企业家存在着密切联系，因而一些学者在研究高管或企业家社会资本时也将 CEO 纳入相关的研究范畴，所以，本书借鉴高层管理者或企业家社会资本的内涵来界定 CEO 社会资本的内涵。

目前学术界对于高管或企业家社会资本内涵的界定，主要基于以下 3 种视角（马富萍，2011）：

第一，关系网络观的视角。Granovetter（1985）认为，社会资本是根植于关系主体的社会关系、连带与自我网络结构中，管理者的社会资本是处于相互联系的社会关系网络中的管理者与其他参与方形成的特殊社会关系。Geletkanycz 和 Hambrick（1997）

认为，高层管理人员个人社会资本是指组织或个人与其利益相关群体（债权人、客户、供应商、金融机构、政府部门等）的社会关系网络。Burt（1992）认为，社会资本是行为主体在社会网络中的相互联系和参与度，并表现为这些社会网络的总和。Batjargal 和 Liu（2004）认为，社会资本嵌入社会网络中，而社会网络是将一些特殊类型的社会关系连接在一起，并形成一系列节点的网络，社会网络是社会资本的重要载体，社会资本是社会网络关联度的体现。卜长莉（2007）认为，高层管理者社会资本是管理者与其他利益主体形成的正式和非正式的合作关系，而彼此间合作关系的维系是建立在相同的文化规范之上的。

第二，认知观的视角。Putnam（1993）和 Woolcock（1998）从认知视角出发，将社会资本定义为嵌入社会交往中的固有的互惠信息、信任和规范。认知是人们获取知识以及运用知识的过程，认知会转换成人们内在的心理活动，进而支配人的行为决策。杨雪冬（1999）认为，社会资本是指“个体或组织通过与长期内部或外部的互利合作而形成的彼此认同，并在彼此的认同中积淀而成的共同价值观、行为理念和行动规范”。基于共同认知维度上的社会资本强调行为主体间的互惠信息、信任和规范等特征，社会资本的这些特征促进了处于相互联系中的行为主体之间的信任与合作，提高了社会网络中行为主体的沟通效率与合作意愿。

第三，资源观的视角。Coleman（1988）和 Lin（1999）将社会资本定义为存在于社会网络中的各种有利资源的集合，强调社会资本给处于社会网络中的个体或组织带来的信息资源等优势，并认为行为主体能够有效动员和调动这些信息资源优势，给组织和个人带来经济利益。张其仔（1999）是较早将社会资本概念引入国内的学者之一，他认为，社会资本是一种存在于社会结构中的有利资源，能为处于社会结构内的个体或组织提供基于信任、规范和网络的资源优势。

从上述基于不同视角的社会资本内涵的表述可以看出，虽然各种表述间存在一些差异，但是对于高管人员社会资本内涵的界定都强调以下 3 点内容：第一，社会资本是嵌入社会关系网络中的，社会关系网络是社会资本产生和形成的重要载体。在现实中，组织或个人不是孤立存在的，行为主体在各项经营活动中与利益相关者群体产生了关联，这些关联即构成了行为主体的社会网络，而社会资本嵌入社会网络，并随着社会网络的变化发生动态调整。第二，社会资本是一种实际或潜在的资源的集合，社会资本能够给行为主体带来提升主体竞争力的资源优势，社会资本带来的资源优势有助于形成行为主体的竞争力。第三，社会资本蕴含了行为主体对其利用的意愿与能力。社会资本的资源优势客观存在，但是，资源优势的发挥取决于行为主体的意愿与能力，社会资本体现了网络主体对社会资源加以利用的过程。

借鉴已有研究文献中有关高管个体层面社会资本的内涵，结合我国社会关系文化的特殊情境和经济转型的特定背景，本书将 CEO 社会资本界定为：嵌入 CEO 与外部利益相关者群体间的社会关系网络、隶属于 CEO 个人的专属资本，能够被个人和企业加以利用，从而给其带来经济利益的实际或潜在的资源的总和。具体而言，CEO 商业社会资本是指嵌入其商业关系网络的，能够被其所利用，并为 CEO 个人和企业带来经济利益的资源的集合；CEO 政治社会资本是指嵌入其与政府部门关系网络的，能够被其所利用，并为 CEO 个人和企业带来经济利益的资源的集合；CEO 海外社会资本是指嵌入其海外关系网络的，能够被其所利用，并为其个人和企业带来经济利益的资源的集合。

（三）CEO 社会资本的研究范畴

对于 CEO 社会资本的研究范畴，目前学术界主要从以下 3 个方面进行研究：

第一，基于社会资本的内涵。从结构视角、认知视角和关系视角对高管人员所拥有的社会资本进行分类（Moran，2005；吕淑丽，2007；钱海燕等，2009）。从结构视角出发，社会资本是指行为主体间相互联系的结构方式，包括联系存在与否、联系的紧密程度、形成网络的对象的数量等；从关系视角出发，社会资本是指行为主体之间互动而形成的人际关系，强调人际关系的亲密程度；从认知视角出发，社会资本是指基于行为主体共同的认知，形成了彼此之间的互惠信息、信任以及共同规范等，行为主体的共同认知有助于增进彼此间的交流与合作，促进有效信息的共享。

第二，基于社会关系的形成属性。将高层管理者社会资本分为建立在亲缘关系属性上的和社会交往中形成的 2 种。基于亲缘关系形成的高层管理者社会资本是指行为主体先天性的社会关系网络，是中国社会的基本特征；基于社会交往形成的高管社会资本是指行为主体在日常经营活动中与其余参与者或机构相互作用而形成的社会资本。处于社会交往中的参与者形成的社会资本能够影响身处其中的个人或组织的行为选择，在相互的交往中形成整个社会的社会资本，形成社会的基本价值观和意识形态，这是宏观社会资本的体现。

第三，基于社会关系网络的方向和主体。边燕杰和邱海雄（2000）基于中国经济转型的特殊背景，将社会资本界定为从行动主体的社会关系中获取稀缺资源的能力，并按照行为主体与外部构建的社会网络的方向将社会资本分为 3 个维度：横向关系维度、纵向关系维度和社会关系维度。Peng and Luo（2000）、Zhu and He（2010）、陈爽英等（2010）、张敏等（2015）等学者基于社会网络中参与主体的不同，将社会资本分为政治社会资本、商业社会资本、金融社会资本、学术社会资本、协会社会资本等。

综上所述，现有研究中关于 CEO 社会资本的研究维度主要是基于社会资本的内涵和不同类型社会关系网络这 2 个方面，结合我国社会文化的特殊情境来看，中国是一个关系文化较为盛行的国家，社会关系在个人或组织社会生活中发挥了重要的作用，从前述 CEO 社会资本的内涵也可以看出，CEO 社会资本产生于其所处的社会关系网络之中，而社会关系网络是建立在 CEO 与其利益相关者的相互关联之上的，故根据 CEO 与外部利益相关者互动的社会关系类型来界定 CEO 社会资本的研究维度比较适合我国现阶段的实际情况。本书在借鉴 Peng and Luo（2000）的分类的基础上，根据 CEO 与利益相关群体的社会关联类型将 CEO 社会资本的研究维度分为商业社会资本、政治社会资本以及海外社会资本。需要说明的是，CEO 商业资本和政治资本是中国现阶段比较普遍的社会关联，也是众多学者研究高管社会资本常用的划分方式。此外，本书还加入了 CEO 海外社会资本。近年来，具有海外留学或海外任职经历的人员回归创业的现象日趋普遍，国家在吸引海外人员回国建设的政策力度上也逐步加大，CEO 在海外留学或任职经历中构建的海外社会网络为其个人和任职企业带来了先进的知识和技术、丰富的企业管理经验，海外归来的 CEO 通常具备勇于创新和冒险的精神，从而在企业的战略选择中倾向于风险较高的创新战略，进而影响企业的创新水平。所以，本书在研究 CEO 商业社会资本和政治社会资本对企业创新影响的同时，还研究了 CEO 海外社会资本对企业创新的影响，从而完善了 CEO 社会资本对企业创新影响的研究框架。

二、企业创新的内涵及研究维度

（一）企业创新的内涵

1934 年，经济学家 Schumpeter 首次提出“创新”的概念。Schumpeter（1934）通过对资本主义经济的深入研究，提出推动西方社会经济增长的不竭动力是技术创新。自“创新”概念提出以来，很多学者立足于多个视角，对创新的前置因素和影响后果进行了广泛且深入的研究，取得了丰硕的研究成果。在已有的研究成果中，学者们主要是从结果观、过程观 2 个视角对创新的内涵加以界定（杨菲，2018）：

第一，结果观。结果观认为创新是一种新的结果体现，这种结果通常以产品、技术、服务和管理等方式呈现。从结果观视角定义“创新”并进行深入研究，是多年来创新研究领域的主流，涌现出大量的关于“产品创新”“过程创新”“市场创新”以及“管理创新”方面的研究文献。此后，Rhodes 和 Wield（1994）认为，创新还应包括服务创新，随着第三产业的迅速发展，服务质量的提升也越来越多地受到人们的关注（Chen et al.，2011）。此外，“商业模式创新”也是近年来受到广泛关注的创新结果之一（Timmers，1998；Amit and Zott，2001）。

第二，过程观。过程观认为创新体现了一种过程，创新结果离不开创新投入，没有创新知识或创新技术等资源的投入，很难产生有效的创新成果。Utterback（1974）认为，“创新”包含了新想法、技术研发、产品商品化 3 个过程。我国学者许庆瑞（1990）认为，从一个新想法的产生到新想法的实施，直至最终创造出新事物即是创新的过程。日本学者野中郁次郎（2012）认为，创新离不开新知识的创造，并提出了著名的 SECI 知识创造模型。

综上所述，从结果观和过程观 2 个角度对创新内涵进行界定是学者们常用的研究思路，支持结果观的学者注重创新的“新颖性”，而支持过程观的学者注重创新的“过程性”，两种观点都有其自身的合理性。综合来看，创新应该既是一个过程，也是一种结果（Crossan and Apaydin，2010），是企业对能够为组织和经济社会带来价值创造的生产过程的组织和新产品或技术的应用过程，包括产品、服务、市场的完善与升级改造，新技术和新产品的开发，新的管理系统的建立等创造型和改进型的活动。

（二）企业创新的研究维度

创新是一个多维度现象（杨菲，2018），企业可以专注于某个维度，也可以同时开展多个维度的创新。具体来讲，可以分为以下几个不同的维度：

第一，根据创新强度的不同，可以分为渐进性创新和突破性创新（杨菲，2018；Dewar and Dutton，1986）。渐进性创新是指基于企业现有的产品、技术、市场，利用已有的先进知识和技术，对企业现有的产品、服务、技术、市场等持续改进和完善的过程（杨菲，2018）；渐进式创新体现的是对现有的产品基础、技术知识、管理能力、市场占有以及竞争态势的进一步维持与改善（Benner and Tushman，2003）。突破性创新是指突破企业现有的产品、服务或管理体系，建立起完全不同的新的产品、技术以及管理系统；突破性创新需要全新的知识基础，利用颠覆式的创新思维创新理念，对企业现有的产品、服务、技术、市场、管理系统等进行革命性变革，突破性创新体现了对企业现有的产品基础、技术知识、管理系统、市场占有以及竞争态势等的根本性突破（杨菲，2018；Abernathy and Utterback，1978）。企业创新是一个改进与突破的过程，企业创新体现在产品、技术、市场、管理等各方面。

第二，根据创新对象的不同，可以分为产品创新、技术创新、服务创新、管理创新、商业模式创新等方面（杨菲，2018）。创新主要体现在对企业现有产品、技术、服务、管理体系和商业模式的改进或是推陈出新。产品创新是对现有产品的功能或外观等方面的改善或开发新的产品；技术创新是对企业现有技术的改造升级或发展新技术的过程；服务创新是指能够被消费者所认可的新服务的应用过程（Berry et al.，2006）；管理创新是对企业现有管理体系或管理流程的再造过程；商业模式创新是指搜寻新的商业逻辑以改变原有的商业模式，并为客户传递价值的新方式（Casadesus and Zhu，2013；Davila et al.，2007）。

第三，根据创新模式的不同，可以分为集成创新、合作创新、封闭式创新、开放式创新、自主式创新等（杨菲，2018）。张方华（2008）提出，集成创新是指通过整合企业内外部各种知识、资金等创新资源，为企业发展获取竞争优势的过程；合作创新是基于合作主体之间的相互合作而进行的创新活动；封闭式创新和开放式创新是2个相对的概念，封闭式创新主要是借助自身的力量进行创新，而开放式创新是集成企业内外部资源促进创新的过程；吴航和陈劲（2015）在对企业自主式创新进行界定时，特别强调自主性和原创性，他认为，依靠企业自主研发能力开展创新活动，并取得原创性成果才是自主式创新。

本书中的企业创新是一个相对综合的概念，没有特别区分不同对象的企业创新。本书研究的企业创新侧重于强调企业创新产出，具体来说，以专利申请数作为企业创新的代理变量，企业申请的专利既包含了发明创造这种突破性创新的成果，也包含了外观设计等对现有产品或服务进行改进的渐进式创新的结果。

第二节　相关理论基础

一、社会资本理论

（一）社会资本理论的发展

随着经济社会的逐步发展，“资本”的内涵得到了不断的深化与拓展，从具体的物质资本到人力资本，再到更加抽象无形的社会资本，资本包含了一切可以带来价值增值的有效资源，社会资本是资本内涵不断拓展的结果。自法国社会学家 Bourdieu 在《社会科学研究》上正式提出社会资本的概念，并将其运用到社会学研究中，随后，Coleman（1988）、Burt（1992）和 Lin（1999）等学者将容易被经济学研究忽视的社会关系及社会网络纳入社会资本分析范畴，逐步完善并发展了社会资本理论。社会资本这一概念引起了社会学、心理学、经济学、管理学等多个学科领域学者的研究兴趣，并将社会资本理论用来解释各自领域中出现的问题，例如，在管理学领域，学者立足于社会资本概念的不同层面（个体、群体和组织层面）来探讨社会资本对企业发展的作用。

1. 社会资本理论的早期阶段。Pierre Bourdieu（1978）最先将社会资本概念引入社会学领域并对社会资本的内涵进行了较为详细的阐述。他强调，“社会资本是人们借助熟悉的或认可的社会关系网络所获取的实际或潜在的资源的总和，社会资本与群体成员之间的社会关系网络密切相关”（Bourdieu，1992）。Bourdieu 的社会资本概念强调了以下 2 点特征：第一，社会资本的形成与基于共同认知的社会网络紧密相关；第二，社会资本本质上是一种社会资源的体现，社会资本使个体受益，并且这种受益程度与个体实践能力有关。Bourdieu（1992）认为，个人实践能力影响社会资本的形成，他指出，社会资本的高低与社会网络中的个人的实践能力有关，而个人的实践能力是在与网络中其他群体相互交往中形成的，需要花费时间和精力去维系。其次，Bourdieu 还阐明了社会资本的重要作用。通过社会资本，网络中个体的频繁交流可以帮助成员获取各种有利的经济资源。Bourdieu 率先将社会网络引入对社会资本概念的界定中，强调了社会网络在社会资本研究中的重要作用。但是，Bourdieu 的社会资本理论观点对后期社会资本理论发展的影响较小，主要原因在于 Bourdieu 的社会资本观点过于强调不同类型社会资本之间的再生产与转化，而没有深入思考社会资本对社会、经济与政治的影响（马富萍，2011）。

2. 社会资本理论的发展阶段。Coleman（1988）从社会结构的视角来界定社会资本的概念，特别指出社会资本的功能作用。他强调，社会资本是社会结构中个人所拥有的资源。Coleman（1988）阐述了社会资本的 5 种表现形式，包括：信息网络、义务与期望、规范和有效惩罚；权威关系；多功能社会组织和有意创建的社会组织（张素平，2014）。Coleman 详细论述了社会结构的形成、社会网络的结构特征以及意识形态等因素对社会资本的提升和阻碍作用。Coleman 的社会资本理论相对来说更加系统和完整，但是也存在一些不足之处：第一，对于社会资本的形成机制、社会资本的影响以及社会资本的适用情境还没有在概念的界定中充分阐明；第二，从功能性的视角来界定社会资本，强调社会资本的生产性特征，容易将社会资本的来源与社会资本的功能相混淆（Portes，1988）；第三，过分强调社会网络的封闭性特征，不利于社会资本的积累，从而难以实现社会资本效率的最优化，由此带来了社会资本的负面效应。

Burt（1992）从“结构洞”的视角研究了社会资本，其“结构洞”社会资本与 Coleman 的社会资本的最大区别在于，Burt 强调个体之间的社会网络不是紧密联系的，而是存在网络节点，节点间的结构洞提供了区别于封闭社会网络中的重复资源，为行动个体提供了非重复的资源机会。然而，Burt 的社会资本理论没有详细区分不同类型社会联系对资源获取的不同影响。Lin（1999）从个体行动的立场将社会资本定义为“蕴含在社会关系网络中的能够取得回报的资源投入”。Lin 提出的有关理论突破了社会结构的限制，强调个体理性行动对社会资源获取的作用，强调发挥个体能动性去构建、积累和动员社会资本，并从社会资本中获取报酬。Lin 对社会资本的界定强调了资源获取的实践活动，而不是静止的客观存在，这是 Lin 对社会资本理论研究作出的突出贡献（马富萍，2011）。

3. 社会资本理论的扩张阶段。随着社会资本理论的深入发展，社会资本理论逐渐运用到政治学、经济学及管理学等各个领域（张文宏，2005）。Adler and Kwon（2002）清晰地给出了社会资本的一个整合性概念框架。他们将社会资本的内涵分为两大类：一是认为社会资本的形成离不开社会网络的构建，社会资本的特点与网络载体的特点一致；另一类特别关注社会资本的内容，主要是基于网络中参与者彼此间的互惠合作、共同理念与规范等。Adler and Kwon（2002）的研究还强调，不同行为主体间的网络类型构成不同的社会关系，社会资本嵌入这些社会关系，并能够为嵌入其中的个人和组织带来可以利用的优势，进而对行为主体和组织产生深刻的影响。

（二）社会资本的双重作用

社会资本给企业带来了积极和消极的影响。一方面，社会资本的信息资源优势为企业的发展提供了竞争优势，基于社会资本而形成的共同规范、信任能够加强人们之间的沟通与联系，增加人们之间的相互信任，加快资源在不同行为主体间的流动与转化，提升行为主体间的合作的效率；另一方面，维系社会资本的信息资源优势需要付出相应的维系成本，过度的社会关系嵌入会造成企业的盲目认同，降低企业思维的灵活性，限制企业决策的自由权。社会资本的积极作用和消极作用体现在以下 2 个方面：

第一，社会资本的积极作用。从资源观的视角来看，社会资本有助于行为主体获取有利资源。这些资源包括人力、物力、财力及信息等。社会资本对于参与主体的影响，主要表现在社会资本有利于拓宽信息获取和融资渠道，帮助组织获取资金支持和准确及时的有效信息（Granovetter，1973；Lin，1999）；从认知观的视角来看，社会资本强调行为主体间的信任、规范、态度和信仰等特征，这些特征促进了处于相互联系中的行为主体之间的信任与合作，增强了彼此间的凝聚力，提高了社会网络中行为主体的沟通效率与合作意愿，为获取并保持竞争优势提供了条件（Woolcock，1998）；从社会结构观的视角来看，拥有网络结构优势的行为主体可以获取较大的权力，进而提升个体、团队或机构的影响力和控制力（Coleman，1988；Burt，1992）。

第二，社会资本的消极影响。社会资本的消极作用主要体现在：第一，维系社会资本优势需要较多的资源投入。社会网络中的参与主体需要付出较多的时间、精力甚至金钱来新建和维持社会关系，用于维系社会关系的资源投入会挤出社会资本带来的额外收益，从而表现为社会资本的低效率（Hansen，1998）。第二，社会资本的过度嵌入会产生集体的盲目性（Nahapiet and Ghoshal，1998），并束缚创新思想的产生，长期形成的社会关系网络造成了社会资本的同质性程度增加，进而减少了外部异质性开放信息的流入，从而阻碍企业创新思维的形成。第三，限制决策自由。一些拥有社会关系网络优势的行为主体可能获取了更具价值的资源并行使了更大的权力，而对处于依赖关系不平衡中较弱的一方，在决策过程中会受到较强一方的限制（张素平，2013）。

社会资本犹如一把“双刃剑”，在研究社会资本作用的发挥时充分考虑不同情境因素的影响是非常必要且重要的（Adler and Kwon，2002；Xiao and Tsui，2007）。如何权衡社会资本给企业发展带来的有利和不利影响，最大限度地发挥社会资本对企业创新的促进作用，规避社会资本对企业创新的不利影响，是值得本书思考的重要问题之一。

二、资源依赖理论

资源是企业赖以生存发展的关键所在，通过对企业资源的重构和利用可以形成企业的竞争优势。自 20 世纪 60 年代开始，学者们对于组织的关注焦点逐渐由组织内部延伸到组织外部，外部环境对组织的影响得到重视和发展。对于组织而言，组织内部的资源是非常有限的，要想维持企业持续的竞争优势，就必须发掘和依靠组织外部可获得的资源支持。自 Pfeffer and Salancik（1978）在《组织的外部控制》一书中提出资源依赖的概念以来，资源依赖理论已经成为企业战略管理领域中最有影响力的理论之一（张素平，2013；Hillman et al.，2009）。Pfeffer and Salancik（1978）把企业看作一个开放的系统，组织的行为深受外部环境的影响，组织发展中面临的资源稀缺程度加深了组织对其所处外部环境的依赖性，资源依赖理论是建立在以下 3 个基本假设之上的：第一，资源供给是企业生存和发展的必要保障。实现企业可持续发展是企业的重要目标，而资源供给是企业生存发展的必然要素。第二，企业发展离不开对外部资源的依赖。没有一个企业内部的资源能够完全满足企业发展中的资源需求，这就促成了企业对外部资源的依赖。第三，企业与外部利益相关者建立了正式和非正式的合作关系。企业不是孤立存在的，它处于整个社会经济文化环境之中，企业与外部环境的互动也为企业获取外部资源提供了有效途径。

资源依赖理论重视外部环境对企业的影响，强调企业获取资源的结果差异与所处的外部环境密不可分（Hillman et al.，2009；Davis et al.，2010）。资源依赖理论阐述了外部环境对企业获取资源的影响，同时强调了有能力的企业对外部环境资源形成的控制力和影响力，企业通过对外部环境施加控制和影响，为其发展创造更为有利的外部环境，从而获得企业可持续发展的主动权。

资源依赖理论强调了外部资源对组织发展的重要作用，主要表现在如下几个方面：

第一，缓解环境不确定性的不利影响。Pfeffer and Salancik（1978）认为，组织可以通过与外部环境中的其他组织建立有效的合作关系，减少组织对某单一重要资源的依赖，获取多途径的可替代资源，降低环境中的不确定性给组织造成的资源风险。

第二，提供组织生存所需的资源。资源依赖理论假设认为外部环境中蕴含着丰富的资源优势，可以为企业发展提供所需的各种资源。在组织内部资源有限的前提下，企业的生存与发展离不开外部环境中其他组织的资源输入，组织之间的互动关系体现为有形或无形资源的交换，其表现出来的结果是提高资源的稳定性，进而促进企业成长（张素平，2013）。

第三，提升组织的权力。对资源形成的依赖是组织间互动的行为结果，合作战略的实行可通过交换承诺而得到权力

(Peteraf，1993)。

在中国经济转型的特定背景下，市场发展水平、社会制度的完善程度等还相对落后，企业从资本市场及体制内能够获取的资源是有限的，企业要在激烈的市场竞争中保持竞争优势，就必须注重对外部资源的开发与利用，即要重视企业与外部利益相关者建立良性互动关系，如与政府部门、社会科研机构、金融机构、客户、供应商等建立战略联盟合作关系，从而获得企业发展所需要的大量外部资源。资源依赖理论认为，丰富的社会资本会降低企业对正式制度中资源的依赖，降低企业面临的风险和交易成本，从而有利于企业的发展（丛春霞，2004）。

社会资本为企业发展提供了资金、技术、信息、人脉等不可或缺的重要资源，CEO 拥有的信息、管理经验和人脉是企业稀缺的、不可模仿的资源优势，能够显著提升企业的竞争力，实现企业新的业绩增长点（张敏等，2015）。CEO 社会资本提供的资源之一是信息，企业处于整个社会经济的动态发展过程中，高管在其他企业或行业的工作经历使得他们具备及时了解行业内的发展动态的优势，有利于企业与其他经济体开展经济活动的过程中产生信息交换与信息获取；CEO 社会资本还提供了参与者之间的相互信任和规范行为，良好的信任关系增进彼此间的相互吸引，提供了更加便利、更加灵活的资源获取途径，比如，与政府部门的合作信任，有助于企业获得资金补助、土地资源及税收优惠等有利条件（张素平，2013），提升企业创新的意愿和能力。

三、高层梯队理论

自美国学者 Hambrick 和 Mason（1984）在国际顶级管理学期刊《Academy of Management Review》上发表了题为《高层梯

队：组织作为高层管理人员的反映》的经典论文以来，“高层梯队理论”成为战略管理与领导理论研究中的新理论（罗明新，2014）。高层梯队理论的核心观点认为：高管人员是影响企业发展的核心人力资本，在企业的战略选择及企业绩效差异中发挥了重要的作用，对企业高管人员的深入了解是充分认识组织运作的前提条件；高管人员作为企业经营决策的直接参与者，其既有的认知结构和价值观决定了高管对企业现实情况的理解程度，并最终影响和塑造了高管的战略选择（Carpenter et al.，2004；Finkelstein et al.，2009），拥有不同认知程度的高管在公司战略选择及经营决策中会表现出个体差异，进而形成了不同的管理者风格；高层管理者的认知和管理风格同时影响着组织中其他成员的行为。

企业高管的认知基础和价值观特征影响了高管的战略选择，进而影响企业的绩效表现。高层梯队理论认为，在瞬息万变的内外部环境中，高管的战略选择主要取决于2个维度的高管内在特征：一是人口统计学特征；二是心理特征。CEO作为高管团队的核心成员与灵魂人物，其个体特征对整个团队的管理风格及战略选择发挥了至关重要的作用。CEO人口统计学特征和心理特征在影响企业创新和公司绩效过程中的作用是值得研究的重要问题（Quigley and Hambrick，2015）。

无论是从CEO人口统计学特征的视角出发，还是从CEO心理特征的视角出发去研究两者对企业创新的影响，其理论支撑均是高层梯队理论。研究方法主要是利用可以直接观测到的人口统计学特征变量作为代理变量，来探讨CEO内在特征对企业创新的影响。虽然高层梯队理论为了解微观个体特征对企业创新的影响提供了独特的研究视角和方法，然而它过于强调个体的内在特征，忽视了个体外部社会属性的理论倾向（巫景飞等，2008）。

在企业管理实践中，CEO 并不是孤立存在的，他是连接企业与外部利益相关群体的“桥梁”，并与企业外部各方利益相关者形成社会关系网络，而嵌入上述社会关系网络的 CEO 社会资本对其个人及组织的影响是毋庸置疑的。

第三节　文献回顾

一、影响企业创新的前置因素的相关研究

企业创新在保持企业竞争优势、实现企业可持续发展方面发挥了重要作用，因此，影响企业创新的前置因素成为战略管理领域的研究热点。本书从企业内部条件、外部环境以及 CEO 个人层面的影响因素出发，对企业创新的前置影响因素进行梳理和总结。

（一）企业内部条件对企业创新的影响

企业内部条件对企业创新有直接、密切的影响。现有文献集中讨论了企业规模、企业性质、内部资源、企业创新网络、公司治理水平等对企业创新的影响。一些学者认为，大企业融资能力强、资源约束程度较轻、抗风险的能力较强，因此，规模较大的企业其创新绩效更高（金玲娣、陈国宏，2001）；而另一些学者认为，大企业官僚化严重且容易形成组织惰性，反而不利于企业创新活动的开展（Mitchell and Singh，1993）。也有学者认为，企业规模与企业创新之间呈非线性的倒 U 形关系（周方召，2014）。从企业性质来看，部分学者认为国有企业性质对企业创新是不利的，国有企业创新绩效低于民营企业，可能原因是国有企业管理僵化、创新思维受限，而且国有企业领导人出于政治上

的诉求，也会规避企业进行风险较高的创新投资，从而影响企业的创新活动。张玉娟、汤湘希（2018）研究发现，相对于国有企业而言，民营企业的研发创新活动更多。企业创新活动的开展离不开企业资源的支持，现有研究从资源内容和资源特征等方面考察了企业资源在企业创新过程中的作用。Kyriakopoulos et al.（2016）考察了关系资源、荣誉资源和市场知识资源对企业双元创新的影响，研究结果表明，关系资源与突破性创新显著正相关，而荣誉资源和市场知识资源却阻碍了企业突破性创新。许晖和李文（2013）研究发现，探索式学习和开发式学习与企业创新显著正相关。曾萍等（2017）考察外部网络同质性对企业双元创新绩效的影响，研究结果表明，外部网络同质性能够与企业渐进性创新绩效显著正相关，但其对突破性创新的影响并不显著。张玉娟、汤湘希（2018）研究股权结构对企业创新影响时发现，股权集中度对企业创新存在一定的抑制作用，且这种作用在民营企业中表现得更为显著，而股权分散度对国有企业创新的促进更为显著。黄庆华等（2017）研究了两职合一对企业技术创新的影响，研究结果表明，两职合一与企业研发投入显著正相关，并提升了企业的研发产出和研发效率；通过进一步研究还发现，两职合一对技术创新的提升作用在监管力度较大的企业中更加显著。

（二）外部环境对企业创新的影响

企业创新活动不是孤立存在的，除了受到企业自身条件的影响外，企业创新不可避免地受到外部经济、制度、法律等各方面的影响。我国现阶段经济发展处于特殊的转型时期，企业创新面临的外部环境存在较大的不确定性，各种正式制度有待进一步完善，外部制度环境的现实情境会对企业创新产生重要的影响。徐飞（2019）从银行信贷的角度出发，研究银行信贷对企业创新的影响，结果表明，银行信贷的强度会抑制企业创新再投入。林木西等（2018）研究发现，区域制度环境对企业研发激励存在倒 U 形的影响。郭华等（2016）利用世界银行关于中国企业运营的制度环境质量的调查数据，研究了法制环境对企业研发投入的影响，研究发现，信贷配给与企业研发投入显著负相关，并且信贷配给对企业研发活动的负面影响会随着法制环境的不断完善而得到提高。李万福等（2017）研究政府补助对企业创新自主投资的影响，总体而言，创新补助并未有效激励企业创新自主投资。

（三）CEO 个体特征对企业创新的影响

在考察 CEO 个体特征对企业创新的影响文献中，学者们主要从 CEO 人口统计学特征和个体心理特征 2 个方面去加以分析：

第一，从 CEO 人口统计学特征视角出发，探讨性别、年龄、学历、任期及职能背景等方面对企业创新的影响。可观察到的人口统计学特征有助于塑造和反映影响行为决策的价值观和认知模型（Finkelstein et al.，2009），而且与 CEO 心理特征相比，人口统计学特征具备较易衡量且相对稳定的优势，可以作为体现 CEO 的风险偏好及价值取向等心理特征的替代变量，有助于解释和预测 CEO 异质性对企业创新的影响和企业战略行为的选择（Eggers and Kaplan，2013；Helfat and Peteraf，2015）。CEO 人口统计学特征对企业创新的影响主要包括年龄（Barker and Mueller，2002）、性别（Elsaid and Ursel，2011），学历（Thomas et al.，1991）、任期（Wu et al.，2005）、能力结构（赵子夜等，2018）、创始人身份（Mousa and Wales，2012）、CEO 权力（Lewellyn and Muller，2012）等方面。

具体而言，年轻的 CEO 们会更多地进行研发投入，提升企业的创新能力（Barker and Mueller，2002）。女性 CEO 风险承担意愿低于男性 CEO，其创新投入和创新产出水平也相对较低（Elsaid and Ursel，2011）。新继任的高管（或者任期较短的高管）更有可能支持新的产品市场准入（Boeker，1997b）、研发投入（Miller and Shamsie，2001）、技术创新（Wu et al.，2005）。通才型 CEO 对公司的研发费用、专利申请和专利引用发挥着显著的促进作用，创始人身份的 CEO 更加重视并在实施企业创新战略上表现得更加积极（Souder et al.，2012）。CEO 权力强度与企业研发投入显著正相关（许为宾、周建，2016）。CEO 职业背景反映了 CEO 发现业务问题和提出解决方案的能力，以“输出为导向”的职能背景（如市场、销售、研发等）与以“投入为导向”的职能背景（如生产、会计、财务、行政）的 CEO 相比，前者会引发以市场为导向的创新战略变革（Strandholm et al.，2004），提升研发水平（Barker and Mueller，2002），开拓新的产品市场准入（Boeker，1997b），后者会更多地利用其金融、会计或法律等专业知识或经验，通过并购等方式实现企业多元化战略（Finkelstein，1992；Jensen and Zajac，2004；Palmer and Barber，2001）。高学历的 CEO 往往会带来更大的创新，教育背景的多样性会带来战略变化与战略独特性（Crossland et al.，2014）。

第二，从 CEO 心理特征视角出发，探讨 CEO 核心的自我评价（Judge et al.，1997）、自恋（Campbell et al.，2004）、傲慢（Hayward and Hambrick，1997）、过度自信（张信东、郝盼盼，2017）等特征对企业创新的影响。Simsek et al.（2010）发现，较高的自我评价会增加管理者的创业导向，傲慢的 CEO 与高科技项目投资水平和企业创新息息相关（Li and Tang，2010），同时，傲慢的 CEO 倾向于增加资本支出比例（Malmendier and Tate，2005），提升企业的并购频次（Liu et al.，2009；Malmendier and

Tate，2008），增大企业的研发投入（Simon and Houghton，2003）。孔东民等（2015）以沪深两市上市公司为研究对象，实证检验了 CEO 过度自信对我国上市公司技术创新的影响，研究结果表明，CEO 过度自信显著提升了上市公司的技术创新水平。

二、CEO 社会资本与企业创新关系的相关研究

嵌入 CEO 社会网络的社会资本给个人和组织带来了发展所需的人力、物力、财力等资源，拓宽了企业的融资渠道，加快了企业捕获外部信息的效率，提升了企业的核心竞争力和公司绩效。尤其在现阶段经济转型的特殊背景下，正式制度还不够完善，市场化进程发展缓慢，法制产权不健全，企业从正式制度中获取的资源十分有限，以社会关系为代表的非正式制度对当下企业生存发展产生了重要影响（Allen et al.，2005），嵌入 CEO 社会关系网络的社会资本为企业发展提供多方面资源，在正式制度缺失的情况下，CEO 社会资本作为一种非正式制度发挥了有效的补充作用，成为缓解企业融资约束，帮助企业获取政府补助、税收优惠、行业准入等竞争优势的重要途径（Faccio and lang，2002）。因此，对于处于经济转型中的中国企业而言，从 CEO 社会资本或社会网络视角研究其对企业的贡献受到了广大学者和政府相关部门的关注，对于深入研究企业创新的影响因素具有重要的理论和实践意义。

CEO 与外部利益相关者的交互行为构成了 CEO 的关系网络，关系网络为社会资本的形成提供了重要载体，CEO 社会资本与其社会网络紧密相连，不同的关系网络嵌入了不同的社会资本，对于 CEO 社会资本的构成，学者们根据社会资本内涵的区别提出了不同的分类标准。Peng and Luo（2000）将管理者的关系分为横向的商业关系（Business Ties）和纵向的政府关系（Political

Ties），并细致考察了商业关系和政府关系对企业绩效的影响。基于中国社会关系的特殊背景，边燕杰和邱海雄（2000）从纵向、横向以及社会关系维度开展研究（张素平，2013）。横向的商业关系主要是指与客户、供应商以及其他企业之间建立的联系；纵向的政治关系是指与政策性政府部门（中央政府、地方政府以及银行等金融机构）建立的联系（张素平，2013）。还有一些学者从协会社会资本（陈爽英等，2010）、技术社会资本（耿新、张体勤，2010）、海外社会资本（李辉、吴晓云，2015）、声誉社会资本（张敏等，2015）、校友社会资本（申宇等，2017）等维度对社会资本进行划分。目前对新兴经济体或经济转型背景下 CEO 社会资本的分类，通常是在 Peng and Luo（2000）提出的两维度划分基础上逐步扩充而来的，而政治社会资本和商业社会资本是 CEO 社会资本的最基本的内容（Shu et al.，2011）。下面，从 CEO 政治社会资本、商业社会资本以及金融社会资本①对企业创新的影响进行文献回顾。

（一）CEO 政治社会资本与企业创新

CEO 政治社会资本是在 CEO 与政府部门交互行为中建立的政治关联，CEO 政治关联包括 CEO 在政府部门任职或 CEO 的人大代表、政协委员身份。尽管政治关联是一个比较普遍的社会现象，但是，经济转型条件下的中国企业更为突出，影响更加深远（罗明新，2014）。政治关联反映了高管或企业对政策保护和经济利益的诉求，大量学者对政治关联的经济后果及其作用机制进行了广泛且深入的研究，取得了丰硕的研究成果，但在研究结论上还存在较大的分歧。

① 部分文献将政治社会资本和金融社会资本统称为制度社会资本，本书在进行文献回顾时将这两类社会资本分开讨论。

1. 关于 CEO 政治社会资本对企业创新的影响程度与方向存在分歧。一些学者认为，政治社会资本提升企业的创新产出。Zhou（2013）研究发现，在无效市场和法律制度不健全的条件下，政治关联作为替代机制显著促进了企业创新。蔡地等（2014）认为，政治关联对民营企业的创新投入和创新产出具有显著的正向促进作用，且在规模较小和制度环境较差的条件下，政治关联对企业创新的促进作用更加显著。Shi and Zhu（2014）以中国信息技术产业和医药产业为对象，研究政治关联对创新投资的影响，发现政治关联正向影响企业创新投资（周雪峰、左静静，2017）。杜俊枢和郭毅（2015）以 156 家生产研发型公司为研究对象，重点分析商业和政治关系在影响技术创新过程中的作用，结果表明，政治关系能够提升技术创新绩效，并且资源获取在政治关系与技术创新绩效中发挥了中介作用。另外，一些学者认为，政治社会资本对企业创新产生了消极的影响。Bellettini et al.（2009）认为，虽然政治关联能够有效抑制企业竞争对手的进入，但政治关联也抑制了企业创新的动力，最终不利于企业和经济社会的可持续发展。杜兴强等（2012）研究了政治联系对企业研发的影响，结果发现，政治关联对企业研发的“挤出”效应显著。李永强等（2012）从关系嵌入视角研究企业家社会资本的负面效应，研究结果表明，企业家社会资本会束缚创新思想的产生和限制创新决策。夏力和李舒妤（2013）研究发现，政治关联带来的政府补贴会减少民营企业技术创新投入。袁建国等（2015）研究发现，政治关联对企业创新投资产生“诅咒”效应（周雪峰、左静静，2017）。

2. 关于 CEO 政治社会资本影响企业创新的机制研究。在关于政治社会资本影响企业创新的机制研究中，一部分学者基于政治社会资本的资源获取机制研究其对企业创新的积极影响，而另一些学者从寻租理论和锦标赛理论出发，深入分析政治社会资本对创新活动的不利方面（周雪峰、左静静，2017）。具体来说，政治社会资本的资源获取效应主要体现在以下几个方面：

（1）获取资金资源。政治社会资本拓宽了企业的融资渠道，提高了企业融资过程中的便利性，为企业创新提供充足的资金支持，提升企业创新投入和创新产出（余明桂、潘红波，2013；于蔚等，2012；Wang et al.，2013；Cumming et al.，2016）；政治社会资本有助于企业获得政府补贴，享受税收激励，本质上也为企业创新带来了资金支持，进而提升企业的创新水平（Tong and Chen，2016；李建标、梁馨月，2016）。

（2）获取信息资源。政治社会资本加强了企业与政府部门的密切联系，可以较早地获得应对政策变化的知识和信息，帮助企业顺利应对环境的不确定性，增强企业创新投资的应变能力，提高企业的创新投资水平（简兆权等，2014）。政治社会资本带来资源效应的同时，也有很多不利之处。基于寻租理论的观点认为，政府在对其管辖区域内的资源拥有较大的控制与决策权的情况下，利用政治关联会给企业带来很大的好处，这种好处可能会远远超过通过加强产品质量或提高创新效率所获得的好处，因此，企业会积极构建与政府之间的网络联系，却忽视企业创新能力的提升（陈爽英等，2010；李诗田、邱伟，2015）；同时，维系政治社会资本也需要企业的投入，这也会在一定程度上挤出政治社会资本带来的好处。另一部分学者基于锦标赛理论的观点，认为政府的效用目标处理除了包含经济诉求外，还包含政治诉求，政治社会资本会使管理者在经营中偏离股东财富最大化的目标（Lin et al.，2014；Xu and Yano，2016）。过度嵌入的关系文化可能使企业陷入囚徒困境，使得企业为了获取关系资本带来的好处，从而将更多的资源和精力用于寻租活动，造成无谓的社会损失，从而不利于创新活动的开展。

（二）CEO 商业社会资本与企业创新

CEO 商业社会资本是指嵌入 CEO 与供应商、客户或其他企业之间的非正式的社会关系网络中的市场资源的体现。在中国现阶段经济转型的背景下，CEO 商业社会资本在现实情境中是广泛存在的（Luk et al.，2008）。大量学者对商业关系的经济后果及其作用机制进行了广泛且深入的研究，取得了丰硕的研究成果，但在研究结论上还存在较大的分歧。

1. 关于 CEO 商业社会资本对企业创新的影响程度与方向存在分歧。Peng and Lou（2000）研究发现，商业联系强度越大，企业绩效改善越明显，对企业创新的促进作用也越显著。Gao et al.（2008）以西安高新区和广东惠州企业为研究对象，实证检验了管理者商业关系对企业创新的影响，研究结果表明，管理者与商业伙伴、大学等科研机构的密切关系正向影响着企业的创新，企业的吸收能力在管理者商业关系和企业创新之间起到调节作用。Sheng et al.（2011）指出，商业网络关系可以给企业带来很多难以从外部环境中获取的与创新相关的信息资源，这些资源的获得能够降低环境不确定性给企业带来的风险，提升企业的投资效率，进而提升企业创新绩效。简兆权等（2014）以 193 家高科技企业为研究对象，运用层级回归分析方法，实证检验了商业关联对组织创新的作用，他认为，商业关联对组织创新具有显著的正向影响，且知识获取在商业关联与组织创新的关系中发挥了完全中介的作用。刘鑫和蒋春燕（2016）立足于我国“关系型”社会的现实背景，以 172 家高科技企业的高管为研究对象，实证检验了商业网络关系对企业探索式创新的影响，研究结果显示，商业网络关系的密切程度能够提升企业探索式创新的效率。

2. 关于 CEO 商业社会资本影响企业创新的机制研究。在关于商业社会资本对企业创新的影响机制的研究中，学者们主要是基于资源效应机制和信任合作机制研究其对企业创新的积极影响。

从资源效应的视角来看，高层商业关系可以为企业带来与创新相关的信息和资源，CEO 与客户的紧密联系可以加强与客户间的沟通和交流，帮助企业更好地理解客户偏好，帮助企业把握市场动态并识别新的市场商机（Wiklund and Shepherd，2010）。新创企业的商业网络关系有助于企业获取新的市场机会，帮助公司识别创新前景，选择合适的创新战略（Li，2005）。CEO 与供应商的紧密联系可帮助企业获取原材料、物流等信息（张敏，2015；张振刚等，2017），CEO 与行业中或者行业外其他企业的紧密联系有助于企业把握新的科技动向，熟悉外部的竞争环境（刘婷、李纲，2012），降低市场竞争带来的经营风险（Chen and Wu，2011），缩短产品研发周期（Luo，2008），CEO 与企业竞争者的紧密合作可以实现在引进新产品、进入新市场等方面的互补和促进（杜俊枢、郭毅，2015），从而提高企业的创新能力和创新绩效。

从信任合作机制的视角来看，良好的商业关系增强了企业与客户、供应商及其他企业之间的合作与信任，能够有效缓解创新合作中的信息不对称，促进处于紧密联系的商业网络中的企业间的创新合作，提升企业的创新水平。企业与供应商、客户的有效合作能够提高企业产品创新活动的开展。

（三）CEO 金融社会资本与企业创新

CEO 金融社会资本是指嵌入 CEO 与银行等金融机构间的社会关系网络的资源。企业创新是一项风险较高、投资时间较长的战略选择，企业创新活动的开展离不开资金的支持。对于我国企业而言，银行债务融资是企业外部融资的主要方式。因此，银行贷款的可得性在保障企业创新活动的开展方面发挥着重要作用。但是，在银行信贷过程中，由于银行无法获得关于借款企业足够完备的信息，进而导致银行与企业之间的信息不对称问题，解决这一问题的有效途径是建立企业与银行间的密切联系，使银行能够获得更多的与企业相关的专属信息，帮助企业获取更多的贷款数量和更低的贷款成本（Sisli，2012），从而缓解企业面临的融资约束，为企业创新提供充足的资金支持。

1. 关于 CEO 金融社会资本对企业创新的影响程度与方向存在分歧。温军等（2011）运用动态面板数据模型，研究基于银行与企业之间关系的贷款强度与企业创新投资的关系，他认为，银企关联贷款能够提升企业的研发投入。武力超等（2015）以中小企业为研究对象，利用 Heckman 两阶段模型来考察关联贷款与企业创新之间的关系，研究发现，关联贷款能够促进中小企业的创新投资力度。Cosci et al.（2016）研究认为，基于银企关系的关联贷款强度与企业创新投入显著正相关。巫岑等（2016）实证检验了民营企业中高管银企关联对企业研发投入的影响，研究结果表明，存在高管金融关联的企业的研发投入水平更高。翟胜宝等（2018）实证检验了银行关联对企业创新的影响，银行关联具体表现为银行持股企业或企业聘请具有银行背景的高管。研究结果表明，具有银行背景的高管对企业创新的促进作用更强。周雪峰和左静静（2018）以深市中小板民营上市公司为研究对象，实证检验了金融关联对中小民企创新投资的影响，结果表明，金融关联能够促进中小民营上市公司的创新投资，而且风险承担在两者关系中发挥着部分中介的效应。Ghosh（2016）认为，银行出于借款的安全性考虑，往往表现出风险规避倾向，与银行关联的企业高管出于风险规避的考虑会更倾向于能够获取固定收益的投资项目，进而抑制企业创新活动的开展。Byrd and Mizruchi（2005）研究认为，具有银行工作背景的高管对贷款申请流程等比较熟悉，可以利用自身的知识和工作经验为企业融资方案提供专业的策划和指导，使企业更容易达到银行授信条件（刘浩等，2012）。郭韬等（2017）研究发现，银行给予创新型企业的关系型贷款对其创新投资的影响存在显著的门槛效应，当信息不对称程度较高以及资本结构水平较低或处于中间值时，关系型贷款对企业创新的促进作用才会得以显现。

2. 关于 CEO 金融社会资本影响企业创新的机制研究。在关于金融社会资本影响企业创新的机制研究中，学者们主要是沿着金融社会资本缓解融资约束的路径展开的。高管与银行的紧密关联缓解了企业与银行间的信息不对称问题，缓解创新过程中面临的资金短缺，进而提升企业开展创新活动的意愿，实现企业创新绩效。具体来说：第一，对于曾经在银行等金融机构任职的高管而言，能够及时将创新项目的风险和收益信息及时向银行进行有效的传递，降低银行和企业之间的信息不对称（翟胜宝等，2018），有助于加深银行对企业财务状况和经营活动的了解，提高银行对创新投入的授信额度；第二，聘请具有银行关联的企业高管能够降低借贷过程中的交易成本，高管的银行任职经历，使得具备银行关联的高管对借贷流程相对熟悉，可以利用自身的专业知识和工作经验减少交易中的不确定性，降低借贷过程中的失误率，节约双方的交易成本。总之，高管与银行等金融机构建立紧密的联系，有助于实现企业与银行间的有效信息沟通，提升彼此间的信任水平，降低交易成本，为企业更加便利地获得银行贷款、缓解企业创新面临的资金短缺提供了帮助，使得企业有更多的资金去开展更多的研发活动，从而提升企业整体的创新水平。

（四）其他维度的 CEO 社会资本与企业创新

除 CEO 商业社会资本、政治社会资本和金融社会资本外，部分学者从协会社会资本（陈爽英等，2010）、技术社会资本（张洪兴、耿新，2010）、声誉社会资本（张敏等，2015）、校友社会资本（申宇等，2017）等方面考察了对企业创新的影响。申宇等（2017）以 2004—2013 年沪深 A 股上市公司为研究对象，利用手工收集的高管毕业院校和上市公司专利申请数据，实证检验了高管校友关系网络强度对企业创新的影响。研究结果显示，高管校友关系网络的深度和广度能够显著提升企业的创新绩效。李辉和吴晓云（2015）以中国跨国公司为例，利用问卷调查获取的数据，将海外社会资本分为结构型、关系型和认知型 3 种，并分别检验了其对企业突破式创新绩效及渐进式创新绩效的影响。张洪兴和耿新（2010）的研究结果表明，企业家技术社会资本能够显著促进企业的创新绩效。陈爽英等（2010）基于全国民营企业的调查数据，运用 TSLS 回归方法考察了协会关联对民营企业研发投资倾向的影响，研究结果证实了协会社会资本显著提升了民营企业的研发投资强度。

第四节 文献述评

一、现有研究的局限

从第三节不难发现，学者们主要从商业社会资本、政治社会资本、金融社会资本等角度出发，对社会资本影响企业创新的内在逻辑路径进行了较为深入的研究，取得了丰硕的研究成果，已有的研究为处于中国特定关系文化和经济转型背景下的中国上市公司创新水平的提升提供了丰富的理论指导，为企业创新的影响因素提供了新的研究视角，也为本书奠定了较为丰厚的理论基础。但是，现有的研究还存在以下几点有待完善之处：

（一）研究样本对象存在局限性

基于中国特殊的经济转型背景，相对于国有企业或规模较大的成熟上市公司而言，我国的中小企业和民营企业在其发展过程中受到较多的资源限制，而社会资本拓宽了企业资源的获取渠道，从而使得现有关于社会资本对企业创新的影响的研究很多是以中小企业、民营企业、高科技企业等特定类型企业为研究对象，而针对A股上市公司CEO社会资本的研究相对较少。由于不同类型企业间的管理实践存在差异，企业管理的实际情况会影响CEO社会资本与企业创新两者间的关系。我国中小企业、民营企业及高科技企业的发展历程、制度环境以及发展阶段呈现出特殊性，相比较成熟的上市公司而言，它们面临的融资约束更加严重，能够获得的制度庇护程度也相对较低，因此，这些企业中的CEO社会资本对企业创新的影响结果和作用机制与其他上市公司可能也存在差异。虽然中小企业等面临较重的融资约束，但这并不意味着成熟的上市公司不存在融资约束，上市公司的企业创新仍然离不开人力、物力和财力等各方面的资源支持。集中以中小企业、民营企业及高科技企业为研究对象，考察这些企业中的CEO社会资本对企业创新的影响难以提供比较全面且相对普适的研究结果。

（二）关于CEO社会资本对企业创新的作用机制的研究还有待深入

目前，关于CEO社会资本对企业创新的影响已经取得了较多的研究成果，但是，关于CEO社会资本影响企业创新的作用机制，大多数研究是基于信息效应和资源获取效应去分析 CEO 社会资本影响企业创新的内在作用路径，而对于其他视角下的作用机制分析还比较欠缺；此外，CEO 社会资本包含了不同维度的社会资本，不同维度的 CEO 社会资本对企业创新影响的作用机制可能存在差异，笼统地考察社会关系或者某一类型的社会关系资本对企业创新的影响不能充分揭示各个维度的社会资本对企业创新的影响机制的差异。

（三）关于影响 CEO 社会资本作用发挥的权变效应的研究还不够全面

CEO 社会资本对企业创新发挥作用受到多重情境的制约，企业创新实践活动不是孤立的，它受制于企业所处的内外部环境，现有文献在考察 CEO 社会资本对企业创新的影响情境时往往只关注某一层面的调节效应，而没有充分考虑企业内外各层面的情境，如果不全面充分地考虑具体情境影响的权变效应，将不利于弄清影响效果的边界条件，使得变量之间的因果关系与实际情况发生偏离，从而减弱研究结论的说服力和预测力。

（四）缺乏对不同维度的 CEO 社会资本的相互作用对企业创新的影响的研究

在现有的研究中，学者们主要是针对某一类社会资本进行研究，或者是考虑多个维度社会资本的独立作用，而没有考虑不同维度 CEO 社会资本的相互作用对企业创新的交叉影响。由于不同维度的社会资本的作用机制可能存在差异，而且 CEO 社会资本具有一定的动态特征，在不同的时点下，CEO 社会资本可能相互转化或同时具备不同维度的社会资本，因此，考察不同维度的社会资本的相互作用对企业创新的影响会让我们对其作用机制有一个更加深入的认识，也为正确地培育 CEO 社会资本提供了明确的方向。

（五）变量测量存在主观性

就 CEO 社会资本的测量而言，虽然现有文献从多个角度对其进行了研究，主要包括利用问卷调查以及对变量设计开发量表等方式，这些方式具有一定的合理性，但也存在着较大的主观性，例如，在问卷调查及开发量表的设计中，与研究者的主观判断存在着较大关系，数据的准确性有待进一步提高。此外，基于社会关系的视角对社会资本进行衡量也存在一定的局限性，尽管关系与社会资本之间有密切关联，但是关系并不完全等同于社会资本，所以，对于社会资本的衡量应该从更加全面、更加系统的视角去考虑。

二、本书的切入点

针对现有研究中存在的不足，本书借鉴国内外已有的研究成果，基于社会资本理论、资源依赖等理论，将 CEO 社会资本与企业创新相联系，进而来探讨 CEO 社会资本对企业创新的影响后果及内在作用路径，具体而言，体现在下面 5 个方面：

第一，扩大研究对象的范围。本书以 2001—2017 年 A 股上市公司为初始样本，详细考察不同维度的 CEO 社会资本对企业创新的影响。本书的研究对象没有拘泥于某一特定类型或特定行业的企业，这样有助于提供更加普适的研究结论。

第二，揭示不同维度的 CEO 社会资本对企业创新的影响路径。本书从资源分配和风险承担 2 个视角，分别引入研发投入强度、风险承担水平这 2 个中介变量，揭示了不同维度的 CEO 社会资本对企业创新影响的作用“黑箱”，构建了“不同维度 CEO 社会资本—研发投入/风险承担—企业创新”的研究框架，并运用中介效应模型对中介作用进行了实证检验，揭示了不同维度的 CEO 社会资本对企业创新影响的作用路径。

第三，考察企业内外部情境因素在 CEO 社会资本影响企业创新的过程中的权变效应。本书在研究 CEO 社会资本对企业创新影响过程中的权变效应时，分别从企业内部、外部 2 个方面着手，引入企业内部监督和激励机制以及企业外部制度环境两方面的情境要素，并运用固定效应模型进行实证检验。在 CEO 社会资本影响企业创新的研究中引入调节变量有助于弄清影响效果的边界条件，使得变量之间的因果关系更加符合企业的实际情况，也使得研究结论具有更强的说服力和预测力。

第四，考察不同维度的 CEO 社会资本的相互作用对企业创新的影响。陈宏波等（2018）利用民营企业的调查数据，实证研究了地区社会资本、企业社会资本和个人社会资本对于企业创新活动的影响，并发现地区层面的社会资本与企业及个人层面的社会资本在影响企业创新决策方面有替代效应。借鉴此研究思路，本书详细考察了 CEO 商业社会资本、政治社会资本以及海外社会资本间的相互作用对企业创新的影响后果。

第五，考虑到学术研究的严谨性，在不同维度的 CEO 社会资本、企业创新以及其他主要变量的可操作性界定和衡量指标选取方面，遵循已经得到国内外学者普遍认同以及被广泛使用的方法来进行指标的度量。同时，需要指明的是，本书中的社会资本是一个中性的概念，并不包含非法社会关系下形成的社会资本，例如，非法的政治关联形式等。

第五节　本章小结

本章详细界定了 CEO 社会资本和企业创新的内涵及研究维度，为后续章节的研究提供了概念基础和研究范畴；详细梳理和归纳了与本书相关的理论基础，重点阐述了社会资本理论、资源依赖理论和高层梯队理论，为后续的实证研究和假设推导提供理论支撑；回顾了国内外相关的研究文献，综述了企业创新的前置影响因素以及不同维度的 CEO 社会资本与企业创新关系的研究文献，指出现有文献的不足之处，引出本书的研究切入点，阐明本书的研究内容，为后续章节的研究做铺垫。

第二章 CEO 社会资本与企业创新关系的研究

第一节 引　　言

创新是一个国家和民族进步的灵魂，是推进经济社会发展的不竭动力。近年来，我国经济处于增速换挡阶段，为了确保社会经济的平稳过渡、实现社会的和谐共处，中国政府高度重视并积极寻找推动经济可持续发展的新引擎，习近平总书记在纪念改革开放 40 周年的重要讲话中强调“创新是改革开放的生命”，肯定了创新在改革开放的伟大成就中所发挥的重要作用，当前中国社会正在积极构建以企业为主、市场为导向的国家创新体系。企业是整个社会经济体系的微观主体，企业创新在促进国家创新体系的构建方面发挥了重要的支撑和引领作用。实现企业创新对企业自身和整个社会经济的发展至关重要。从宏观层面来看，企业创新有助于促进社会技术进步，提高社会生产力，实现产业的转型，推动经济的可持续发展；从微观层面来看，企业创新有助于提高企业资源的利用效率，增强企业的核心竞争优势，挖掘企业新的增长点。因此，寻找推动企业创新的驱动因素是保障社会经济平稳发展的重要议题。

创新活动是一项投资周期较长、不确定性较高的战略选择，实现企业创新需要大量的资源支撑，单纯凭借企业内部的资源已经很难满足企业创新的需要，因而在当前开放、动态的社会网络化的环境中寻找满足企业创新的有价值的稀缺资源，是企业创新活动开展的前提。寻找创新资源并将其与企业现有的资源进行整合，形成企业的核心竞争优势，是企业创新成功的必由之路。现阶段我国经济处于特殊的转型时期，市场经济体制还没有完全建立起来，适应市场经济发展的正式制度还不完善，正式制度对资源配置的作用发挥还不理想，在此情境下，CEO 社会资本作为一种非正式制度，有效弥补了正式制度的缺失，充分发挥了资源配置的作用（马富萍，2011）。CEO 社会资本是嵌入其与外部利益相关群体关系网络的资源集合，CEO 社会资本是在社会关系基础上形成的，中国自古以来就是一个关系文化较为盛行的国家，关系反映了人们相互依存和交往的共同认知和规范，强调关系对于个体或组织发展的作用（马富萍，2011）、关系对社会生活的重要影响得到了广大学者的认可（杨国枢，1992；黄国光，2000）。在中国关系文化和经济转型的特定背景下，对于 CEO 社会资本的强调和利用在中国现实社会中是普遍存在的（Luk et al.，2008）。CEO 社会资本为实现企业创新提供了重要的外部资源和有效信息（张素平，2013；Batjargal and Liu，2003），进而影响了企业创新的结果。其中，CEO 与商业伙伴间的关系网络以及 CEO 与政府行政部门间的关系网络是研究中被普遍关注的 2 种社会关系网络类型（Peng and Luo，2000）。近年来，随着国内创业环境的逐步完善以及国家鼓励海外人才回国创业的各项政策的支持下，回国创业或择业的海外人员逐步增加，CEO 所拥有的海外社会关系网络也成为社会资本的另一个重要来源。综上所述，本书在借鉴已有研究的基础上，从资源依赖理论和社会资本理论的视角出发，深入剖析了商业社会资本、政治社会资本以及海外社会资本对企业创新的影响。

本章基于中国关系文化和经济转型的特定背景，从社会资本理论和资源依赖理论出发，以 2001—2017 年沪深 A 股上市公司为初始样本，理论分析并实证检验了商业社会资本、政治社会资本和海外社会资本对企业创新的影响，并进一步分析不同维度的 CEO 社会资本之间的相互作用对企业创新的影响，为深刻理解不同维度的 CEO 社会资本与企业创新的关系提供经验依据。本章的理论研究逻辑如图 2－1 所示：

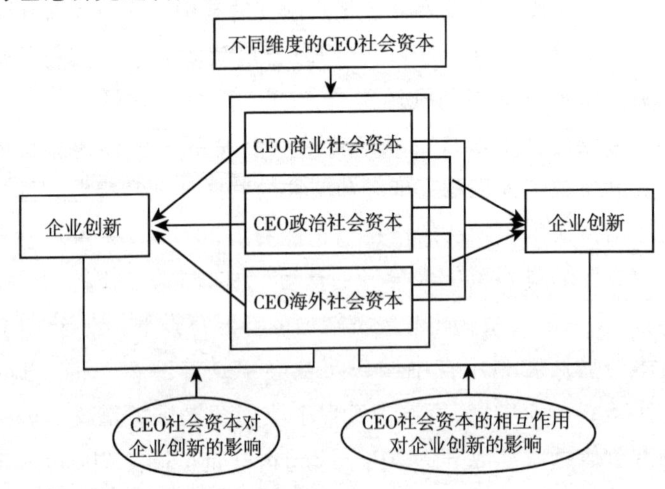

图 2－1　CEO 社会资本与企业创新关系的研究逻辑图

第二节　理论分析与研究假设

一、CEO 商业社会资本与企业创新

CEO 商业社会资本是指嵌入 CEO 与外部商业组织（包括客户、供应商、竞争者、合作企业等）间的关系网络的，能够给个人或企业带来经济利益的资源的集合。根据资源依赖理论的观点，企业创新离不开资源的支持，如果非正式的商业社会资本能够给企业创新活动带来丰富的资源竞争优势，那么，商业社会资本将有助于提高企业的创新水平。CEO 商业社会资本对企业创新产生影响主要是基于以下 2 个方面：

第一，CEO 商业社会资本能够为企业带来“资源效应”。CEO 商业社会资本有助于企业获得有关产品、行业和市场的特定知识和信息资源（Ang，2008；Wu，2011）。CEO 是企业与外部沟通的桥梁，CEO 商业社会资本增强了企业与关系网络中其他利益相关者的沟通与合作，促进了彼此间的相互学习，有利于加快网络成员之间的知识转移和技术获取，通过这些知识、技术和信息的获取，进一步提高企业对环境变化的识别能力，帮助企业应对并适应不确定的环境，降低企业创新的风险（Sheng et al.，2011；Heavey et al.，2015）。

具体而言，CEO 与供应商的密切联系有助于企业获得有关原材料等上游端口的变化信息（刘鑫、蒋春燕，2016），能够在创新过程中得到供应商的技术支持，CEO 与供应商的密切关系还有助于双方协商延迟付款期限，缓解企业创新面临的资金压力。CEO 与客户间的密切关系网络促进了客户对企业品牌的忠

诚度，有助于企业及时捕捉到有关新产品的创意、未来市场和行业的发展趋势等；同时，也有助于深化企业对客户的了解，帮助企业及时掌握客户需求变化的信息，增强企业的创新绩效（Mahmood et al.，2011；Ozer and Zhang，2015）。CEO 与经销商的良好关系有助于公司更好地预测需求变化，降低存货周转率，并确保在市场发生变化时及时将产品交付给客户。与大学或研究机构的密切联系可以为企业创新提供创新思维和技术支持（Kim and Liu，2015；Wu，2011），促进企业技术创新效率和绩效水平的提高（Luo，2008）。CEO 商业社会资本通过不同的商业社会关系网络帮助企业获得多样化的技术知识和信息资源，缓解企业创新面临的资源限制和信息匮乏（Gupta et al.，2006），从而更有效地促进企业的创新（Jansen et al.，2012；Sirmon et al.，2007）。换句话说，CEO 商业社会资本带来的知识和信息有助于企业通过改善资源配置的现状或开发新的资源组合来促进企业创新。

第二，CEO 商业社会资本能够带来“信任效应”。CEO 商业社会资本是基于商业网络中成员间的信任、共同规范等建立起来的，它提升了成员间的信任度，强化了成员对彼此声誉的关注，增强了商业关系网络中参与者之间的沟通与合作（Coleman，1990），加快了资源在社会网络中的流动与转换，技术知识和信息资源的高效流动提升了企业利用资源的效率，有助于企业及时把握市场竞争动态，增强企业对市场竞争环境不确定性的掌控（Leenders and Wierenga，2008），降低企业创新所面临的风险。CEO 商业社会资本还有助于企业与商业网络中的其他主体在引进新产品、进入新市场等方面实现互补和风险分担，从而提高企业创新的成功率。张振刚等（2017）指出，基于非正式的商业社会关系网络而构建的商业社会资本可以促进企业间相互学习，实现企业间有效知识的转移，加强企业间的互惠合作。处于商业关系网络中的企业有动力以更加积极的方式相互分享信息和技术，以促进他们的共同利益。商业关系网络中参与者的密切联系有助于企业获取和交换特定的高质量的技术知识和信息资源（Ozer and Zhang，2015），这些知识和资源只在网络中相互信任的组织间进行交换（Shu et al.，2012）。基于商业社会资本的信任机制增强了企业进行高效创新所必需的技术知识和资源获取和利用的能力（Heavey et al.，2015；Turner et al.，2013），进而提升了企业的创新绩效。

综上所述，CEO 商业社会资本为处于商业网络中的企业提供了技术知识和信息资源，并在互信的基础上加强了企业之间的合作与沟通，促进了技术知识和信息资源在社会网络中的流动效率，降低了企业创新所面临的风险，鉴于上述分析，本书提出以下假设：

假设 2－1：CEO 商业社会资本对企业创新具有显著的正向影响。

二、CEO 政治社会资本与企业创新

CEO 政治社会资本反映了一种政企关系（Peng and Luo，2000）。CEO 政治社会资本是指嵌入其与政府部门或政府官员间的社会关系网络的，能够给个人或企业带来经济利益的资源的集合。基于中国经济转型的特定背景，企业能够从市场中获取的资源还比较有限，政府仍然掌握着大量的社会资源并影响着资源的分配（Chen and Wu，2011；Kotabe et al.，2011；Shu et al.，2012；Wu，2011）。因此，为了获取企业创新所需的资源，CEO 会积极地去构建与政府的社会关系网络，从而帮助企业拓展资源获取渠道。有关 CEO 政治社会资本对企业创新的影响，现有的

研究结论存在较大的分歧，主要体现在以下 2 个方面：

（一）CEO 政治社会资本有利于促进企业创新

从资源获取的视角出发，一部分学者认为 CEO 政治社会资本对企业创新是有利的（Zhang et al.，2016），CEO 政治关系网络有助于企业获得政府控制的项目（Acquaah，2012）、政府补贴和市场准入机会；CEO 政治社会资本还有助于企业获取从外部市场中很难捕获的有关政府政策、行业法规等方面的最新内部信息（Hillman and Hitt，1999），这些内部信息使企业能够更及时准确地调整创新方向，以满足市场和政府的需求，从而提高企业创新的成功率（Wu，2011）。例如，企业必须为新产品申请工业制造许可证（Zheng et al.，2015），企业可以利用从政治关系中获得的内部信息来确定政府可能更倾向于哪种创新，从而选择符合工业制造许可证标准的最合适的创新产品，从而保证创新产品获得市场认可；企业创新是一项风险较高的实践活动，追求创新的企业更需要获得合法性，政治关系增强了公司的合法性（Wu，2011；Zheng et al.，2015），有助于获取社会的支持，合法公司的技术和产品创新更有可能被客户接受（Wu，2011），因为良好的政治社会资本使得企业肩负着较高的声誉和信誉（Zhang et al.，2016），而声誉机制又会促使企业对产品属性进行不断的改进或提供更具价值的创新产品。

（二）CEO 政治社会资本阻碍了企业创新

另外一些学者认为维系 CEO 政治社会资本会耗费较多的资源和精力，限制企业决策自由，降低企业创新的积极性，进而对企业创新是不利的（Zheng et al.，2015；罗明新，2014）。CEO 政治社会资本对企业创新的不利影响主要体现在：

1. 获取 CEO 政治社会资本需要支付较高的维系成本。企业与政府之间进行资源交换，而不是企业单方面获取资源。企业需要支付各种形式的成本来取得政府的扶持（罗明新，2014），而且维持既有的政治社会资本也需要不断投资。建立和维护 CEO 政治社会资本可能会转移企业对技术创新的注意力。企业的时间和资源是有限的，建立政治社会资本所需的维系成本会减少企业用于创新的资源，换句话说，专注于建立政治社会关系可能会导致企业资源的不成比例的支出，最后导致很少甚至没有资源用于企业创新，进而阻碍了企业创新。

2. CEO 政治社会资本会限制企业的决策自由。CEO 政治社会资本可能会造成政府对企业经营活动的干预，从而限制企业的决策自由。政府在向企业提供资源的同时，还必然会考虑自身的行政目的，在提供帮助的同时可能会附加一些政治诉求以实现政府目标，从而使得企业的经营不能完全独立，或多或少会受到政府的干预。例如，让渡部分决策自主权，忍受寻租行为等（罗明新，2014）。政府的干预削弱了企业追求创新的积极性和能动性，从而对企业创新造成了不利影响。

3. CEO 政治社会资本会导致企业创新惰性，抑制创新思维的形成。鉴于 CEO 政治社会资本使得企业能够相对容易地获取政府资源，CEO 政治社会资本带来的资源优势可能不会被优先分配用以促进企业技术创新，而被用来实现企业的短期收益，进而影响企业进行内部技术创新的积极性。Maurer and Ebers（2006）研究表明，社会资本的不利影响在于可能导致企业惰性，从动态视角观察，长期的政治关联使得企业的经营理念和经营模式僵化，难以适应动荡的技术环境的变化。所以，企业的创新惰性制约了企业创新的积极性，进而导致企业创新绩效下降。

综上所述，CEO 政治社会资本犹如一把“双刃剑”。一方面，CEO 政治社会资本为企业获取政府机构所拥有的有利资源提供了便利；另一方面，CEO 政治社会资本在帮助企业获取外部资源机会的同时，也给企业带来了成本与风险，使得 CEO 政治社会资本的维系成本挤出了政治社会资本给企业带来的资源收益，并限制了企业的决策自由，束缚了企业的创新思维，导致企业的创新惰性，从而使得企业创新受到 CEO 政治社会资本“掠夺之手”的损害。鉴于上述分析，本书提出以下对立的假设：

假设 2 - 2（a）：CEO 政治社会资本对企业创新具有正向的影响；

假设 2 - 2（b）：CEO 政治社会资本对企业创新具有负向的影响。

三、CEO 海外社会资本与企业创新

CEO 海外社会资本是指嵌入其海外社会关系网络的有利资源的集合。海外社会关系网络是 CEO 在海外留学、工作期间所积累的一种社会关系网络，海外关系网络会给 CEO 带来先进的知识和技术，影响其个人价值观和思维方式，而其所拥有的知识、技术以及个人价值观会深刻影响企业的创新行为。通常来说，CEO 的海外求学经历使其掌握了先进的知识和技术，CEO 海外任职经历使其具有先进的管理理念和开阔的思维方式，CEO 利用其先进的专业知识技能，运用有效的管理方式，帮助企业做出合理的创新决策。海外经历使得 CEO 具有广泛的国际视野，提升个人的风险承担倾向和能力，从而有助于企业创新活动的开展。Filatotchev et al.（2009）认为，企业高管的海外教育或工作经验能够提高企业的创新行为。陈守明、唐滨琪（2012）研究表明，高管任职会对企业创新投入产生影响，具有海外经历的高管的思维方式和管理理念更具国际化和市场化特征，在制定公司战略时偏向于扩大企业的研发投入。罗思平和于永达（2012）认为，具有海外经历的高管对技术和

专利制度的理解和认识更为深刻，因而更加注重对技术创新成果的保护，更倾向于将研发成果申请技术专利，从而提高企业的创新产出。此外，具有海外社会经历的 CEO 在留学和工作期间处于完全不同的生活环境，需要不断克服文化上的冲击和碰撞，独自面对生活、情感、社交等各方面的压力和挑战（宋建波等，2017），这样的经历在一定程度上培养了海归高管稳定的心理素质和坚毅的品质，使得他们在面临创新风险时依旧能够保持良好的心态，以沉着冷静的心理状态应对和控制创新风险，从而做出正确的创新决策。

从文化影响的视角来看，海外的文化熏陶使具有海外经历的高管更具冒险意识和创新精神。文化对具有海外经历的 CEO 的价值观念和行为决策具有重要的影响（Li，2013）。西方社会崇尚个人主义的价值观念，强调自由、平等和竞争，受该价值观影响的 CEO 会更加自信，更突出地表达自己的观点和主张（Yamaguchi，2005），在公司经营决策过程中更多地依靠个人判断，在行为决策上表现为更强的风险偏好，更愿意接受新的挑战，从而有助于形成企业的创新决策（Kreiser et al.，2000）；而受中国社会长久以来崇尚集体主义的价值观念的影响，本土 CEO 更加注重组织内部的团结和稳定，讲求中庸和保守，希望通过人际关系的和谐共处实现合作共赢（Li and Zahra，2012），在企业创新决策中表现出较强的风险规避行为，风险承担水平相对较低。鉴于上述分析，本书提出以下假设：

假设 2 - 3：CEO 海外社会资本对企业创新具有显著的正向影响。

四、不同维度的 CEO 社会资本的相互作用对企业创新的影响

对于一个企业 CEO 而言，他可能会同时处于不同维度的社

会关系网络中，由此形成了不同维度的 CEO 社会资本。从上述不同维度的社会资本与企业创新关系的分析中我们得知，CEO 商业社会资本、政治社会资本以及海外社会资本对企业创新的影响后果可能存在差异，那么，当不同维度的 CEO 社会资本集中在一起时，会对企业创新产生何种影响？这是值得我们思考的重要问题，也是现有文献中关注较少的问题之一。作为一种动态能力，企业创新需要更多的资源投入和更有效的资源配置，Michelfelder 和 Kratzer（2013）认为，当不同类型的社会关系网络被视为不同的组织资源发挥作用时，在强弱结合的情形下其作用发挥的效果会更好。Chen 和 Wu（2011）研究认为，由于不同社会资本的相互作用给企业创新带来了特定的资源组合，因而商业关系与政治关系的联合使用会产生协同效应。

（一）CEO 商业社会资本与 CEO 政治社会资本的相互作用对企业创新的影响

如前所述，政治社会资本的维系成本很可能会挤出政治社会资本带来的资源优势，并有可能限制企业的决策自由，束缚企业的创新思维，导致企业创新的惰性，从而使得企业创新受到政治社会资本“掠夺之手”的损害；而商业社会资本为处于商业网络中的企业提供了技术知识和信息资源，并在互信的基础上加强了企业之间的合作与沟通，促进了技术知识和信息资源在社会网络中的流动效率，降低了企业创新所面临的风险，进而减少了企业利用政治社会资本获取短期收益的动机，提高了企业利用商业社会资本提供的信息优势进行创新活动的积极性，从而鼓励企业进行创新。

CEO 商业社会资本与政治社会资本的相互作用可能共同促进企业创新。政治关系为企业提供了与现有或潜在的商业网络伙伴建立更加紧密合作关系的机会（Kotabe et al.，2011）。他们可能共同参与实施了政府支持的创新项目，这种合作有助于企业获取关系网络中合作者的新知识和新技术，并进一步加强与合作者共有的现有知识和技术，从而促进企业双元创新（Wang and Hsu，2014）。此外，政治关系提高了外部商业关联的有效性。如前所述，政治社会资本为企业提供了获得额外财政资源的机会，凭借充足的财务资源，企业更有可能利用通过商业社会资本获取的交换和转移的知识和信息来追求企业创新；而且从政治社会资本中捕获的有关行业和市场变化的内部信息有助于企业对通过商业社会资本获取的信息和机会进行准确、及时的调整（Chen and Wu，2011），这反过来也会促进更加有效的资源利用，并缓解企业创新面临的资源约束。同时，具有较强商业关系的公司更有可能利用政治关系来构建新的资源组合，从而增强企业创新。因此，具有较强商业关系的公司可以通过加强政治联系而获得的额外资源与新的或现有的知识或资源进行均衡和补充，从而促进企业创新。换句话说，商业和政治关系之间的相互作用更有可能为企业创新提供一个双重的资源基础。鉴于上述分析，我们提供以下假设：

假设 2-4：CEO 商业社会资本减弱了 CEO 政治社会资本对企业创新的不利影响，CEO 商业社会资本与 CEO 政治社会资本的共同作用促进了企业创新。

（二）CEO 海外社会资本与 CEO 政治社会资本的相互作用对企业创新的影响

CEO 海外社会资本给企业创新带来新的技术知识和有效的管理控制方法，能够降低企业创新面临的外部风险，并提升企业创新所需的技术和知识资源；同时，CEO 海外社会资本还提高了其风险承担倾向，使得 CEO 在战略选择中偏好那些风险较高、收益较大的投资项目，进而提高企业创新活动的开展与实施。海外社会资本有效弥补了政治社会资本带来的创新惰性，激活了企业的创新思维，提高了企业资源的投入，进而缓解政治社会资本给企业创新带来的不利影响。鉴于上述分析，本书提出以下假设：

假设 2－5：CEO 海外社会资本缓解了 CEO 政治社会资本对企业创新的不利影响，海外社会资本与政治社会资本的相互作用有助于促进企业创新。

（三）CEO 海外社会资本与 CEO 商业社会资本的相互作用对企业创新的影响

CEO 海外社会资本给企业创新带来新的技术知识和有效的管理控制方法，能够降低企业创新面临的外部风险，并提升企业创新所需的技术和知识资源；同时，CEO 海外社会资本还提高了个人风险承担倾向，使得 CEO 在战略选择中偏好那些风险较高、收益较大的投资项目，进而促进企业创新活动的开展与实施。而 CEO 商业社会资本也为企业创新带来了资源和信息优势，有助于企业及时掌握有关产品、技术、市场及行业等方面的信息，准确把握企业创新的发展方向，减少企业创新面临的风险，从而提升企业进行创新的意愿。综上所述，CEO 海外社会资本与 CEO 商业社会资本在影响企业创新的过程中具有相似的作用路径，主要是通过资源获取和提升风险承担水平来促进企业创新，所以，CEO 海外社会资本和 CEO 商业社会资本对企业创新的影响可能存在替代效应，鉴于上述分析，本书提出以下假设：

假设 2－6：CEO 海外社会资本弱化了 CEO 商业社会资本对企业创新的影响，即 CEO 海外社会资本与 CEO 政治社会资本在影响企业创新的过程中存在替代作用。

第三节 研究设计

一、样本选取与数据来源

本书选取 2001—2017 年沪深两市 A 股上市公司作为初始样本。将样本初始期设定在 2001 年，主要是因为 CEO 社会资本的测算方法主要是根据数据库中 CEO 的个人背景特征及手工收集和分析个人简历而来，而与个人简历和背景特征相关的信息自 2001 年开始披露得相对规范且完整，故将样本的起始期设定在 2001 年。本章中，CEO 社会资本指标数据是根据国泰安（CSMAR）数据库中的上市公司人物特征子库得来，当个人特征或简历缺失时，我们通过手工查阅上市公司年报、搜索新浪财经和巨潮资讯网中的高管简历信息进行补充，最大限度地获得较为完整的数据资料。本章中涉及的其他财务数据均来自国泰安（CSMAR）数据库。为了保证实证结果的可靠性，我们按照以下原则对初始样本进行筛选：（1）剔除金融类上市公司样本；（2）剔除 ST 和 * ST 的公司样本；（3）剔除 CEO 社会资本及关键变量缺失的公司样本；（4）为了避免异常值对实证结果造成的影响，本书对所有的连续型变量在 1% 和 99% 分位数上进行了 Winsor 处理。本书最终获得 30338 个非平衡面板样本观测值。

二、变量定义

（一）因变量

本章的因变量为企业创新。企业创新活动体现为将新技术或新产品等应用于市场，并创造企业价值，因此，新技术或新产品的出现是实现企业创新的前提，大多数文献是从企业技术创新的角度去考察企业创新效率，较为常用的指标主要包括是否有新产品、新技术的出现（黄宇虹，2018），专利申请数（陈春花等，2018；黎文靖、郑曼妮，2016；Cornaggia et al.，2015；）、研发投入（陈宏波等，2018；He and Wintoki，2016；潘越等，2015；Zhou，2013）以及无形资产增量（鞠晓生等，2013）。综观现有文献，利用专利申请数来衡量企业创新是相对比较普遍的做法，专利申请数能够比较全面地反映企业对各种可观测到的（财务资源投入）和不可观测到的创新投入（人力资本投入、管理资源投入）的成功利用（He and Tian，2013；江轩宇，2016）。因此，本书采用企业当年专利申请数加 1 取自然对数作为衡量企业创新的指标。而在本章的稳健性检验部分，我们借鉴鞠晓生等（2013）的做法，以无形资产的增量作为企业创新的替代指标。

（二）自变量

1. CEO 商业社会资本（SC－Bus）。CEO 商业社会资本是指嵌入 CEO 与商业关系网络的各利益相关群体间的，能够给个人和企业带来收益的实际或潜在的稀缺资源的集合。CEO 商业社会资本加强了 CEO 与其他商业伙伴之间的联系，有助于市场信息、商品定价、销售渠道等资源的获取（游家兴、刘淳，2011），CEO 商业社会资本的丰富度在一定程度上反映为 CEO 与其商业关系网络中参与者的关系密切性，参考张敏（2015）研究中构建的社会网络丰富度的测算方法，本章利用 CEO 兼任职务为董事的公司数量来衡量 CEO 商业社会资本，当 CEO 兼任董事的公司数量大于样本平均值时，SC－Bus＝1，否则 SC－Bus＝0。

2. CEO 政治社会资本（SC－Pol）。CEO 政治社会资本是指基于 CEO 与政府机构的非正式关系而给个人和企业带来的资源优势。政治社会资本源于政治关联。本书借鉴现有文献中衡量政治关联的方法对 CEO 政治社会资本指标进行度量，本书以企业 CEO 是否担任人大代表或者政协委员、是否曾经担任政府官员来度量政治社会资本。如果 CEO 曾担任过全国或地方人大、政协委员或曾在政府部门有过任职经历，则 SC - Pol = 1，否则 SC - Pol = 0。

3. CEO 海外社会资本（SC - Over）。CEO 海外社会资本是指 CEO 在海外留学、工作期间所积累的海外关系网络给个人和企业带来的资源总和。海外经历使得 CEO 具有较多的先进知识和管理经验，提升了个人风险承受能力，有利于形成企业的创新决策。本章中以 CEO 是否具有海外留学或工作经历作为海外社会资本的判别依据，其中，海外留学经历是指在海外获得相应阶段的学历学位，不包括短时间的访学经历；海外任职经历不包括在公司海外分支机构中的任职经历。如果满足上述海外经历的界定条件，则 CEO 海外社会资本 SC - Over = 1，否则 SC - Over = 0。

（三）控制变量

企业创新除了受不同维度的 CEO 社会资本的影响，还会受到其他多个层面因素的制约。参照以往关于企业创新活动影响因素的研究文献，本章从以下几个层面选择了控制变量：（1）企业层面，包括企业规模、企业年龄、所有权属性、盈利水平、企业成长性、企业负债率、有形资产比率；（2）治理层面，包括股权分散度、董事长总经理是否兼任、董事会规模、独立董事比例等；（3）CEO 个人层面，包括性别、年龄、学历及任职时间。

（四）变量指标汇总

根据上述对各变量选择依据的分析，确定了各变量可操作化的计算指标。因变量、自变量及控制变量的可操作化的指标界定和衡量方法，详见表 2-1。

表 2-1　变量界定及具体衡量方法

变量类型	变量名称	变量符号	变量衡量方法
因变量	企业创新	Innovation1	Ln（当年专利申请数 +1）
	企业创新	Innovation2	无形资产增量 =（当期无形资产净额 - 上期无形资产净额）/上期无形资产净额
自变量	CEO 商业社会资本	SC - Bus	CEO 兼任董事的公司数量大于样本平均值时，SC - Bus = 1，否则 SC - Bus = 0
	CEO 政治社会资本	SC - Pol	CEO 曾担任过全国或地方人大、政协委员或曾在政府有关部门任职过，则 SC - Pol = 1，否则 SC - Pol = 0
	CEO 海外社会资本	SC - Over	CEO 曾在海外任职或海外留学，则海外社会资本 SC - Over = 1，否则 SC - Over = 0
控制变量	资产负债率	Lev	期末总负债/期末总资产
	销售增长率	Growth	（当期销售收入 - 上期销售收入）/上期销售收入
	公司规模	Size	Ln（总资产）
	公司年龄	Age	Ln（计算年份 - 上市年份 +1）
	公司属性	State	国有企业取 1，非国有企业取 0
	有形资产比率	Tang	固定资产净额/总资产
	总资产报酬率	ROA	净利润/（年初总资产 + 年末总资产）÷2
	两职合一	Duality	董事长与总经理兼任时取 1，否则取 0
	独立性	Indep	独立董事人数/董事会人数
	董事会规模	Bsize	Ln（董事会人数）
	股权分散度	Zidex	第一大股东持股比例/第二大股东持股比例
	CEO 性别	CEO - Gen	若在任 CEO 为男性，则取 1，否则取 0

续表

变量类型	变量名称	变量符号	变量衡量方法
控制变量	CEO 年龄	CEO – Age	CEO 的实际年龄
	CEO 任职时间	CEO – Ten	CEO 继任日期起至当年年底的总时间数，精确到月
	CEO 教育背景	CEO – Deg	1 – 高中及以下；2 – 大专；2 – 本科；4 – 硕士；4 – 博士
	行业	Industry	按证监会行业划分设定的行业虚拟变量
	年份	Year	按不同年份设定的年份虚拟变量

三、模型设定

（一）CEO 商业社会资本对企业创新的影响模型

为了检验 CEO 商业社会资本对企业创新的影响，本书构建模型（2 – 1）来对假设 2 – 1 进行实证检验：

$$
\begin{aligned}
Innovation1 &= \alpha_0 + \alpha_1 SC - Bus_{it} + \alpha_2 ROA_{it} + \alpha_3 Growth_{it} + \alpha_4 Lev_{it} \\
&+ \alpha_5 Tang_{it} + \alpha_6 Size_{it} + \alpha_7 Age_{it} + \alpha_8 State_{it} + \alpha_9 Duality_{it} \\
&+ \alpha_{10} Bsize_{it} + \alpha_{11} Zidex_{it} + \alpha_{12} Indep_{it} + \alpha_{13} CEO - Ten_{it} \\
&+ \alpha_{14} CEO - Gen_{it} + \alpha_{15} CEO - Age_{it} + \alpha_{16} CEO - Deg_{it} \\
&+ \sum ind + \sum year + \varepsilon_{it} \qquad \text{模型（2 – 1）}
\end{aligned}
$$

若模型（2 – 1）的回归结果中，CEO 商业社会资本前的回归系数 α_1 显著为正，则说明商业社会资本对企业创新具有显著的正向影响，商业社会资本有助于促进企业创新，进而证实本章的假设 2 – 1；反之，则说明商业社会资本对企业创新存在不利的影响。

（二）CEO 政治社会资本对企业创新的影响模型

为了检验 CEO 政治社会资本对企业创新的影响，本书构建模型（2－2）来对假设 2－2 进行实证检验：

$$
\begin{aligned}
& Innovation1 \\
& \quad = \alpha_0 + \alpha_1 SC - Pol_{it} + \alpha_2 ROA_{it} + \alpha_3 Growth_{it} + \alpha_4 Lev_{it} \\
& \qquad + \alpha_5 Tang_{it} + \alpha_6 Size_{it} + \alpha_7 Age_{it} + \alpha_8 State_{it} + \alpha_9 Duality_{it} \\
& \qquad + \alpha_{10} Bsize_{it} + \alpha_{11} Zidex_{it} + \alpha_{12} Indep_{it} + \alpha_{13} CEO - Ten_{it} \\
& \qquad + \alpha_{14} CEO - Gen_{it} + \alpha_{15} CEO - Age_{it} + \alpha_{16} CEO - Deg_{it} \\
& \qquad + \sum ind + \sum year + \varepsilon_{it} \qquad \text{模型（2－2）}
\end{aligned}
$$

若模型（2－2）的回归结果中，CEO 政治社会资本前的回归系数 α_1 显著为正，则说明政治社会资本对企业创新具有显著的正向影响，政治社会资本有助于促进企业创新，进而证实本章的假设 2－2（a）；反之，则说明政治社会资本对企业创新存在不利的影响，进而证实本章的假设 2－2（b）。

（三）CEO 海外社会资本对企业创新的影响模型

为了检验 CEO 海外社会资本对企业创新的影响，本书构建模型（2－3）来对假设 2－3 进行实证检验：

$$
\begin{aligned}
& Innovation1 \\
& \quad = \alpha_0 + \alpha_1 SC - Over_{it} + \alpha_2 ROA_{it} + \alpha_3 Growth_{it} + \alpha_4 Lev_{it} \\
& \qquad + \alpha_5 Tang_{it} + \alpha_6 Size_{it} + \alpha_7 Age_{it} + \alpha_8 State_{it} + \alpha_9 Duality_{it} \\
& \qquad + \alpha_{10} Bsize_{it} + \alpha_{11} Zidex_{it} + \alpha_{12} Indep_{it} + \alpha_{13} CEO - Ten_{it} \\
& \qquad + \alpha_{14} CEO - Gen_{it} + \alpha_{15} CEO - Age_{it} + \alpha_{16} CEO - Deg_{it} \\
& \qquad + \sum ind + \sum year + \varepsilon_{it} \qquad \text{模型（2－3）}
\end{aligned}
$$

若模型（2－3）的回归结果中，CEO 海外社会资本前的回归系数 α_1 显著为正，则说明海外社会资本对企业创新具有显著的正向影响，海外社会资本有助于促进企业创新，进而证实本章的假设 2－3；反之，则说明海外社会资本对企业创新存在不利的影响。

（四）不同维度的CEO社会资本的相互作用对企业创新的影响模型

为了检验不同维度CEO社会资本的相互作用对企业创新的影响，本书构建并运行模型（2-4）至模型（2-6）对假设2-4至假设2-6进行检验：

$$
\begin{aligned}
Innovation1 &= \alpha_0 + \alpha_1 SC-Pol_{it} + \alpha_2 SC-Bus_{it} + \alpha_3 SC-Pol_{it} \times SC \\
&\quad - Bus_{it} + \alpha_4 ROA_{it} + \alpha_5 Growth_{it} + \alpha_6 Lev_{it} + \alpha_7 Tang_{it} \\
&\quad + \alpha_8 Size_{it} + \alpha_9 Age_{it} + \alpha_{10} State_{it} + \alpha_{11} Duality_{it} + \alpha_{12} Bsize_{it} \\
&\quad + \alpha_{13} Zidex_{it} + \alpha_{14} Indep_{it} + \alpha_{15} CEO-Ten_{it} + \alpha_{16} CEO \\
&\quad - Gen_{it} + \alpha_{17} CEO-Age_{it} + \alpha_{18} CEO-Deg_{it} \\
&\quad + \sum ind + \sum year + \varepsilon_{it} \qquad \text{模型（2-4）}
\end{aligned}
$$

$$
\begin{aligned}
Innovation1 &= \alpha_0 + \alpha_1 SC-Pol_{it} + \alpha_2 SC-Over_{it} + \alpha_3 SC-Pol_{it} \times SC \\
&\quad - Over_{it} + \alpha_4 ROA_{it} + \alpha_5 Growth_{it} + \alpha_6 Lev_{it} + \alpha_7 Tang_{it} \\
&\quad + \alpha_8 Size_{it} + \alpha_9 Age_{it} + \alpha_{10} State_{it} + \alpha_{11} Duality_{it} + \alpha_{12} Bsize_{it} \\
&\quad + \alpha_{13} Zidex_{it} + \alpha_{14} Indep_{it} + \alpha_{15} CEO-Ten_{it} + \alpha_{16} CEO \\
&\quad - Gen_{it} + \alpha_{17} CEO-Age_{it} + \alpha_{18} CEO-Deg_{it} \\
&\quad + \sum ind + \sum year + \varepsilon_{it} \qquad \text{模型（2-5）}
\end{aligned}
$$

$$
\begin{aligned}
Innovation1 &= \alpha_0 + \alpha_1 SC-Bus_{it} + \alpha_2 SC-Over_{it} + \alpha_3 SC-Bus_{it} \times SC \\
&\quad - Over_{it} + \alpha_4 ROA_{it} + \alpha_5 Growth_{it} + \alpha_6 Lev_{it} + \alpha_7 Tang_{it} \\
&\quad + \alpha_8 Size_{it} + \alpha_9 Age_{it} + \alpha_{10} State_{it} + \alpha_{11} Duality_{it} + \alpha_{12} Bsize_{it} \\
&\quad + \alpha_{13} Zidex_{it} + \alpha_{14} Indep_{it} + \alpha_{15} CEO-Ten_{it} + \alpha_{16} CEO \\
&\quad - Gen_{it} + \alpha_{17} CEO-Age_{it} + \alpha_{18} CEO-Deg_{it} \\
&\quad + \sum ind + \sum year + \varepsilon_{it} \qquad \text{模型（2-6）}
\end{aligned}
$$

四、研究方法

本书利用样本的面板数据进行实证检验，面板数据（Panel date）的优点在于：首先，它能同时具备时间和截面上的特征和规律，从而提供更多的样本信息，提高模型检验结果的可靠性和有效性（Wooldridge and Semykina，2010）；其次，面板数据还能缓解遗漏变量等造成的结果偏差，在实证模型的检验中，遗漏变量是比较常见的，解决遗漏变量的方法可以寻找工具变量，但是，合适的工具变量是不容易找到的。基于面板数据的优点，本书利用 2001—2017 年上市公司的面板数据进行实证检验，采用面板数据的固定效应模型作为研究方法。需要说明的是，在确定选择固定效应模型还是随机效应模型时，本书按照现有研究中比较普遍的做法，进行豪斯曼检验。此外，为保证实证结果的稳健性，本书对所有回归模型的标准误进行了公司层面的 cluster 聚类调整（朱冰等，2018）。

第四节　实证结果与分析

一、描述性统计

对收集的样本变量进行描述性统计，有助于我们从整体上认识和分析各变量的大致分布情况，以便我们初步了解变量之间的相互关系。表 2 - 2 显示了主要变量的描述性统计结果。从自变量的描述性统计结果来看，商业社会资本均值为 0.0338，表明样本公司中商业社会资本的丰富度相对较低；政治社会资本的均值为 0.1529，表明 15.29% 的样本公司的 CEO 曾经担任过政府官员、人大代表或政协委员；海外社会资本的均值为 0.0599，表明 5.99% 的样本公司的 CEO 具有海外学习或海外任职的经历，在样本上市公司中海外社会资本还比较匮乏。从因变量的描述性统计结果来看，以上市公司专利申请数为例，样本上市公司整体专利申请数的均值为 1.3627，标准差为 1.7307，这说明上市公司间以专利申请数为代表的创新产出存在较大的差异，上市公司整体创新产出水平偏低；以无形资产的增量作为企业创新的替代指标，其描述性统计结果显示，无形资产增量的均值为 0.1987，标准差为 4.3217，表明上市公司无形资产的增量水平较低，且不同上市公司之间的差距较大。

从控制变量的描述性统计结果来看，企业盈利能力 ROA 的均值为 0.0408，说明企业总资产报酬率为 4.08%，最大值为 23%，上市公司整体报酬率偏低。上市公司的销售增长率均值约为 18.7%，标准差为 0.4118，说明企业之间销售增长率存在较大的差异，最大值和最小值之间的差异也较大。企业资产负债率均值为 0.4563，企业规模均值为 21.7453，企业年龄平均为 2.5809，最大为 3.9318，说明样本企业大都是较为成熟的上市公司。在样本上市公司中，有 47.89% 的公司为国有企业，有 11.66% 的样本公司中董事长和总经理为同一人兼任，这表明我国上市公司两职合一的现象并不严重，两职分离有助于提高公司的治理水平。样本公司的股权分散度均值为 19.7892，说明上市公司第一大股东持股水平还相对较高。从 CEO 的个人特征来看，任职期间均值为 3.3431，这符合我国上市公司 CEO 任职期限一般为 3 年的实际情况；平均年龄为 47.2450，表明上市公司中 CEO 比较年轻，性别的均值为 0.9508，表明上市公司中男性 CEO 占比约为 95.08%，男性在上市公司中占绝对优势，学历均值为 3.2298，表明上市公司

CEO 普遍具有本科以上学历。从整体上看，上市公司的 CEO 呈现出年轻化、高学历的趋势。

表 2-2　　主要变量的描述性统计

变量符号	样本数	平均值	标准差	最小值	最大值
Innovation1	30337	1. 3627	1. 7037	0	6. 2025
Innovation2	26103	0. 1987	4. 3217	-0. 8101	36. 8705
SC - Bus	29420	0. 0338	0. 1806	0	1
SC - Pol	30337	0. 1529	0. 3599	0	1
SC - Over	30337	0. 0599	0. 2373	0	1
ROA	30334	0. 0408	0. 0631	-0. 2246	0. 2300
Growth	30337	0. 1870	0. 4118	-0. 6449	2. 4862
Lev	30337	0. 4563	0. 2217	0. 0496	1. 1639
Size	30337	21. 7453	1. 3523	0	28. 5087
Age	30337	2. 5809	0. 4671	0	3. 9318
State	30337	0. 4789	0. 4996	0	1
Duality	30167	0. 1166	0. 3209	0	1
Bsize	30160	2. 1903	0. 2100	1. 6094	2. 7081
Zidex	30337	19. 7892	40. 2088	1. 0026	248. 1287
Indep	29451	0. 3553	0. 0590	0. 1818	0. 5714
Tang	30337	0. 2474	0. 1769	0. 0023	0. 7512
CEO - Ten	28591	3. 3431	2. 9195	0. 0360	14. 4500
CEO - Gen	30163	0. 9508	0. 2162	0	1
CEO - Age	30146	47. 2450	6. 5591	26	75
CEO - Deg	30146	3. 2298	0. 8266	1	5

二、Pearson 相关性分析

Pearson 相关性分析初步揭示了变量之间的两两相互关系。表 2－3 报告了变量之间的 Pearson 相关系数（Pearson correlation coefficient）。从各变量的相关系数大小来看，均低于 0.5，初步表明各变量之间不存在严重的多重共线性。观察各变量之间的相互关系，可以发现：CEO 商业社会资本、政治社会资本和海外社会资本与企业创新均显著相关。

从控制变量的相关系数来看，企业盈利水平（ROA）、负债率（Lev）、成长性（Growth）、企业规模（Size）以及企业年龄（Age）均对创新产生了显著的影响。较高的盈利水平（ROA）能够提升企业创新，企业盈利水平较高时，会给企业创新提供较大的财务资源支撑，缓解企业创新面临的资金限制；企业负债率（Lev）与企业创新显著负相关，说明负债水平较低的企业其创新结果会更好，因为较低的债务水平减轻了企业的财务压力，进而降低企业创新过程中的财务风险；企业成长性（Growth）与企业创新显著负相关，企业规模（Size）和企业年龄（Age）与企业创新显著正相关，说明在规模较大、成长性较好的成熟企业中，企业创新水平会更高。相对于国有企业（State）而言，非国有企业的创新水平更高。此外，从 CEO 个人特征来看，任期（CEO－Ten）、年龄（CEO－Age）、性别（CEO－Gen）以及学历（CEO－Deg）与企业创新均显著正相关，说明当 CEO 任期较长、上市公司 CEO 为男性且学历越高时，企业的创新水平会越高。当任期较长时，CEO 的自身利益与企业发展联系得更为紧密，CEO 会努力提升企业价值，提高企业创新效率，而当 CEO 为男性或学历较高时，CEO 风险承担倾向和风险承担能力可能会更好，从而加大了企业创新的力度，提高企业创新的水平。

表 2-3 主要变量 Pearson 相关系数

变量符号	Innovation1	Innovation2	SC - Over	SC - Pol	SC - Bus	ROA	Lev	Growth	Size	Age
Innovation1	1									
Innovation2	0.024 ***	1								
SC - Over	0.088 ***	0.015 **	1							
SC - Pol	-0.142 ***	-0.060 ***	0.069 ***	1						
SC - bus	0.169 ***	0.0061 **	0.099 ***	0.107 ***	1					
ROA	0.157 ***	0.067 ***	0.049 ***	0.089 ***	0.094 ***	1				
Lev	-0.092 ***	-0.013 **	-0.069 ***	-0.055 ***	-0.062 ***	-0.405 ***	1			
Growth	-0.042 ***	-0.037 ***	0.015 ***	-0.014 **	0.017 ***	0.033 ***	0.014 **	1		
Size	0.264 ***	0.036 ***	0.039 ***	0.095 ***	0.122 ***	0.108 ***	0.278 ***	0.026 ***	1	
Age	0.110 ***	0.084 ***	0.034 ***	0.072 ***	0.046 ***	-0.094 ***	0.159 ***	-0.072 ***	0.239 ***	1
State	-0.128 ***	-0.010 *	-0.125 ***	-0.108 ***	-0.161 ***	-0.123 ***	0.231 ***	-0.068 ***	0.231 ***	0.0071
Tang	-0.111 ***	-0.057 ***	-0.053 ***	-0.056 ***	-0.061 ***	-0.136 ***	0.103 ***	-0.079 ***	0.050 ***	-0.073 ***
Duality	0.093 ***	0.0090	0.025 ***	0.047 ***	-0.011 *	0.062 ***	-0.135 ***	0.022 ***	-0.114 ***	-0.019 ***
Bsize	-0.055 ***	-0.0070	-0.058 ***	-0.031 ***	-0.038 ***	0.0081	0.118 ***	-0.0031	0.188 ***	-0.074 ***
Zidex	-0.105 ***	-0.041 ***	-0.049 ***	-0.076 ***	-0.068 ***	-0.064 ***	0.056 ***	-0.033 ***	0.030 ***	-0.131 ***
Indep	0.156 ***	0.020 ***	0.065 ***	0.099 ***	0.069 ***	0.029 ***	-0.032 ***	-0.011 *	0.098 ***	0.157 ***

续表

变量符号	Innovation1	Innovation2	SC - Over	SC - Pol	SC - Bus	ROA	Lev	Growth	Size	Age
CEO - Ten	0. 142 ***	0. 015 **	0. 046 ***	0. 086 ***	0. 121 ***	0. 085 ***	-0. 027 ***	-0. 029 ***	0. 139 ***	0. 160 ***
CEO - Gen	0. 010 *	0. 0052	-0. 025 ***	-0. 030 ***	-0. 024 ***	-0. 028 ***	0. 023 ***	0. 00100	0. 019 ***	-0. 028 ***
CEO - Age	0. 100 ***	0. 023 ***	0. 010 *	0. 075 ***	0. 050 ***	0. 044 ***	-0. 019 ***	-0. 058 ***	0. 191 ***	0. 171 ***
CEO - Deg	0. 101 ***	0. 026 ***	0. 102 ***	0. 043 ***	0. 018 ***	0. 011 *	0. 038 ***	-0. 00100	0. 151 ***	0. 094 ***
变量符号	State	Tang	Duality	Bsize	Zidex	Indep	CEO - Ten	CEO - Gen	CEO - Age	CEO - Deg
State	1									
Tang	0. 230 ***	1								
Duality	-0. 261 ***	-0. 105 ***	1							
Bsize	0. 247 ***	0. 165 ***	-0. 162 ***	1						
Zidex	0. 219 ***	0. 091 ***	-0. 097 ***	0. 023 ***	1					
Indep	-0. 127 ***	-0. 101 ***	0. 120 ***	-0. 447 ***	-0. 081 ***	1				
CEO - Ten	-0. 037 ***	-0. 0063	0. 124 ***	0. 0030	-0. 044 ***	0. 051 ***	1			
CEO - Gen	0. 067 ***	0. 044 ***	0. 0080	0. 067 ***	0. 031 ***	-0. 046 ***	-0. 0030	1		
CEO - Age	0. 067 ***	0. 034 ***	0. 172 ***	0. 012 **	-0. 036 ***	0. 075 ***	0. 271 ***	0. 0040	1	
CEO - Deg	0. 070 ***	0. 068 ***	-0. 013 **	0. 023 ***	-0. 021 ***	0. 051 ***	-0. 010 *	0. 020 ***	-0. 145 ***	1

注：*、**、*** 分别代表在 10%、5%、1% 的显著性水平上显著。

三、回归结果分析

（一）关于CEO商业社会资本对企业创新的影响的分析

表2-4报告了不同维度的CEO社会资本对企业创新的影响结果。表2-4的第1列显示了商业社会资本对企业创新的影响。实证结果表明，商业社会资本前的系数估计值为0.0061，且在5%的显著性水平上显著，说明商业社会资本与企业创新显著正相关，商业社会资本给企业带来的“资源效应”和“信任机制”促进了企业创新，由此证明假设2-1是成立的。

（二）关于CEO政治社会资本对企业创新的影响的分析

表2-4的第2列显示了CEO政治社会资本对企业创新的影响。实证结果表明，政治社会资本前的系数估计值为-0.1628，且在1%的水平上显著，政治社会资本与企业创新显著负相关，政治社会资本不利于企业创新活动的开展，从前述的理论分析可知，政治社会资本的维系成本挤出了政治社会资本带来的资源优势。同时，出于对政治目标的追求，CEO政治社会资本限制了企业的决策自由、束缚了企业的创新思维，阻碍企业将政治社会资本带来的资源优势及时转化为企业的创新驱动力，最终不利于企业创新。由此证明假设2-2（b）是成立的。

（三）关于CEO海外社会资本对企业创新的影响的分析

表2-4的第3列显示了CEO海外社会资本对企业创新的影响。实证结果表明，海外社会资本前的系数估计值为0.1102，且在10%的水平上显著，说明海外社会资本与企业创新显著正相关。海外社会资本有利于企业创新，海外社会资本为企业带来了先进的知识和管理经验，提升了企业的风险承担意愿与能力，促进企业加大创新投入，面对创新风险具有较大的容忍度，从而激发了企业进行创新的积极性，由此证明假设2-3是成立的。

在表 2－4 的第 4 列中，我们将 CEO 商业社会资本、政治社会资本和海外社会资本纳入同一个模型中，综合考虑 3 个不同维度的 CEO 社会资本对企业创新的影响。实证结果表明，商业社会资本和海外社会资本均能够提升企业的创新产出，而政治社会资本阻碍了企业创新，假设 2－1 至假设 2－3 得以验证。

从控制变量的回归结果来看，企业的负债率（Lev）、销售收入的增长率（Growth）与企业创新显著负相关，说明在负债率较低和增长率较低的企业中，创新产出水平更高，较低的负债率使企业面临的财务压力相对较小，进而有利于企业创新活动的开展。企业规模（Size）和企业年龄（Age）与企业创新显著正相关，说明规模越大的成熟上市公司，其创新水平越高，这可能是因为规模较大的成熟上市公司抗风险的能力较强，融资约束程度较低，从而有意愿和能力进行更多的企业创新活动。企业有形资产比率（Tang）与企业创新显著正相关，创新活动是投资时期较长的企业战略选择，创新活动的开展离不开企业长期资产的投入，因此，企业有形资产的投入有利于提升企业创新效率。CEO 任期（CEO－Ten）与企业创新显著正相关，任期越长，越能够促进企业创新，这可能是因为较长的任期使 CEO 对企业有更多的忠诚度和使命感，更加注重企业长远的发展，而不是特别注重短期利益的实现，因此会积极地进行企业创新以谋求企业可持续发展，进而实现企业价值最大化的目标。

表 2－4 检验了不同维度的 CEO 社会资本对企业创新的影响。对于 CEO 而言，可能会同时拥有不同维度的社会资本，不同维度的社会资本之间可能存在相互作用，从而对企业的创新决策产生综合性的影响。接下来，本书进一步考察不同维度的 CEO 社会资本的相互作用对企业创新的影响。

表 2-4　不同维度的 CEO 社会资本对企业创新的影响结果

变量符号	模型（2-1）	模型（2-2）	模型（2-3）	模型（2-3）
	Innovation1	Innovation1	Innovation1	Innovation1
SC-Bus	0.0061** (0.0037)			0.0059** (0.0037)
SC-Pol		-0.1628*** (0.0446)		-0.1521*** (0.0434)
SC-Over			0.1102* (0.0632)	0.0982* (0.0637)
ROA	-0.0232 (0.1641)	-0.0197 (0.1639)	-0.0163 (0.1639)	-0.0175 (0.1638)
Lev	-0.1550* (0.0850)	-0.1670** (0.0848)	-0.1625* (0.0850)	-0.1609* (0.0848)
Growth	-0.0778*** (0.0163)	-0.0755*** (0.0162)	-0.0758*** (0.0162)	-0.0770*** (0.0163)
Size	0.3050*** (0.0258)	0.3128*** (0.0257)	0.3087*** (0.0257)	0.3079*** (0.0259)
Age	0.5927*** (0.1386)	0.5871*** (0.1375)	0.6049*** (0.1382)	0.5799*** (0.1381)
State	0.0750 (0.0481)	0.0712 (0.0482)	0.0758 (0.0482)	0.0718 (0.0482)
Tang	0.3432*** (0.1158)	0.3403*** (0.1148)	0.3437*** (0.1152)	0.3353*** (0.1155)
Zidex	-0.0004 (0.0004)	-0.0004 (0.0004)	-0.0004 (0.0004)	-0.0004 (0.0004)
Indep	-0.2295 (0.2760)	-0.2265 (0.2747)	-0.2277 (0.2746)	-0.2331 (0.2760)
Duality	-0.0062 (0.0329)	0.0122 (0.0327)	-0.0098 (0.0323)	0.0166 (0.0334)

续表

变量符号	模型（2-1）	模型（2-2）	模型（2-3）	模型（2-3）
	Innovation1	Innovation1	Innovation1	Innovation1
Bsize	-0.1175 (0.0974)	-0.1209 (0.0967)	-0.1171 (0.0970)	-0.1155 (0.0971)
CEO-Ten	0.0101** (0.0046)	0.0108** (0.0046)	0.0100** (0.0046)	0.0107** (0.0046)
CEO-Gen	0.0333 (0.0583)	0.0338 (0.0580)	0.0338 (0.0581)	0.0356 (0.0583)
CEO-Age	-0.0020 (0.0023)	-0.0013 (0.0023)	-0.0019 (0.0023)	-0.0013 (0.0024)
CEO-Deg	0.0254 (0.0181)	0.0264 (0.0179)	0.0221 (0.0181)	0.0242 (0.0182)
常数项	-7.1128*** (0.6551)	-7.2653*** (0.6531)	-7.1803*** (0.6522)	-7.1817*** (0.6551)
行业	控制	控制	控制	控制
年度	控制	控制	控制	控制
样本量	27187	27306	27306	27187
调整的 R^2	0.3835	0.3841	0.3834	0.3844

注：系数下方括号内表示经过聚类（Cluster）调整的稳健标准误，*、**、***分别代表在10%、5%和1%的显著性水平上显著。

（四）关于不同维度的 CEO 社会资本的相互作用对企业创新的影响结果的分析

表2-5报告了不同维度的CEO社会资本的相互作用对企业创新的影响结果。本章构建了不同维度的CEO社会资本的交互项作为反映不同维度的CEO社会资本相互作用的指标变量进行实证检验。表2-5的第1列显示了政治社会资本与商业社会资本的互动效应对企业创新的影响。实证结果表明，政治社会资本在

1% 的显著性水平上与企业创新显著负相关，商业社会资本在 10% 的显著性水平上与企业创新显著正相关，而两者的交互项系数在 1% 的显著性水平上显著为正，说明商业社会资本能够缓解政治社会资本给企业创新带来的不利影响，商业社会资本与政治社会资本共同作用能够促进企业创新，由此证明假设 2－4 是成立的。

表 2－5 的第 2 列显示了政治社会资本与海外社会资本的互动效应对企业创新的影响。实证结果表明，政治社会资本在 1% 的显著性水平上与企业创新显著负相关，海外社会资本在 5% 的显著性水平上与企业创新显著正相关，两者的交互项系数在 10% 的显著性水平上显著为正，说明海外社会资本也能够缓解政治社会资本给企业创新带来的不利影响，海外社会资本与政治社会资本共同作用促进了企业创新，由此使假设 2－5 得以证实。

表 2－5 的第 3 列显示了商业社会资本与海外社会资本的互动效应对企业创新的影响。实证结果表明，商业社会资本在 10% 的显著性水平上与企业创新显著正相关，海外社会资本在 10% 的显著性水平上与企业创新显著正相关，而两者的交互项系数在 10% 的显著性水平上显著为负，这说明商业社会资本与海外社会资本在影响企业创新决策方面存在着替代的效应。商业社会资本弱化了海外社会资本对企业创新的影响，由此使假设 2－6 得到证实。这一结果可能是因为商业社会资本与海外社会资本在影响企业创新决策的作用机制方面具有一定的相似性，都是通过技术知识和信息资源的获取以及提升风险承担水平来影响企业创新，因此，两者之间存在替代效应。

从控制变量的回归结果来看，企业的负债率（Lev）、销售收入的增长率（Growth）与企业创新显著负相关；企业规模（Size）和企业年龄（Age）与企业创新显著正相关；企业有形资产比率（Tang）与企业创新显著正相关；CEO 任期（CEO－Tenure）与企业创新显著正相关，这些结果与表2-4中的一致，此处不再赘述。

表2-5 不同维度的CEO社会资本的相互作用对企业创新的影响

变量符号	模型（2-4）	模型（2-5）	模型（2-6）
	Innovation1	Innovation1	Innovation1
SC-Pol	-0.2287*** (0.0510)	-0.1716*** (0.0431)	
SC-Bus	0.0028* (0.0037)		0.0068* (0.0038)
SC-Over		0.0826** (0.0706)	0.1302* (0.0736)
SC-Pol×SC-Bus	0.0238*** (0.0080)		
SC-Pol×SC-Over		0.1974* (0.2005)	
SC-Bus×SC-Over			-0.0048* (0.0084)
ROA	-0.0021 (0.1639)	0.0073 (0.1639)	-0.0006 (0.1640)
Lev	-0.1665* (0.0851)	-0.1696** (0.0850)	-0.1602* (0.0854)
Growth	-0.0777*** (0.0163)	-0.0763*** (0.0162)	-0.0780*** (0.0163)
Size	0.3079*** (0.0259)	0.3123*** (0.0258)	0.3044*** (0.0259)
Age	0.5947*** (0.1375)	0.6112*** (0.1374)	0.6126*** (0.1386)
State	0.0737 (0.0482)	0.0752 (0.0482)	0.0784 (0.0482)

续表

变量符号	模型（2-4）	模型（2-5）	模型（2-6）
	Innovation1	Innovation1	Innovation1
Tang	0.3473 *** (0.1157)	0.3443 *** (0.1152)	0.3468 *** (0.1161)
Zidex	-0.0004 (0.0004)	-0.0004 (0.0004)	-0.0004 (0.0004)
Indep	-0.2344 (0.2765)	-0.2284 (0.2748)	-0.2334 (0.2764)
Duality	0.0241 (0.0329)	0.0158 (0.0324)	-0.0024 (0.0324)
Bsize	-0.1095 (0.0969)	-0.1121 (0.0966)	-0.1097 (0.0973)
CEO-Ten	0.01104 ** (0.0056)	0.0123 ** (0.0046)	0.0098 ** (0.0046)
CEO-Gen	0.0312 (0.0453)	0.0267 (0.0580)	0.0158 (0.0581)
CEO-Age	-0.0020 (0.0113)	-0.0016 (0.0023)	-0.0101 (0.0023)
CEO-Deg	0.0237 (0.0181)	0.0215 (0.0169)	0.0137 (0.0181)
常数项	-7.1526 *** (0.6370)	-7.2428 *** (0.6359)	-7.1111 *** (0.6381)
行业	控制	控制	控制
年度	控制	控制	控制
样本量	27216	27340	27216
调整的 R^2	0.3847	0.3841	0.3835

注：系数下方括号内表示经过聚类（Cluster）调整的稳健标准误，*、**、***分别代表在10%、5%、1%的显著性水平上显著。

四、关于 CEO 社会资本在不同属性企业中的作用差异的分析

国有企业是我国市场经济中的一个特色鲜明的组成部分，国有企业与生俱来地与政府等行政机构存在着紧密联系，因此，本章进一步分析企业属性在不同维度的 CEO 社会资本影响企业创新过程中的作用差异。为了考察企业属性在不同维度的 CEO 社会资本对企业创新影响过程中的差异，本章构建了模型（2-7）、模型（2-8）和模型（2-9）进行实证检验。

$$\begin{aligned} Innovation1 &= \alpha_0 + \alpha_1 SC-Bus_{it} + \alpha_2 SC-Bus_{it} \times State_{it} + \alpha_3 State_{it} \\ &\quad + \alpha_4 ROA_{it} + \alpha_5 Growth_{it} + \alpha_6 Lev_{it} + \alpha_7 Tang_{it} + \alpha_8 Size_{it} \\ &\quad + \alpha_9 Age_{it} + \alpha_{10} Duality_{it} + \alpha_{11} Bsize_{it} + \alpha_{12} Zidex_{it} \\ &\quad + \alpha_{13} Indep_{it} + \alpha_{14} CEO-Ten_{it} + \alpha_{15} CEO-Gen_{it} \\ &\quad + \alpha_{16} CEO-Age_{it} + \alpha_{17} CEO-Deg_{it} \\ &\quad + \sum ind + \sum year + \varepsilon_{it} \end{aligned} \quad \text{模型（2-7）}$$

$$\begin{aligned} Innovation1 &= \alpha_0 + \alpha_1 SC-Pol_{it} + \alpha_2 SC-Pol_{it} \times State_{it} + \alpha_3 State_{it} \\ &\quad + \alpha_4 ROA_{it} + \alpha_5 Growth_{it} + \alpha_6 Lev_{it} + \alpha_7 Tang_{it} + \alpha_8 Size_{it} \\ &\quad + \alpha_9 Age_{it} + \alpha_{10} Duality_{it} + \alpha_{11} Bsize_{it} + \alpha_{12} Zidex_{it} \\ &\quad + \alpha_{13} Indep_{it} + \alpha_{14} CEO-Ten_{it} + \alpha_{15} CEO-Gen_{it} \\ &\quad + \alpha_{16} CEO-Age_{it} + \alpha_{17} CEO-Deg_{it} \\ &\quad + \sum ind + \sum year + \varepsilon_{it} \end{aligned} \quad \text{模型（2-8）}$$

$$\begin{aligned} & Innovation1 \\ & \quad = \alpha_0 + \alpha_1 SC - Over_{it} + \alpha_2 SC - Over_{it} \times State_{it} + \alpha_3 State_{it} \\ & \qquad + \alpha_4 ROA_{it} + \alpha_5 Growth_{it} + \alpha_6 Lev_{it} + \alpha_7 Tang_{it} + \alpha_8 Size_{it} \\ & \qquad + \alpha_9 Age_{it} + \alpha_{10} Duality_{it} + \alpha_{11} Bsize_{it} + \alpha_{12} Zidex_{it} \\ & \qquad + \alpha_{13} Indep_{it} + \alpha_{14} CEO - Ten_{it} + \alpha_{15} CEO - Gen_{it} \\ & \qquad + \alpha_{16} CEO - Age_{it} + \alpha_{17} CEO - Deg_{it} \\ & \qquad + \sum ind + \sum year + \varepsilon_{it} \end{aligned} \quad \text{模型（2-9）}$$

表 2-6 显示了国有企业和非国有企业中不同维度的 CEO 社会资本影响企业创新的作用差异。从表 2-6 的结果来看，商业社会资本与企业属性的交互性（SC - Bus × State）系数显著为正，说明在国有企业中商业社会资本对企业创新的促进作用更强；政治社会资本与企业属性的交互性（SC - Pol × State）系数显著负，说明在国有企业中政治社会资本对企业创新的不利影响更强；海外社会资本与企业属性的交互性（SC - Over × State）系数显著为正，说明在国有企业中海外社会资本对企业创新的促进作用更强。

造成上述结果的可能原因在于，我国国有企业长期以来都享受到比非国有企业更好的优待，比如获得更多的资源补助、较低的行业进入门槛等，资源信息等优势反而给国有企业代理管理闭塞、创新思维僵化等不利局面，国有企业的发展需要注入新的管理理念和创新思维。一方面，商业社会资本加强了国有企业与商业关系网络中各方参与者的互动，提升了国有企业管理的灵活性，实现了资源共享、风险共担的良性机制，避免国有企业资源浪费，使得资源能够更好地集中在需要的企业创新活动中，进而提高国有企业的创新绩效；另一方面，海外社会资本给国有企业带来先进的知识技术和管理方法，海外经历使得国有企业管理者能够积极识别并应对风险，提升国有企业风险承担能力，加大国有企业的创新投入，提升国有企业的创新产出。由此可见，商业社会资本和海外社会资本的注入，能够更加有效地促进国有企业资源的合理利用，活跃国有企业的创新思维，提高国有企业的管理效率，最终有利于国有企业的创新发展，实现国有企业在国家经济社会生活中的重要作用。

表2-6 CEO社会资本在国有企业和非国企业中的作用差异

变量符号	模型（2-7）	模型（2-8）	模型（2-9）
	Innovation1	Innovation1	Innovation1
SC-Bus	0.0101*** (4.50)		
SC-Bus×State	0.0105*** (2.66)		
SC-Pol		-0.1320*** (-2.98)	
SC-Pol×State		-0.2040*** (-4.06)	
SC-Over			0.0594** (2.22)
SC-Over×State			0.3216*** (4.40)
State	-0.0679*** (-3.36)	0.1041** (2.15)	-0.0784*** (-4.26)
ROA	1.6396*** (13.21)	0.0842 (0.51)	1.6775*** (13.54)
Growth	-0.0511*** (-2.85)	-0.0739*** (-4.58)	-0.0490*** (-2.75)
Size	0.3387*** (40.33)	0.3050*** (11.98)	0.3416*** (40.97)

续表

变量符号	模型（2-7）	模型（2-8）	模型（2-9）
	Innovation1	Innovation1	Innovation1
Age	-0.2228*** (-9.58)	0.5888*** (4.30)	-0.2357*** (-10.16)
Tang	-0.3845*** (-7.26)	0.3203*** (2.83)	-0.3940*** (-7.44)
Duality	0.0838*** (4.13)	0.0024 (0.07)	0.0703*** (3.48)
Bsize	-0.0781* (-1.88)	-0.0776 (-0.88)	-0.0723* (-1.75)
Zidex	-0.0014*** (-7.09)	-0.0004 (-1.19)	-0.0014*** (-7.00)
CEO-Ten	0.0200*** (6.84)	0.0111** (2.40)	0.0223*** (7.64)
CEO-Gen	0.0308 (0.92)	0.0315 (0.54)	0.0255 (0.76)
CEO-Age	-0.0028** (-2.15)	-0.0012 (-0.51)	-0.0031** (-2.41)
CEO-Deg	0.0854*** (9.09)	0.0279 (1.57)	0.0845*** (8.99)
常数项	-6.9710*** (-35.65)	-7.3541*** (-11.70)	-6.9875*** (-35.93)
行业	控制	控制	控制
年度	控制	控制	控制
样本量	27212	27332	27332
调整的 R^2	0.4742	0.3850	0.4734

注：系数下方括号内表示经过聚类（Cluster）调整的稳健标准误，*、**、***分别代表在10%、5%、1%的显著性水平上显著。

第五节 稳健性检验

一、稳健性检验一：改变因变量的衡量方法

在现有的研究中，部分学者利用研发支出（R&D）作为衡量企业创新（He and Wintoki，2016；潘越等，2015）的替代指标。但是，一方面，企业研发支出（R&D）的信息披露不够充分，数据缺失现象比较严重，且易受会计准则的影响，导致企业研发支出（R&D）难以准确估计（He and Tian，2013）；另一方面，鞠晓生等（2013）认为，R&D 支出不能全面反映企业创新投入，因为研发投入中并未包含人力资本投入、新技术的引进和消化等，而无形资产包括了专利权、非专利技术等多个方面，无形资产与企业创新活动密切相关，无形资产增加能够综合反映企业创新投入的结果（Aghion et al.，2013）。本章借鉴鞠晓生等（2013）的方法，选用无形资产的增量作为企业创新的替代指标进行稳健性检验。

表 2－7 列示了以无形资产的增量作为替代指标的稳健性检验结果。从表 2－7 的结果可以看出，商业社会资本前的系数估计值为 0.0262，且在 1% 的水平上显著，表明商业社会资本能够显著提升企业的创新水平；政治社会资本前的系数估计值为 －0.0790，且在 10% 的水平上显著，说明政治社会资本不利于企业创新水平的提升；海外社会资本前的系数估计值为 0.0065，且在 5% 的水平上显著，表明海外社会资本也能够促进企业创新；最后，将商业社会资本、政治社会资本和海外社会资本纳入同一个模型中，综合考虑 3 个不同维度的 CEO 社会资本对企业

创新的影响。结果表明，商业社会资本和海外社会资本均能够提升企业的创新产出，而政治社会资本阻碍了企业创新的发展。上述结果与表 2-4 的实证结果相符，说明不同维度的 CEO 社会资本对企业创新影响的实证结果是稳健可靠的。

表 2-7　改变因变量衡量方法下 CEO 社会资本影响企业创新的稳健性检验

变量符号	模型（2-1）	模型（2-2）	模型（2-3）	模型（2-3）
	Innovation2	Innovation2	Innovation2	Innovation2
SC-Bus	0.0262*** (0.0071)			0.0264*** (0.0072)
SC-Pol		-0.0790* (0.0444)		-0.0939* (0.0442)
SC-Over			0.0065** (0.1022)	0.0015* (0.1410)
ROA	-0.1195 (0.2782)	-0.0965 (0.2780)	-0.0952 (0.2782)	-0.1207 (0.2777)
Lev	-0.8964*** (0.1674)	-0.9091*** (0.1671)	-0.9086*** (0.1672)	-0.8971*** (0.1672)
Growth	-0.2571*** (0.0325)	-0.2606*** (0.0326)	-0.2612*** (0.0326)	-0.2563*** (0.0324)
Size	0.0891** (0.0428)	0.1079** (0.0427)	0.1057** (0.0427)	0.0916** (0.0427)
Age	1.0213*** (0.2567)	1.0470*** (0.2572)	1.0465*** (0.2571)	1.0218*** (0.2566)
State	0.1348* (0.0763)	0.1293* (0.0768)	0.1290* (0.0768)	0.1353* (0.0767)
Tang	0.3537* (0.1998)	0.3566* (0.1998)	0.3577* (0.1999)	0.3526* (0.2000)

续表

变量符号	模型（2-1）	模型（2-2）	模型（2-3）	模型（2-3）
	Innovation2	Innovation2	Innovation2	Innovation2
Zidex	0.0006 (0.0005)	0.0006 (0.0005)	0.0006 (0.0005)	0.0006 (0.0005)
Indep	-0.2121 (0.3862)	-0.2058 (0.3866)	-0.2119 (0.3868)	-0.2052 (0.3864)
Duality	-0.0209 (0.0675)	-0.0540 (0.0657)	-0.0512 (0.0654)	-0.0239 (0.0675)
Bsize	-0.0550 (0.1522)	-0.0646 (0.1526)	-0.0661 (0.1527)	-0.0528 (0.1517)
CEO-Ten	0.0082 (0.0082)	0.0118 (0.0082)	0.0114 (0.0082)	0.0085 (0.0082)
CEO-Gen	-0.0382 (0.1042)	-0.0302 (0.1043)	-0.0294 (0.1042)	-0.0391 (0.1040)
CEO-Age	0.0016 (0.0044)	0.0017 (0.0044)	0.0016 (0.0044)	0.0018 (0.0044)
CEO-Deg	0.0406 (0.0329)	0.0458 (0.0327)	0.0450 (0.0325)	0.0414 (0.0325)
常数项	-2.2874** (1.0460)	-2.7165*** (1.0441)	-2.6555** (1.0470)	-2.3592** (1.0433)
行业	控制	控制	控制	控制
年度	控制	控制	控制	控制
样本量	24323	24438	24438	24323
调整的 R^2	0.2239	0.2220	0.2218	0.2241

注：系数下方括号内表示经过聚类（Cluster）调整的稳健标准误，*、**、***分别代表在10%、5%、1%的显著性水平上显著。

表2-8报告了以无形资产的增量作为企业创新的替代指标时，不同维度的CEO社会资本的相互作用对企业创新影响的稳

健性检验结果。实证结果表明，在模型（2－4）中，政治社会资本在1%的显著性水平上与企业创新显著负相关，商业社会资本在10%的显著性水平上与企业创新显著正相关，两者的交互项系数在1%的显著性水平上显著为正，说明商业社会资本能够缓解政治社会资本给企业创新带来的不利影响，商业社会资本与政治社会资本的共同作用显著促进企业创新；在模型（2－5）中，政治社会资本在1%的显著性水平上与企业创新显著负相关，海外社会资本在5%的显著性水平上与企业创新显著正相关，两者的交互项系数在10%的显著性水平上显著为正，说明海外社会资本能够缓解政治社会资本给企业创新带来的不利影响，海外社会资本与政治社会资本的相互作用促进了企业创新；在模型（2－6）中，商业社会资本在10%的显著性水平上与企业创新显著正相关，海外社会资本在10%的显著性水平上与企业创新显著正相关，两者的交互项系数在10%的显著性水平上显著为负，说明商业社会资本与海外社会资本在影响企业创新决策方面存在着替代效应，商业社会资本与海外社会资本的相互作用削弱了对企业创新的促进影响。上述回归结果与表2－5的实证结果相符，说明在改变企业创新的衡量指标下，不同维度的CEO社会资本的相互作用对企业创新的影响结果是稳健可靠的。

表2－8　改变因变量下CEO社会资本的相互作用对企业创新影响的检验

变量符号	模型（2－4）	模型（2－5）	模型（2－6）
	Innovation2	Innovation2	Innovation2
SC－Pol	－0.1064*** (0.0510)	－0.1349*** (0.0431)	
SC－Bus	0.0016* (0.0037)		0.0034* (0.0038)

续表

变量符号	模型（2－4）	模型（2－5）	模型（2－6）
	Innovation2	Innovation2	Innovation2
SC－Over		0.0516** (0.0706)	0.0864* (0.0736)
SC－Pol×SC－Bus	0.0345*** (0.0080)		
SC－Pol×SC－Over		0.1376* (0.2005)	
SC－Bus×SC－Over			－0.0031* (0.0079)
ROA	－0.0103 (0.1596)	0.0059 (0.1596)	－0.0005 (0.1641)
Lev	－0.1527* (0.0846)	－0.1564** (0.0847)	－0.1507* (0.0851)
Growth	－0.0671*** (0.0163)	－0.0723*** (0.0162)	－0.0697*** (0.0163)
Size	0.2971*** (0.0167)	0.3076*** (0.0167)	0.3137*** (0.0168)
Age	0.3716*** (0.1375)	0.5731*** (0.1374)	0.6431*** (0.1386)
State	0.0624 (0.0482)	0.0719 (0.0482)	0.0642 (0.0482)
Tang	0.2671*** (0.1157)	0.2391*** (0.1152)	0.3151*** (0.1161)
Zidex	－0.0002 (0.0004)	－0.0002 (0.0004)	－0.0002 (0.0004)
Indep	－0.2164 (0.2765)	－0.2237 (0.2748)	－0.2453 (0.2764)

续表

变量符号	模型（2-4）	模型（2-5）	模型（2-6）
	Innovation2	Innovation2	Innovation2
Duality	0.0315 (0.0329)	0.0109 (0.0324)	-0.0054 (0.0324)
Bsize	-0.0982 (0.0969)	-0.1053 (0.0966)	-0.1071 (0.0973)
CEO-Ten	0.0121** (0.0056)	0.0098** (0.0046)	0.0103** (0.0046)
CEO-Gen	0.0123 (0.0453)	0.0312 (0.0580)	0.0219 (0.0581)
CEO-Age	-0.0018 (0.0113)	-0.00167 (0.0023)	-0.0104 (0.0023)
CEO-Deg	0.0317 (0.0181)	0.0259 (0.0169)	0.0207 (0.0181)
常数项	-7.0537*** (0.6370)	-6.2109*** (0.6359)	-7.0371*** (0.6381)
行业	控制	控制	控制
年度	控制	控制	控制
样本量	27612	26715	27612
调整的 R^2	0.3285	0.3301	0.3298

注：系数下方括号内表示经过聚类（Cluster）调整的稳健标准误，*、**、***分别代表在10%、5%、1%的显著性水平上显著。

二、稳健性检验二：改变样本观测期间

上述稳健性检验是基于改变企业创新衡量方法而进行的，接下来，本书通过改变样本期间的方法再次进行稳健性检验，以确保本章结论的可靠性。我们将样本期间设置为2009—2017年，

将起始时期选择在 2009 年，主要是因为 2008 年金融危机的爆发对企业甚至整个社会经济产生了重要影响，CEO 社会资本对企业创新的影响在金融危机前、后可能会受到不同的影响，笼统地考虑 2001—2017 样本期间会混淆金融危机在其中的影响，为了尽可能避免外部金融危机对实证结果的干扰，本书再次对金融危机后的样本期间进行实证检验，以便更清晰地认识不同维度的 CEO 社会资本对企业创新的影响。

表 2 - 9 报告了改变样本期间后的稳健性检验结果。从表 2 - 9 的结果可以看出，CEO 商业社会资本前的系数估计值为 0.0422，且在 10% 的水平上显著，表明商业社会资本能够显著提升企业的创新水平；政治社会资本前的系数估计值为 - 0.1480，且在 10% 的水平上显著，说明政治社会资本不利于企业创新水平的提升；海外社会资本前的系数估计值为 0.0185，且在 10% 的水平上显著，表明 CEO 海外社会资本能够促进企业创新。上述结果与表 2 - 4 的实证结果相符，说明在改变样本期间的情形下，不同维度的 CEO 社会资本对企业创新影响的结果是稳健的。

表 2 - 9　改变样本期间下 CEO 社会资本影响企业创新的稳健性检验

变量符号	模型（2 - 1）	模型（2 - 2）	模型（2 - 3）
	Innovation2	Innovation2	Innovation2
SC - Bus	0.0422* (1.94)		
SC - Pol		- 0.1480* (- 1.85)	
SC - Over			0.0185* (1.92)

续表

变量符号	模型（2-1）	模型（2-2）	模型（2-3）
	Innovation2	Innovation2	Innovation2
ROA	0.9418*** (4.61)	0.9384*** (4.64)	0.9367*** (4.63)
Lev	0.0121** (2.51)	0.0017** (2.54)	0.0011** (2.58)
Growth	-0.0278 (-1.15)	-0.0219 (-0.90)	-0.0218 (-0.89)
Size	0.2561*** (8.60)	0.2492*** (8.65)	0.2490*** (8.62)
Age	-0.0478** (-2.41)	-0.1481** (-2.51)	-0.1464** (-2.54)
State	0.0337* (1.88)	0.0639* (1.79)	0.0642* (1.84)
Tang	0.1653* (1.82)	0.1472** (2.58)	0.1485* (1.88)
Duality	-0.0079 (-0.21)	0.0211 (0.59)	0.0193 (0.53)
Bsize	-0.0711 (-0.64)	-0.1151 (-1.04)	-0.1163 (-1.05)
Zidex	-0.0010 (-1.41)	-0.0010 (-1.34)	-0.0010 (-1.33)
Indep	0.0251 (0.07)	-0.0762 (-0.22)	-0.0761 (-0.22)
CEO-Ten	0.0079* (1.67)	0.0084* (1.79)	0.0084* (1.80)

续表

变量符号	模型（2-1）	模型（2-2）	模型（2-3）
	Innovation2	Innovation2	Innovation2
CEO-Gen	0.0068 (0.11)	0.0116 (0.19)	0.0111 (0.18)
CEO-Age	-0.0049* (-1.85)	-0.0051* (-1.95)	-0.0052* (-1.96)
CEO-Deg	0.0042 (0.21)	0.0050 (0.25)	0.0065 (0.32)
常数项	-3.7525*** (-4.56)	-3.1785*** (-3.86)	-3.1745*** (-3.85)
行业	控制	控制	控制
年度	控制	控制	控制
样本量	17390	17970	17970
调整的 R^2	0.2756	0.2857	0.2857

注：系数下方括号内表示 t 值，*、**、*** 分别代表在 10%、5%、1% 的显著性水平上显著。

三、稳健性检验三：将因变量做前置一期处理

由于企业创新结果具有一定的滞后性，CEO 社会资本对企业创新的影响结果在当期不能完全显现出来，所以接下来，本章选取自变量的滞后一期数据来考察不同维度的 CEO 社会资本对企业创新的影响，以期获得更加稳健的检验结果。

表 2-10 报告了选取自变量滞后一期后的稳健性检验结果。从表 2-10 的结果可以看出，商业社会资本前的系数估计值为 0.0094，且在 5% 的水平上显著；政治社会资本前的系数估计值为 -0.0969，且在 1% 的水平上显著；海外社会资本前的系数估

计值为 0.0426，且在 5% 的水平上显著。上述结果再次证明了不同维度的 CEO 社会资本对企业创新的影响。表 2－10 的研究结果再次证明在考虑滞后影响的情形下，不同维度的社会资本对企业创新影响的实证结果依旧是成立的。

表 2－10　因变量前置一期后 CEO 社会资本影响企业创新的稳健性检验

变量符号	模型（2－1）	模型（2－2）	模型（2－3）
	Innovation2	Innovation2	Innovation2
SC－Bus	0.0094** (2.52)		
SC－Pol		－0.0969*** (－2.71)	
SC－Over			0.0426** (2.33)
ROA	－0.0295 (－0.18)	－0.0249 (－0.15)	－0.0183 (－0.11)
Lev	－0.1566* (－1.84)	－0.1650* (－1.94)	－0.1622* (－1.91)
Growth	－0.0763*** (－4.70)	－0.0768*** (－4.73)	－0.0759*** (－4.69)
Size	0.3044*** (11.82)	0.3130*** (12.15)	0.3091*** (12.04)
Age	0.5918*** (4.29)	0.5952*** (4.31)	0.6030*** (4.37)
State	0.0752 (1.56)	0.0744 (1.55)	0.0754 (1.57)

续表

变量符号	模型（2－1）	模型（2－2）	模型（2－3）
	Innovation2	Innovation2	Innovation2
Tang	0.3394*** (2.94)	0.3436*** (2.99)	0.3450*** (3.00)
Duality	－0.0032 (－0.10)	－0.0121 (－0.38)	－0.0104 (－0.32)
Bsize	－0.1116 (－1.15)	－0.1185 (－1.22)	－0.1190 (－1.23)
Zidex	－0.0004 (－1.06)	－0.0004 (－1.07)	－0.0004 (－1.07)
Indep	－0.2194 (－0.80)	－0.2135 (－0.78)	－0.2287 (－0.83)
CEO－Ten	0.0093** (2.01)	0.0106** (2.29)	0.0101** (2.19)
CEO－Gen	0.0377 (0.65)	0.0326 (0.56)	0.0330 (0.57)
CEO－Age	－0.0019 (－0.84)	－0.0017 (－0.71)	－0.0019 (－0.83)
CEO－Deg	0.0247 (1.37)	0.0264 (1.47)	0.0245 (1.36)
常数项	－7.1260*** (－10.92)	－7.2792*** (－11.10)	－7.1864*** (－11.02)
样本量	27234	27306	27306
调整的 R^2	0.3835	0.3837	0.3832

注：系数下方括号内表示 t 值，*、**、*** 分别代表在 10%、5%、1% 的显著性水平上显著。

四、内生性问题处理：PSM 模型

不同维度的 CEO 社会资本与企业创新之间的关系可能会受到内生性的影响。因为企业创新水平较高的企业可能更加倾向于聘任具有丰富社会资本的 CEO，所以，反向因果关系引起的内生性问题在本书中是有可能存在的。因此，本书选择匹配倾向得分模型（PSM 模型）来减少自我选择性偏误，PSM 模型缓解内生性对实证结果的影响得到了广泛的应用。

PSM 模型的检验步骤分为以下 4 步：第一，按照 CEO 是否拥有各维度的社会资本将全样本分为处理组（有不同维度的 CEO 社会资本）和控制样本（无 CEO 社会资本）；第二，选择公司规模、资产负债率、公司属性、资产报酬率、两职合一、董事会规模、董事会独立性、股权分散度等作为第一阶段的协变量，运用 Logit 回归模型估计倾向得分；第三，分别使用最近邻匹配、半径匹配和核匹配 3 种方法进行匹配，形成了匹配过的处理组和控制组；第四，估计处理效应（ATT），该值代表了处理组的平均处理效应，即不同维度的 CEO 社会资本对企业创新的影响。

在报告 PSM 模型匹配结果之前需要进行平衡性检验。本书利用 STATA 软件中的 pstest 命令进行匹配数据的平衡性检验。表 2 - 11、表 2 - 12 和表 2 - 13 分别列示了 CEO 商业社会资本、政治社会资本和海外社会资本对企业创新影响的 PSM 模型的平衡性检验。3 个平衡性检验结果显示，匹配后所有变量的标准化偏差均小于 10%，而且 t 检验的结果基本接受控制组与处理组无系统差异的假设，基本上满足 PSM 的平衡假设（balance test）。

表2-11　CEO商业社会资本与企业创新影响的PSM模型平衡性假设检验

变量符号	匹配前后	均值		标准化偏差（%）	t检验	
		处理组	控制组		t值	p>|t|
ROA	匹配前	0.0456	0.03614	15.2	12.15	0
	匹配后	0.04557	0.04473	1.3	1.2	0.229
Lev	匹配前	0.44226	0.47448	-14.8	-11.78	0
	匹配后	0.44239	0.43953	1.3	1.17	0.243
Growth	匹配前	0.1914	0.16857	5.7	4.52	0
	匹配后	0.19073	0.18237	2.1	1.31	0.171
Size	匹配前	21.876	21.811	4.9	3.93	0
	匹配后	21.878	21.855	1.7	1.54	0.124
Age	匹配前	2.6293	2.622	1.7	1.38	0.167
	匹配后	2.6294	2.6389	-2.2	-1.25	0.145
State	匹配前	0.42474	0.5839	-32.2	-25.71	0
	匹配后	0.42551	0.42236	0.6	0.57	0.57
Duality	匹配前	0.26668	0.11165	40.4	31.2	0
	匹配后	0.26525	0.27475	-2.5	-1.91	0.056
Bsize	匹配前	2.163	2.1924	-14.1	-11.29	0
	匹配后	2.1633	2.1596	1.8	1.61	0.108
Zidex	匹配前	15.14	21.499	-12.2	-9.96	0
	匹配后	15.161	16.579	-2.7	-0.83	0.215
Indep	匹配前	0.36549	0.35666	14.8	11.8	0
	匹配后	0.36542	0.36377	2.8	1.34	0.112
Tang	匹配前	0.34682	0.24736	-25.1.6	-10.24	0
	匹配后	0.35612	0.66156	-1.3	-0.32	0.564

表 2 - 12　CEO 政治社会资本与企业创新影响的 PSM 模型平衡性假设检验

变量符号	匹配前后	均值		标准化偏差（%）	t 检验	
		处理组	控制组		t 值	p > |t|
ROA	匹配前	0.03669	0.04103	-6.8	-2.85	0.004
	匹配后	0.03669	0.03587	1.3	0.37	0.712
Lev	匹配前	0.46316	0.45372	4.2	1.74	0.082
	匹配后	0.46316	0.46438	-0.5	-0.15	0.879
Growth	匹配前	0.21413	0.18561	6.3	2.85	0.004
	匹配后	0.21413	0.19368	4.5	1.23	0.219
Size	匹配前	21.738	21.804	-4.8	-2.07	0.039
	匹配后	21.738	21.743	-0.4	-0.11	0.916
Age	匹配前	2.7222	2.587	31.2	12.2	0
	匹配后	2.7222	2.7201	0.5	0.15	0.877
State	匹配前	0.33853	0.48561	-30.2	-11.9	0
	匹配后	0.33853	0.33449	0.8	0.25	0.801
Duality	匹配前	0.3316	0.20434	29	12.58	0
	匹配后	0.3316	0.34951	-4.1	-1.11	0.266
Bsize	匹配前	2.1437	2.1768	-16	-6.48	0
	匹配后	2.1437	2.1427	0.5	0.15	0.884
Zidex	匹配前	13.977	15.817	-5.5	-2.16	0.031
	匹配后	13.977	13.293	2.1	0.65	0.517
Indep	匹配前	0.36928	0.36013	15.6	6.23	0
	匹配后	0.36928	0.36971	-0.7	-0.22	0.826
Tang	匹配前	0.19972	0.25017	-29.6	-11.54	0
	匹配后	0.19972	0.20148	-1.2	-0.31	0.754

表 2-13 CEO 海外社会资本与企业创新影响的 PSM 模型平衡性假设检验

变量符号	匹配前后	均值		标准化偏差（%）	t 检验	
		处理组	控制组		t 值	p > |t|
ROA	匹配前	0.0541	0.03892	26.5	13.63	0
	匹配后	0.05406	0.0555	-2.5	-1.06	0.288
Lev	匹配前	0.39	0.46319	-34.6	-18.42	0
	匹配后	0.39004	0.39062	-0.3	-0.11	0.909
Growth	匹配前	0.22062	0.18276	9.7	5.15	0
	匹配后	0.22042	0.22543	-1.3	-0.52	0.602
Size	匹配前	21.675	21.817	-11.6	-6.15	0
	匹配后	21.675	21.643	2.6	1.14	0.255
Age	匹配前	2.5317	2.6041	-15.6	-8.87	0
	匹配后	2.5321	2.5225	2.1	0.82	0.409
State	匹配前	0.21028	0.51342	-66.5	-33.96	0
	匹配后	0.21034	0.20596	1	0.45	0.655
Duality	匹配前	0.53154	0.16797	82.5	50.97	0
	匹配后	0.53141	0.53696	-1.3	-0.46	0.645
Bsize	匹配前	2.1272	2.1813	-26.8	-14.49	0
	匹配后	2.1271	2.1323	-2.6	-1.09	0.277
Zidex	匹配前	7.872	16.787	-31.4	-14.28	0
	匹配后	7.8703	8.0735	-0.7	-0.49	0.623
Indep	匹配前	0.37529	0.35867	28.1	15.44	0
	匹配后	0.37529	0.37461	1.1	0.48	0.629
Tang	匹配前	0.45587	0.53765	-34.6	-18.07	0
	匹配后	0.45589	0.4519	1.7	0.73	0.463

表 2－14 至表 2－16 报告了 CEO 商业社会资本、CEO 政治社会资本和 CEO 海外社会资本对企业创新影响的匹配倾向得分模型（PSM 模型）的检验结果。从表 2－14 可以看出，基于最近邻匹配、半径匹配和核匹配 3 种方法，拥有 CEO 商业社会资本的处理组样本的平均处理效应分别为 0.1195、0.1046 和 0.1396，且在 1% 的显著性水平上显著高于控制组样本，说明 CEO 商业社会资本对企业创新产生了促进作用；从表 2－15 可以看出，拥有 CEO 政治社会资本的处理组样本的平均处理效应分别为 －0.1902、－0.1512 和 －0.1861，且在 1% 和 5% 的显著性水平上显著低于控制组样本，说明 CEO 政治社会资本对企业创新产生了负面影响；从表 2－16 可以看出，拥有 CEO 海外社会资本的处理组样本的平均处理效应分别为 0.1965、0.1867 和 0.1943，且在 1% 的显著性水平上显著高于控制组样本，说明 CEO 海外社会资本对企业创新产生了促进作用。从上述结果来看，在控制模型的内生性影响下，不同维度的 CEO 社会资本对企业创新的影响依旧成立。

表 2－14　　匹配倾向得分模型（PSM）结果一

因变量	自变量	匹配方法	匹配前后	处理组	控制组	ATT	t 值
Innovation1	SC－Bus	最近邻匹配	匹配前	2.0079	1.3403	0.6676	21.48***
			匹配后	2.0098	1.8903	0.1195	2.44***
	SC－Bus	半径匹配	匹配前	2.0079	1.3403	0.6676	21.48***
			匹配后	2.0107	1.9061	0.1046	2.89***
	SC－Bus	核匹配	匹配前	2.0079	1.3403	0.6676	21.48***
			匹配后	2.0098	1.8702	0.1396	3.91***

注：本表代表 CEO 商业社会资本对企业创新影响的 PSM 模型实证结果，*、**、*** 分别代表在 10%、5%、1% 的显著性水平上显著。

表 2-15　　匹配倾向得分模型（PSM）结果二

因变量	自变量	匹配方法	匹配前后	处理组	控制组	ATT	t 值
Innovation1	SC - Pol	最近邻匹配	匹配前	1.1680	1.4363	-0.2683	-6.30***
			匹配后	1.1680	1.3582	-0.1902	-3.28***
	SC - Pol	半径匹配	匹配前	1.1680	1.4363	-0.2683	-6.30***
			匹配后	1.1677	1.3189	-0.1512	-3.69**
	SC - Pol	核匹配	匹配前	1.1680	1.4363	-0.2683	-6.30***
			匹配后	1.1682	1.3543	-0.1861	-4.57***

注：本表代表 CEO 政治社会资本对企业创新影响的 PSM 模型实证结果，*、**、***分别代表在 10%、5%、1%的显著性水平上显著。

表 2-16　　匹配倾向得分模型（PSM）结果三

因变量	自变量	匹配方法	匹配前后	处理组	控制组	ATT	t 值
Innovation1	SC - Over	最近邻匹配	匹配前	1.3251	1.1143	0.2108	4.63***
			匹配后	1.3252	1.1287	0.1965	2.67***
	SC - Over	半径匹配	匹配前	1.3251	1.1143	0.2108	4.63***
			匹配后	1.3168	1.1301	0.1867	2.98***
	SC - Over	核匹配	匹配前	1.3251	1.1143	0.2108	4.63***
			匹配后	1.3252	1.1309	0.1943	3.01***

注：本表代表 CEO 海外社会资本对企业创新影响的 PSM 模型实证结果，*、**、***分别代表在 10%、5%、1%的显著性水平上显著。

第六节　本章小结

本章从 CEO 社会资本的视角出发，以我国 2001—2017 年的沪深 A 股上市公司为研究样本，基于社会资本理论和资源依赖理论，利用面板数据的固定效应模型，实证检验了 CEO 商业社会资本、政治社会资本以及海外社会资本对企业创新的影响，为不同维度的 CEO 社会资本影响企业创新的后果提供了新的研究证据。研究结果表明，商业社会资本与企业创新显著正相关，商业社会资本有助于提升企业创新水平；政治社会资本与企业创新显著负相关，商业社会资本阻碍了企业创新；海外社会资本与企业创新显著正相关，海外社会资本也有助于提升企业创新水平。同时，本章还详细分析并检验了不同维度的 CEO 社会资本的相互作用对企业创新的影响结果。研究结果表明：商业社会资本和海外社会资本缓解了政治社会资本给企业创新带来的不利影响，商业社会资本和政治社会资本、海外社会资本与政治社会资本的相互作用促进了企业创新；商业社会资本弱化了海外社会资本对企业创新的促进作用，说明 CEO 商业社会资本与 CEO 海外社会资本在影响企业创新的过程中存在替代效应。本章还进一步考察了国有企业与非国有企业 2 种不同的企业所有权属性在不同维度的 CEO 社会资本影响企业创新的过程中的作用差异，回归结果表明，国有企业中的 CEO 商业社会资本和 CEO 海外社会资本对企业创新的作用优势要大于非国有企业，这为提升我国国有企业创新、加快国有企业改革提供了新的思路。在稳健性检验部分，本章通过改变企业创新的衡量方法、改变样本期间以及将因变量做前置一期处理进行稳健性检验，并利用 PSM 模型控制模型的内生性，结果表明，不同维度的 CEO 社会资本对企业创新的影响依旧成立，证实了 CEO 社会资本对企业创新的影响结论是可靠的。

本章的研究结论为上市公司提升创新水平和相关政策制定者提供了一定的借鉴。对上市公司而言，CEO 商业社会资本和海外社会资本能够给企业带来信息资源优势，弥补企业生产经营过程中面临的资源瓶颈问题，提升企业创新水平；社会资本还有助于提升企业风险承担的意愿和能力，强化企业创新思维，CEO 社会资本带来的互惠信息、信任及规范降低了企业内外部信息的不对称，有利于企业获取创新所需的资源和信息支撑；对政策制定者而言，要引导企业 CEO 商业社会资本和海外社会资本的培育，制定相应的政策鼓励企业积极构建有利于企业创新的社会关系网络，规避 CEO 政治社会网络的过度嵌入对企业创新造成的不利影响。监管部门要积极推动市场各项正式制度的建设与完善，当企业可以从正式制度中获取所需的资源时，关系网络的运用可能会减少，从而有助于减少企业资源的无谓损耗，集中资源优势以实现企业的可持续发展；政府部门还应加快职业经理人市场的建设，为增强 CEO 社会资本创造更多的有利条件。

本章的研究还存在一些不足之处。就指标的衡量方法而言，不同维度的 CEO 社会资本的衡量方法还不够准确。未来应该考虑用更加合理、更加全面的指标对 CEO 社会资本加以测算；企业创新的衡量指标也有待深入挖掘，现有文献中关于企业创新的指标衡量主要是基于创新投入和创新产出 2 个方面，本章主要使用与创新产出有关的指标，但是，专利申请数或是无形资产增量是否能够准确代表企业创新的综合结果，还是值得商榷的，未来应该选用更加合理的方法进行度量；就控制内生性的计量方法而言，本书主要采用 PSM 模型控制本章中可能存在的内生性问题，未来可以采用更加丰富的解决内生性的计量方法来减少实证结果的偏差，例如，寻找合适的工具变量、采用结构方程等方法，以期获得更加稳健可靠的实证结果。

第三章 CEO 社会资本影响企业创新的作用路径分析

第一节 引 言

CEO 是企业与组织外部进行有效沟通的"桥梁"，目前已有不少学者就嵌入其社会关系网络的社会资本对企业创新的影响进行了较为深入的研究，取得了丰硕的研究成果，发现了 CEO 社会资本在影响企业创新过程中的积极或消极作用。但是，充分挖掘 CEO 社会资本对企业创新的影响机制的文献还相对较少。本书第二章主要考察了不同维度的社会资本及其相互作用对企业创新的影响结果。接下来，本章将继续深入剖析不同维度的社会资本影响企业创新的作用路径，揭示不同维度的 CEO 社会资本影响企业创新的

"黑箱"，有助于深刻理解不同维度的社会资本影响企业创新的过程中的内在逻辑，为不同维度的社会资本影响企业创新的作用路径提供经验证据。

实现企业创新离不开创新资源的投入，没有足够的创新投入，企业的创新活动犹如"无源之水、无米之炊"。创新投入在影响企业创新产出方面发挥了关键作用（罗明新，2014）。对企业创新而言，最重要的资源分配即研发投入（罗明新，2014），企业研发投入（R&D）是创新投入的直接表现，研发投入是企业将可用资源用于创新活动的过程。正如第二章所述，CEO 社会资本为企业创新带来有关产品、技术、管理、市场以及行业等方面的资源和信息，为扩大企业在创新活动中的资源投入提供了有利条件，当企业拥有较多资源优势时，分配在企业创新活动中的资源数量也会相应增加，充足的创新投入缓解了维持企业创新所面临的资源约束。CEO 社会资本很可能通过影响创新资源的投入，进而对企业创新活动产生影响。

另外，CEO 的社会资本也为其带来了资源优势，这种资源优势一定程度上体现了对 CEO 个人的一种非正式保护机制（赵丽娟、张敦力，2019）。从委托代理理论的角度来看，CEO 出于保护自身利益或职业生涯的考虑，往往表现出一定的规避倾向，但是，丰富的社会资本为其进行战略选择提供了可靠的资源后盾，使得 CEO 有能力且有意愿去承担风险，提升了个人对企业创新风险的容忍度，使得 CEO 在企业战略选择中倾向于那些风险较大、收益较高的创新战略选择，进而有利于促进企业创新。CEO 社会资本对企业创新的影响也可能是因为 CEO 社会资本的资源优势提升了企业的风险承担水平，从而促进了企业创新。

基于以上分析，本章认为 CEO 社会资本对企业创新的作用很可能是通过影响创新资源投入及企业风险承担水平实现的。本章拟从创新资源投入和风险承担水平 2 个视角出发，利用上市公司样本数据，引入研发投入（R&D）和风险承担水平（Risk - taking）2 个中介变量，构建了中介效应模型检验不同维度的 CEO 社会资本影响企业创新的作用路径，分别检验了研发投入强度和风险承担水平在不同维度的 CEO 社会资本影响企业创新过程中的作用路径。

本章的实证结果表明：商业社会资本通过加大企业研发投入强度来促进企业创新；政治社会资本通过减少研发投入强度、降低企业风险承担水平进而阻碍了企业创新；海外社会资本通过提升企业风险承担水平进而促进企业创新。本章的研究结论深化了对不同维度的社会资本影响企业创新过程的理解，有助于认清不同维度的社会资本影响企业创新的内在逻辑，为企业完善 CEO 选聘机制、合理培育高管的社会资本、优化社会资本的配置以实现企业创新提供了新的思路。本章的研究逻辑图如图 3 - 1 所示。

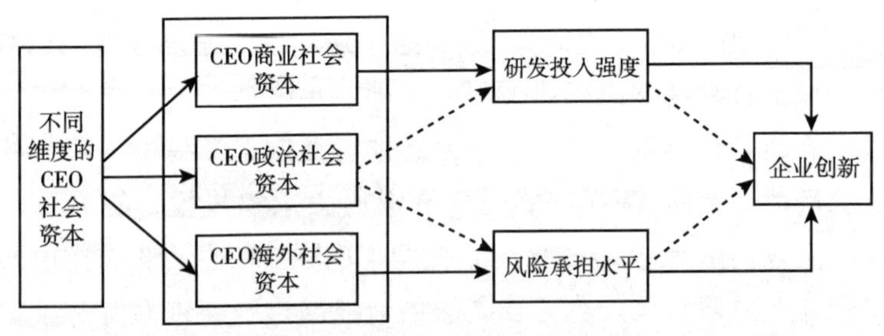

图 3 - 1　CEO 社会资本影响企业创新的作用路径逻辑图

第二节　理论分析与研究假设

一、关于 CEO 商业社会资本影响企业创新的作用路径的分析

从创新资源投入的视角来看，企业创新是一项资源消耗较大的战略选择，企业创新离不开企业内部资源的合理配置，更离不开充足的外部资源的获取与投入，资源获取是资源投入的保证，实现企业创新必须将获取资源的过程转化为对资源的有效利用，创新资源投入方式是企业开展创新活动的重要前提。CEO 商业社会资本是嵌入 CEO 商业社会关系（与客户、供应商、竞争对手等）网络的资源的集合。基于信任的商业社会资本（蔡宁、徐梦周，2009；Bengtsson and Hsu，2015）加快了知识、信息以及资金等资源在商业网络间的传递，为企业创新带来了知识、产品、技术、资金等资源前提，商业社会资本的资源优势也为企业创新资源的投入提供了保障，当企业有较为充足的资源时，用于企业创新的资源投入也会相应增加，从而有效缓解企业创新面临的资源约束，提升企业创新的水平。创新资源投入是 CEO 商业社会资本影响企业创新的作用途径之一，CEO 商业社会资本通过影响创新资源投入强度，进而影响企业创新水平。

从风险承担水平的视角来看，企业创新同时也是一项风险较高的战略选择，增大对创新风险的容忍度，提高企业的风险承担水平，有助于实现企业创新。CEO 商业社会资本带来了有关产品、技术、市场以及行业的信息，有助于企业及时准确地把握当前的创新发展趋势，与商业网络中的参与主体的密切联系也有助于实现风险共担机制，增强企业开展创新活动的自信心，提升企

业风险承担水平，从而促进企业创新；此外，CEO 商业社会资本也为 CEO 个人带来了资源优势，提供了一种非正式的保护机制（赵丽娟、张敦力，2019），有助于缓解 CEO 在战略选择中对个人利益及职业生涯的忧虑，进而提升 CEO 个人的风险承担倾向，使得 CEO 在战略选择中偏好那些风险较高、收益较大的投资选择，有利于企业开展创新活动。

综上所述，一方面，CEO 商业社会资本影响了 CEO 在资源配置中的选择，影响着企业用于创新活动的资源分配的多寡，而资源分配的结果又进一步影响了企业的创新结果；另一方面，CEO 商业社会资本影响了企业的风险承担水平，进而影响到企业创新。所以，本章认为，CEO 商业社会资本对企业创新的影响是通过影响研发投入强度和企业风险承担水平而实现的，研发投入强度、风险承担水平在 CEO 商业社会资本影响企业创新过程中起到了中介作用。鉴于上述分析，本章提出以下假设：

H3 - 1（a）：CEO 商业社会资本对企业创新的作用是通过影响研发投入（R&D）的强度实现的，研发投入（R&D）在商业社会资本影响企业创新的过程中发挥了中介作用。

H3 - 1（b）：CEO 商业社会资本对企业创新的作用是通过影响风险承担水平（Risk - taking）实现的，风险承担水平（Risk - taking）在商业社会资本影响企业创新的过程中发挥了中介作用。

二、关于 CEO 政治社会资本影响企业创新的作用路径的分析

从创新资源投入的视角来看，CEO 是企业日常战略决策的制定者和执行者，对资源分配和经营管理活动的运作起到了组织、协调和控制的作用，CEO 能够决定战略活动资源分配的结

果（Balkin et al.，2010）。CEO 政治社会关系能够决定企业外部获取资源是否用于研发活动及其投入程度（陈爽英等，2010）；政治社会资本的维系是需要成本的，政治社会资本会随着 CEO 政治关联的变化而发生改变，为了获取长期稳定的政治社会资本给企业带来的信息资源等优势，企业往往需要分配大量的资源来维系政治关系网络（Zhang and Cui，2017），在资源总量一定的前提下，企业很可能会减少风险较大的企业创新活动中的资源分配，即减少研发投入的强度；CEO 政治社会资本给企业带来资源的同时，也限制了企业创新的积极性，因为企业利用政治社会资本带来的资源优势去实现企业的短期利润变得相对容易，而企业短期利润水平的提高有助于提高投资者及市场对企业未来发展的信心，尤其对于上市公司而言，很可能会提升股票价值，从而有利于实现投资者收益和股东财富的增加，出于对短期利润的追求，CEO 政治社会资本带来的资源可能会被用以满足实现企业短期利润最大化的目标，而减少企业创新活动的资源投入。

从风险承担的视角来看，拥有政治社会资本的 CEO 出于政治诉求和对自身职业声誉的维护，往往表现出一定的风险规避倾向，不愿意将企业资源用于风险较大的战略选择中，而企业创新恰恰是一项投资时间长、收益不确定性较大的战略选择，所以，拥有政治社会资本的 CEO 可能更加倾向于将资源分配到那些能够获取短期且相对稳定收益的项目中，降低企业的风险承担水平，避免企业收益的波动给个人带来职业生涯的不利影响，进而影响高管自身的职业声誉。

综上所述，一方面，CEO 政治社会资本影响了 CEO 在资源配置中的选择，影响着企业用于创新活动资源分配的多寡，而资源分配的结果又进一步影响了企业的创新结果；另一方面，拥有政治社会资本的 CEO 出于政治诉求或自身职业生涯的考虑，会降低企业的风险承担水平，进而影响企业创新的结果。因此，本章认为，政治社会资本对企业创新的影响是通过影响研发投入强度和风险承担水平而实现的，研发投入强度、风险承担水平在CEO 政治社会资本影响企业创新的过程中起到了中介作用。鉴于上述分析，本章提出以下假设：

H3－2（a）：CEO 政治社会资本对企业创新的作用是通过影响研发投入强度实现的，研发投入在政治社会资本影响企业创新的过程中发挥了中介作用。

H3－2（b）：CEO 政治社会资本对企业创新的作用是通过影响企业风险承担水平实现的，企业风险承担水平在政治社会资本影响企业创新的过程中发挥了中介作用。

三、关于 CEO 海外社会资本影响企业创新的作用路径的分析

从创新资源投入的视角来看，CEO 海外社会资本是嵌入其海外社会关系网络的，能够为其所利用，并给个人或企业带来经济利益的资源集合。海外社会网络给 CEO 和企业带来了知识、技术和资金支持，具有海外社会资本的 CEO 更愿意进行创新投资（张信东、吴静，2016），同时还有助于吸引风险投资参与企业的创新（杨建东等，2010）。CEO 海外社会资本有利于企业增大创新资源投入，进而影响企业的创新水平。

从风险承担的视角来看，CEO 海外社会资本的形成依赖于海外社会关系网络，海外社会关系网络根植于西方社会经济文化环境中，身处海外社会关系网络中的 CEO 会深受西方文化和价值观的影响，西方社会的文化和价值观对于高管的个人价值观的塑造和风险认知的形成产生了深远的影响。西方文化比较崇尚个体独立，强调创新与冒险精神，因此，处于海外社会关系网络中的 CEO 在企业战略选择方面也表现得比较独立自主、更具冒险

和创新进取的精神（刘鑫、蒋春燕，2016），海外的文化熏陶提升了高管的风险承担意识，使其表现出较高的企业风险承担水平（宋建波等，2017），风险承担倾向较高的CEO对创新风险和不确定的容忍度较高，增强了个人追逐高风险和不确定性创新项目的信心（Simon and Houghton，2003），最终提升企业创新水平。在企业中，CEO敢于冒险、勇于创新的精神也会激发企业整体的创新思维，在潜移默化中增强员工整体的风险承担意愿，提升企业的风险承担能力（宋建波等，2017），促使企业积极地引进新技术和获取新知识以提高整体创新效率（Brettel and Cleven，2011）。海外社会资本给企业带来了丰富的管理经验和先进的管理方式，有助于提升管理者的风险控制能力，能够在有效防范财务危机发生的情况下，做出有利于企业创新的风险性投融资决策，从而提升企业的创新水平。

综上所述，一方面，海外社会资本为企业创新提供了资源支持，提升了企业创新的资源投入水平，进而有助于企业创新；另一方面，海外社会资本提升了企业风险承担的意愿和能力，为企业创新创造了有利条件，风险承担水平较高的企业一般会有更高的资本性支出和创新水平（Hilary and Hui，2008）。本章认为，研发投入、风险承担水平在CEO海外社会资本影响企业创新的过程中发挥着“桥梁”的作用，海外社会资本对企业创新的影响是通过影响研发投入强度和风险承担水平而实现的，研发投入、风险承担水平在海外社会资本影响企业创新的过程中起到了中介作用。鉴于上述分析，本章提出以下假设：

H3-3（a）：CEO海外社会资本对企业创新的作用是通过影响研发投入强度实现的，研发投入在海外社会资本影响企业创新的过程中发挥了中介作用。

H3-3（b）：CEO海外社会资本对企业创新的作用是通过

影响风险承担水平实现的，风险承担在海外社会资本影响企业创新的过程中发挥了中介作用。

第三节 研究设计

一、样本选择与数据来源

与第二章中样本选取原则相同，本章最终获得 21546 个非平衡面板样本数据观测值。本章中的中介变量研发投入强度和风险承担水平指标的计算数据主要来自 CASMA 数据库。

二、变量定义与说明

（一）因变量

依照本章的研究思路和研究内容，我们选择企业创新为因变量，企业创新的定义方法和衡量方法与第二章相同，选用企业当年专利申请数加 1 取自然对数的方法作为衡量企业创新的指标。在稳健性检验中，采用无形资产的增量作为企业创新的代理变量。

（二）自变量

按照本章的研究内容，本章的自变量分别为 CEO 商业社会资本、政治社会资本和海外社会资本。本章中自变量的定义与衡量方法与第二章中自变量的界定以及衡量方法完全相一致。

（三）中介变量

1. 研发投入强度（R&D）。研发投入强度反映了企业用于创新活动的资源分配情况。现有文献中衡量研发投入强度（R&D）的方法通常有 2 种：一种是利用企业研发支出水平与营业收入的比值作为衡量方法；另一种是利用企业研发支出的自然对数来衡量。本章中的研发投入强度（R&D）采用相对数的表示方法，即用企业研发支出水平与营业收入的比值来表示。

2. 风险承担水平（Risk - taking）。张峰和杨建君（2016）研究认为，风险承担意愿和行为最终会反映在企业风险承担水平上，可以借鉴企业风险承担水平的计算方法来衡量风险承担意愿。在现有的文献中，对于风险承担水平的衡量主要基于 2 个角度：一是收益的波动性；二是行为表现。其中，收益波动性主要包括会计收益率波动性（Boubakri et al.，2013；Faccio et al.，2016；John et al.，2008）和股票回报率波动性（张敏等 2015；胡琦、周端明，2016）；行为表现主要是指在投资、融资以及经营等方面的政策表现，诸如资本结构、多元化水平等（王菁华、茅宁，2015）。鉴于中国股票市场的发展还不够完善，股票回报率还不能真实反映企业的实际情况，本章采用基于会计收益率波动性的指标衡量风险承担水平。其中，会计收益率是指总资产收益率（ROA）。ROA 的波动性越大，说明企业从事的高风险经营项目越多，企业的风险承担水平也越高（宋建波等，2017；John et al.，2008）。企业风险承担水平的具体计算步骤如下：（1）计算样本每年的 ROA，等于每年的净利润除以平均总资产；（2）采用滚动计算的方法，以每 3 年为 1 个滚动期，计算经行业调整后的 ROA 在 3 年内的标准差。其中，经行业调整的 ROA 等于企业当年的 ROA 减去当年该企业所处行业内的所有企业 ROA 的均值。具体计算过程如下列公式所示：

$$\text{Risk - taking} = \sqrt{\frac{1}{N-1}\sum_{t=1}^{N}\left(\text{Adj - ROA}_{it} - \frac{1}{N}\sum_{t=1}^{N}\text{Adj - ROA}_{it}\right)^2}$$

公式（3 - 1）

$$Adj-ROA_{it}=ROA_{it}-\frac{1}{M}\sum_{j=1}^{M}ROA_{jt}$$ 公式（3-2）

在上述公式中，N=3，选择3年为1个滚动计算期主要是基于我国上市公司CEO一个任职周期一般是3年，i代表某家公司，t代表计算期内的每一个会计年度；M代表行业中包含的样本公司总数量。

（四）控制变量

为了保持前后研究的一致性，本章选取的控制变量与第二章相同，分别从企业特征层面、公司治理层面和CEO个人层面选择相关的控制变量：企业特征层面主要考虑企业规模、企业年龄、所有权属性、盈利水平等指标；公司治理层面主要包括股权分散度、董事长总经理是否兼任、董事会规模、独立董事比例等指标；CEO个人层面主要包括性别、年龄、学历及任职时间。此外，由于年度因素和行业因素也会对企业创新造成影响，本章同时还设置了年度和行业虚拟变量。

本章中除了中介变量以外，其余各变量的界定和衡量方法与第二章相同。根据中介变量选择依据的分析，本章确定了中介变量的可操作化计算指标，详见表3-1。

表3-1　　中介变量的界定及衡量方法

变量类型	变量名称	变量符号	变量衡量方法
中介变量	研发投入强度	R&D	研发支出水平/营业收入总额
	风险承担水平	Risk-taking	经行业调整的总资产报酬率（ROA）的标准差

三、中介作用的检验方法

根据本章第二节的理论分析，研发投入强度、风险承担水平可能分别在 CEO 商业社会资本、政治社会资本和海外社会资本影响企业创新的过程中发挥了中介作用。本章借鉴中介作用的检验方法对上述假设进行实证检验。

中介作用是一种间接效应，产生中介效应的变量被称为中介变量，根据温忠麟等（2004）对中介变量的界定可知，如果自变量 X 通过影响变量 M 来影响因变量 Y，则 M 是 X 影响 Y 过程中的中介变量。当自变量对因变量的影响是通过某个变量实现时，那么，该变量很可能在自变量与因变量之间起到了中介作用（李莉等，2014）。本章借鉴温忠麟等（2004）关于中介作用的检验程序和方法，首先直观地构建模型（3－1）、模型（3－2）和模型（3－3）来表示自变量、因变量和中介变量之间的逻辑关系：

$$Y = \alpha X + \varepsilon_1 \quad \text{模型（3－1）}$$

$$M = \beta X + \varepsilon_2 \quad \text{模型（3－2）}$$

$$Y = \alpha' X + \chi M + \varepsilon_3 \quad \text{模型（3－3）}$$

中介效应存在的前提是模型（3－1）中变量 X 的回归系数 α 显著异于 0，在此系数显著不为 0 的情形下进行中介效应检验，然后分别检验模型（3－2）中变量 X 的回归系数 β 和模型（3－3）中的回归系数 α′和 χ，当回归系数 β、α′及 χ 均显著不为 0 时，说明 X 对 Y 的影响部分是通过 M 传递过去的，此时，M 在 X 影响 Y 中发挥了部分中介效应；当回归系数 α′不显著，而 χ 显著异于 0 时，则说明 X 对 Y 的影响全部通过 M 传导实现，M 在 X 影响 Y 的过程中发挥了完全中介效应。此外，如果回归系数 β 和 χ 中至少有一个不显著时，则需要进行 Sobel 检验，如果 Sobel 检验的结果显著，表明 M 的部分中介效应存在，否则说明 M 的部分中介效应不存在。具体的检验方法与程序如图 3－2 所示，在模型设定部分，本章将依照图 3－2

的检验步骤对本章中不同维度的 CEO 社会资本影响企业创新的作用路径进行实证检验。

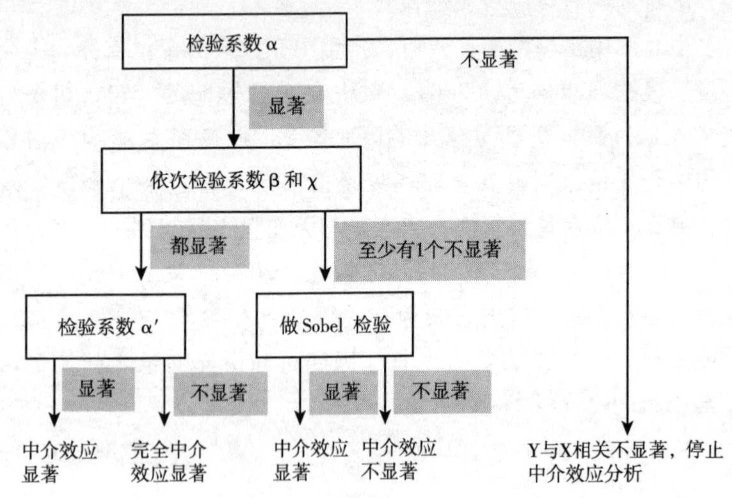

图 3－2　中介作用的检验步骤

四、作用路径的模型设定

（一）CEO 商业社会资本影响企业创新的作用路径模型

由 CEO 商业社会资本影响企业创新的作用路径分析可知，CEO 商业社会资本对企业创新的影响是通过影响研发投入、风险承担水平而发生的，研发投入和风险承担水平在 CEO 商业社会资本影响企业创新的过程中发挥了中介作用。按照中介作用的检验模型思路，本章分别设置了 3 个模型，用以共同检验商业社会资本对企业创新的影响路径是否显著。模型（3－1）为 CEO 商业社会资本对企业创新影响的实证模型。模型（3－4）用于检验商业社会资本对研发投入及风险承担水平的影响，模型（3－5）用于检验商业社会资本和研发投入、风险承担水平的共同作用对企业创新的影响。

$$
\begin{aligned}
& Innovation1 \\
& \quad = \alpha_0 + \alpha_1 SC - Bus_{it} + \alpha_2 ROA_{it} + \alpha_3 Growth_{it} + \alpha_4 Lev_{it} \\
& \qquad + \alpha_5 Tang_{it} + \alpha_6 Size_{it} + \alpha_7 Age_{it} + \alpha_8 State_{it} + \alpha_9 Duality_{it} \\
& \qquad + \alpha_{10} Bsize_{it} + \alpha_{11} Zidex_{it} + \alpha_{12} Indep_{it} + \alpha_{13} CEO - Ten_{it} \\
& \qquad + \alpha_{14} CEO - Gen_{it} + \alpha_{15} CEO - Age_{it} + \alpha_{16} CEO - Deg_{it} \\
& \qquad + \sum ind + \sum year + \varepsilon_{it}
\end{aligned}
$$

模型（2－1）

$$
\begin{aligned}
& R\&D(Risk - taking) \\
& \quad = \alpha_0 + \alpha_1 SC - Bus_{it} + \alpha_2 ROA_{it} + \alpha_3 Growth_{it} + \alpha_4 Lev_{it} \\
& \qquad + \alpha_5 Tang_{it} + \alpha_6 Size_{it} + \alpha_7 Age_{it} + \alpha_8 State_{it} + \alpha_9 Duality_{it} \\
& \qquad + \alpha_{10} Bsize_{it} + \alpha_{11} Zidex_{it} + \alpha_{12} Indep_{it} + \alpha_{13} CEO - Ten_{it} \\
& \qquad + \alpha_{14} CEO - Gen_{it} + \alpha_{15} CEO - Age_{it} + \alpha_{16} CEO - Deg_{it} \\
& \qquad + \sum ind + \sum year + \varepsilon_{it}
\end{aligned}
$$

模型（3－4）

$$
\begin{aligned}
& Innovation1 \\
& \quad = \alpha_0 + \alpha_1 SC - Bus_{it} + \alpha_2 R\&D_{it}(Risk - taking_{it}) + \alpha_3 ROA_{it} \\
& \qquad + \alpha_4 Growth_{it} + \alpha_5 Lev_{it} + \alpha_6 Tang_{it} + \alpha_7 Size_{it} + \alpha_8 Age_{it} \\
& \qquad + \alpha_9 State_{it} + \alpha_{10} Duality_{it} + \alpha_{11} Bsize_{it} + \alpha_{12} Zidex_{it} \\
& \qquad + \alpha_{13} Indep_{it} + \alpha_{14} CEO - Ten_{it} + \alpha_{15} CEO - Gen_{it} + \alpha_{16} CEO \\
& \qquad - Age_{it} + \alpha_{17} CEO - Deg_{it} + \sum ind + \sum year + \varepsilon_{it}
\end{aligned}
$$

模型（3－5）

根据中介效应检验步骤，如果研发投入是 CEO 商业社会资本影响企业创新的作用路径，那么，在后续的回归结果中，模型（3－1）中的 α_1、模型（3－4）中的 α_1 以及模型（3－5）中的 α_1 和 α_2 应该均显著，此时表明研发投入强度的中介作用显著，说明研发投入强度是 CEO 商业社会资本影响企业创新的作用路径；当模型（3－1）中的 α_1、模型（3－4）中的 α_1 以及模型

(3 -5) 中的 α_2 均显著，但模型 (3 -5) 中的 α_1 不显著时，则表明研发投入的完全中介作用显著。

（二）CEO 政治社会资本影响企业创新的作用路径模型

从 CEO 政治社会资本影响企业创新的作用路径的理论分析可知，CEO 政治社会资本对企业创新的影响是通过影响研发投入强度和风险承担水平而发生的，研发投入强度、风险承担水平在 CEO 政治社会资本影响企业创新的过程中发挥了中介作用，按照中介作用的检验模型思路分别设置了 3 个模型，用以共同检验 CEO 政治社会资本对企业创新的影响路径是否显著。模型 (3 -2) 为 CEO 政治社会资本对企业创新影响的实证模型，模型 (3 -6) 用于检验 CEO 政治社会资本对研发强度和风险承担水平的影响，模型 (3 -7) 用于检验 CEO 政治社会资本和研发投入强度、风险承担水平的共同作用对企业创新的影响。

$$
\begin{aligned}
Innovation1 &= \alpha_0 + \alpha_1 SC-Pol_{it} + \alpha_2 ROA_{it} + \alpha_3 Growth_{it} + \alpha_4 Lev_{it} \\
&\quad + \alpha_5 Tang_{it} + \alpha_6 Size_{it} + \alpha_7 Age_{it} + \alpha_8 State_{it} + \alpha_9 Duality_{it} \\
&\quad + \alpha_{10} Bsize_{it} + \alpha_{11} Zidex_{it} + \alpha_{12} Indep_{it} + \alpha_{13} CEO-Ten_{it} \\
&\quad + \alpha_{14} CEO-Gen_{it} + \alpha_{15} CEO-Age_{it} + \alpha_{16} CEO-Deg_{it} \\
&\quad + \sum ind + \sum year + \varepsilon_{it}
\end{aligned}
$$

模型 (2 -2)

$$
\begin{aligned}
R\&D(Risk-taking) &= \alpha_0 + \alpha_1 SC-Pol_{it} + \alpha_2 ROA_{it} + \alpha_3 Growth_{it} + \alpha_4 Lev_{it} \\
&\quad + \alpha_5 Tang_{it} + \alpha_6 Size_{it} + \alpha_7 Age_{it} + \alpha_8 State_{it} + \alpha_9 Duality_{it} \\
&\quad + \alpha_{10} Bsize_{it} + \alpha_{11} Zidex_{it} + \alpha_{12} Indep_{it} + \alpha_{13} CEO-Ten_{it} \\
&\quad + \alpha_{14} CEO-Gen_{it} + \alpha_{15} CEO-Age_{it} + \alpha_{16} CEO-Deg_{it} \\
&\quad + \sum ind + \sum year + \varepsilon_{it}
\end{aligned}
$$

模型 (3 -6)

$$
\begin{aligned}
& Innovation1 \\
& \quad = \alpha_0 + \alpha_1 SC - Pol_{it} + \alpha_2 R\&D_{it}(Risk - taking_{it}) + \alpha_3 ROA_{it} \\
& \qquad + \alpha_4 Growth_{it} + \alpha_5 Lev_{it} + \alpha_6 Tang_{it} + \alpha_7 Size_{it} + \alpha_8 Age_{it} \\
& \qquad + \alpha_9 State_{it} + \alpha_{10} Duality_{it} + \alpha_{11} Bsize_{it} + \alpha_{12} Zidex_{it} \\
& \qquad + \alpha_{13} Indep_{it} + \alpha_{14} CEO - Ten_{it} + \alpha_{15} CEO - Gen_{it} \\
& \qquad + \alpha_{16} CEO - Age_{it} + \alpha_{17} CEO - Deg_{it} \\
& \qquad + \sum ind + \sum year + \varepsilon_{it}
\end{aligned}
$$

模型（3－7）

根据中介效应检验步骤，如果研发投入强度是 CEO 政治社会资本影响企业创新的作用路径，那么，在后续的回归结果中，模型（3－2）中的 α_1、模型（3－6）中的 α_1 以及模型（3－7）中的 α_1 和 α_2 应该均显著，此时表明研发投入强度的中介作用显著，说明研发投入强度是 CEO 政治社会资本影响企业创新的作用路径；如果模型（3－2）中的 α_1、模型（3－6）中的 α_1 以及（3－7）的 α_2 均显著，但模型（3－7）中的 α_1 不显著，则表明研发投入的完全中介作用显著。

（三）CEO 海外社会资本影响企业创新的作用路径模型

从 CEO 海外社会资本影响企业创新的作用路径的理论分析可知，研发投入强度、风险承担水平在 CEO 海外社会资本影响企业创新的过程中发挥了中介作用。按照中介作用的检验模型思路分别设置了 3 个模型，用以检验 CEO 海外社会资本对企业创新的影响路径是否显著。模型（3－3）为 CEO 海外社会资本对企业创新影响的实证模型，模型（3－8）用于检验 CEO 海外社会资本对研发投入强度、风险承担水平的影响，模型（3－9）用于检验 CEO 海外社会资本和研发投入强度、风险承担水平的共同作用对企业创新的影响。

$$
\begin{aligned}
&Innovation1 \\
&\quad = \alpha_0 + \alpha_1 SC-Over_{it} + \alpha_2 ROA_{it} + \alpha_3 Growth_{it} + \alpha_4 Lev_{it} \\
&\qquad + \alpha_5 Tang_{it} + \alpha_6 Size_{it} + \alpha_7 Age_{it} + \alpha_8 State_{it} + \alpha_9 Duality_{it} \\
&\qquad + \alpha_{10} Bsize_{it} + \alpha_{11} Zidex_{it} + \alpha_{12} Indep_{it} + \alpha_{13} CEO-Ten_{it} \\
&\qquad + \alpha_{14} CEO-Gen_{it} + \alpha_{15} CEO-Age_{it} + \alpha_{16} CEO-Deg_{it} \\
&\qquad + \sum ind + \sum year + \varepsilon_{it} \qquad \text{模型（2-3）}
\end{aligned}
$$

$$
\begin{aligned}
&R\&D(Risk-taking) \\
&\quad = \alpha_0 + \alpha_1 SC-Over_{it} + \alpha_2 ROA_{it} + \alpha_3 Growth_{it} + \alpha_4 Lev_{it} \\
&\qquad + \alpha_5 Tang_{it} + \alpha_6 Size_{it} + \alpha_7 Age_{it} + \alpha_8 State_{it} + \alpha_9 Duality_{it} \\
&\qquad + \alpha_{10} Bsize_{it} + \alpha_{11} Zidex_{it} + \alpha_{12} Indep_{it} + \alpha_{13} CEO-Ten_{it} \\
&\qquad + \alpha_{14} CEO-Gen_{it} + \alpha_{15} CEO-Age_{it} + \alpha_{16} CEO-Deg_{it} \\
&\qquad + \sum ind + \sum year + \varepsilon_{it} \qquad \text{模型（3-8）}
\end{aligned}
$$

$$
\begin{aligned}
&Innovation1 \\
&\quad = \alpha_0 + \alpha_1 SC-Over_{it} + \alpha_2 R\&D_{it}(Risk-taking_{it}) + \alpha_3 ROA_{it} \\
&\qquad + \alpha_4 Growth_{it} + \alpha_5 Lev_{it} + \alpha_6 Tang_{it} + \alpha_7 Size_{it} + \alpha_8 Age_{it} \\
&\qquad + \alpha_9 State_{it} + \alpha_{10} Duality_{it} + \alpha_{11} Bsize_{it} + \alpha_{12} Zidex_{it} \\
&\qquad + \alpha_{13} Indep_{it} + \alpha_{14} CEO-Ten_{it} + \alpha_{15} CEO-Gen_{it} \\
&\qquad + \alpha_{16} CEO-Age_{it} + \alpha_{17} CEO-Deg_{it} \\
&\qquad + \sum ind + \sum year + \varepsilon_{it} \qquad \text{模型（3-9）}
\end{aligned}
$$

若模型（3－3）中的 α_1、模型（3－8）中的 α_1 以及模型（3－9）中的 α_1 和 α_2 均显著，此时表明风险承担的中介作用显著，说明风险承担水平是 CEO 海外社会资本影响企业创新的作用路径；如果模型（3－3）中的 α_1、模型（3－8）中的 α_1 以及模型（3－9）中的 α_2 均显著，但模型（3－9）中的 α_1 不显著，则表明风险承担的完全中介作用显著。

第四节　实证结果与分析

一、描述性统计

表3-2是基于全样本的中介变量的描述性统计结果。由于本章中的自变量、因变量以及控制变量的界定和衡量指标与第二章相同，所以，本章的描述性统计结果中没有重复列示自变量、因变量以及控制变量的描述性统计结果（参见第二章）。从表3-2可以看出，样本公司整体研发投入强度均值约为2.1274，即样本公司中研发支出占当年营业收入的比率大约为2.13%，说明我国上市公司平均研发投入强度相对较低；而且研发投入强度的标准差为3.3874，最小值和最大值分别为0和19.34，表明上市公司之间研发的投入强度差异较大，不同企业之间的研发投入非常不均衡；从风险承担水平（Risk-taking）的描述性统计结果来看，均值为0.0330，标准差为0.0538，整体上说明上市公司之间的风险承担水平相对比较均衡。

表3-2　　　　全样本中介变量的描述性统计

变量符号	样本数	平均值	标准差	最小值	最大值
R&D	27289	2.1274	3.3874	0	19.34
Risk-taking	25020	0.0330	0.0538	0.0011	0.3897

表3-3是分样本因变量和中介变量的描述性统计结果。从拥有CEO商业社会资本的分样本统计结果可以发现，有商业社会资本的样本公司企业创新均值（1.1540）大于无商业社会资

本的样本公司企业创新均值（1.0909），且有 CEO 商业社会资本的样本公司的研发投入均值（2.6312）也大于无商业社会资本样本公司的研发投入均值（1.8546），这也初步说明商业社会资本有利于提升企业研发投入，从而促进企业的创新；从拥有政治社会资本的分样本统计结果可以发现，有 CEO 政治社会资本的样本公司企业的创新均值（1.2228）小于无政治社会资本的样本公司企业的创新均值（1.7825），有政治社会资本的样本公司研发投入均值（1.9920）小于无政治社会资本的样本公司研发投入均值（2.5544），且有政治社会资本的样本公司的风险承担水平均值（0.0252）也小于无政治社会资本的样本公司的风险承担水平均值（0.0357），这初步说明政治社会资本减少了创新投入强度，降低了企业风险承担水平，从而导致较低的创新水平；从拥有海外社会资本的分样本统计结果可以发现，有海外社会资本的样本公司的企业创新均值（1.8818）大于无政治社会资本的样本公司的企业创新均值（1.3190），有海外社会资本的样本公司的研发投入均值（3.7290）大于无海外社会资本的样本公司的研发投入均值（1.9912），且有海外社会资本的样本公司的风险承担水平均值（0.0336）也大于无海外社会资本的样本公司的风险承担水平均值（0.0257），这也初步说明海外社会资本有利于增大企业创新投入，提升风险承担水平，从而促进企业的创新。

表 3－3　　分样本因变量与中介变量的描述性统计

变量符号	样本数	平均值	标准差	最小值	最大值
Panel A：有 CEO 商业社会资本的样本公司					
Innovation1	6722	1.1540	1.6532	0	6.2025
R&D	5432	2.6312	3.2196	0	19.34

续表

变量符号	样本数	平均值	标准差	最小值	最大值
Risk - taking	5774	0.0349	0.0569	0.0011	0.3897
Panel B：无 CEO 商业社会资本的样本公司					
Innovation1	10253	1.0909	1.5872	0	6.2025
R&D	9681	1.8546	3.1564	0	19.34
Risk - taking	8716	0.0389	0.0646	0.0011	0.3897
Panel A：有 CEO 政治社会资本的样本公司					
Innovation1	7580	1.2228	1.7582	0	6.2025
R&D	6570	1.9920	3.2626	0	19.34
Risk - taking	6394	0.0252	0.0368	0.0011	0.3897
Panel B：无 CEO 政治社会资本的样本公司					
Innovation1	22757	1.7825	1.6618	0	6.2025
R&D	20179	2.5544	3.4150	0	19.34
Risk - taking	18626	0.0357	0.0583	0.0011	0.3897
Panel A：有 CEO 海外社会资本的样本公司					
Innovation1	2351	1.8818	1.8228	0	6.2025
R&D	2139	3.7290	4.2271	0	19.34
Risk - taking	1728	0.0336	0.0334	0.0011	0.3897
Panel B：无 CEO 海外社会资本的样本公司					
Innovation1	27986	1.3190	1.6861	0	6.2025
R&D	25150	1.9912	3.2703	0	19.34
Risk - taking	23292	0.0257	0.0550	0.0011	0.3897

二、Pearson 相关性分析

表 3－4 报告了因变量、自变量、中介变量之间和部分控制变量之间的相关系数（Pearson correlation coefficient），初步揭示了变量之间的整体因果关系。从表 3－4 的结果可以初步看出，CEO 商业社会资本和 CEO 海外社会资本与企业创新显著正相关，而 CEO 政治社会资本与企业创新显著负相关。

从不同维度的 CEO 社会资本与中介变量的相互关系来看，商业社会资本与研发投入显著正相关，政治社会资本与研发投入显著负相关，海外社会资本与企业风险承担水平显著正相关，这说明不同维度的 CEO 社会资本对企业创新的可能作用路径，且研发投入和风险承担水平与企业创新均存在显著的正向影响。上述结果初步表明不同维度的 CEO 社会资本对企业创新的内在影响路径是成立的。从所列示的控制变量的相关系数来看，企业盈利水平（ROA）、负债率（Lev）、成长性（Growth）、企业规模（Size）以及企业年龄（Age）均对创新产生了显著影响。较高的盈利水平能够提升企业创新，企业盈利水平较高时，会给企业创新带来较大的财务资源支撑，缓解企业创新面临的资金限制；企业负债率与企业创新显著负相关，说明负债水平较低的企业其创新结果会更好，因为较低的债务水平减轻了企业的财务压力，进而降低企业创新过程中的财务风险；企业成长性、企业规模以及企业年龄均与企业创新显著正相关，说明在规模较大、成长性较好的成熟企业中，企业创新水平会更高。

表 3 -4　主要变量 Pearson 相关系数

变量符号	Innovation1	Innovation2	R&D	Risk - taking	SC - Bus	SC - Pol	SC - Over	ROA	Lev	Growth
Innovation1	1									
Innovation2	0.025***	1								
R&D	0.433***	0.026**	1							
Risk - taking	0.138***	0.021***	-0.072***	1						
SC - Bus	0.169***	0.0127**	0.152***	0.076***	1					
SC - Pol	-0.142***	-0.016**	-0.071***	-0.086***	0.107***	1				
SC - Over	0.088***	0.00600	0.138***	0.037***	0.099***	0.069***	1			
ROA	0.122***	0.045***	0.130***	-0.321***	0.081***	0.078***	0.043***	1		
Lev	-0.092***	0.010*	-0.347***	0.273***	-0.062***	-0.055***	-0.069***	-0.410***	1	
Growth	-0.042***	0.077***	-0.023***	-0.092***	0.017***	-0.014**	0.015***	0.226***	0.014**	1
Size	0.264***	0.00600	-0.049***	-0.257***	0.122***	0.095***	0.039***	0.062***	0.278***	0.026***
Age	0.110***	0.044***	0.082***	0.035***	0.046***	0.072***	0.034***	-0.087***	0.159***	-0.072***
State	-0.128***	-0.0100	-0.301***	-0.053***	-0.161***	-0.108***	-0.125***	-0.131***	0.231***	-0.068***
Tang	-0.111***	-0.046***	-0.233***	0.042***	-0.061***	-0.056***	-0.053***	-0.142***	0.103***	-0.079***
Duality	0.093***	0.00100	0.195***	0.013**	-0.011*	0.047***	0.025***	0.072***	-0.135***	0.022***
Bsize	-0.055***	-0.00600	-0.172***	-0.068***	-0.038***	-0.031***	-0.058***	0.0001	0.118***	-0.00300
Zidex	-0.105***	-0.010*	-0.150***	-0.016**	-0.068***	-0.076***	-0.049***	-0.075***	0.056***	-0.033***

续表

变量符号	Innovation1	Innovation2	R&D	Risk - taking	SC - Bus	SC - Pol	SC - Over	ROA	Lev	Growth
CEO - Ten	0. 142 ***	0. 035 ***	0. 115 ***	-0. 091 ***	0. 121 ***	0. 086 ***	0. 046 ***	0. 042 ***	-0. 027 ***	-0. 029 ***
CEO - Gen	0. 010 *	0. 0020	-0. 00500	0. 011 *	-0. 024 ***	-0. 030 ***	-0. 025 ***	-0. 029 ***	0. 023 ***	0. 00100
CEO - Age	0. 100 ***	0. 037 ***	0. 074 ***	-0. 064 ***	0. 050 ***	0. 075 ***	0. 010 *	0. 034 ***	-0. 019 ***	-0. 058 ***
CEO - Deg	0. 101 ***	0. 013 **	0. 101 ***	-0. 020 ***	0. 018 ***	0. 043 ***	0. 102 ***	0. 0070	0. 038 ***	-0. 00100

变量符号	Size	Age	State	Tang	Duality	Bsize	Zidex	CEO - Ten	CEO - Gen	CEO - Age	CEO - Deg
Size	1										
Age	0. 239 ***	1									
State	0. 231 ***	0. 00700	1								
Tang	0. 050 ***	-0. 073 ***	0. 230 ***	1							
Duality	-0. 114 ***	-0. 019 ***	-0. 261 ***	-0. 105 ***	1						
Bsize	0. 188 ***	-0. 074 ***	0. 247 ***	0. 165 ***	-0. 162 ***	1					
Zidex	0. 030 ***	-0. 131 ***	0. 219 ***	0. 091 ***	-0. 097 ***	0. 023 ***	1				
CEO - Ten	0. 139 ***	0. 160 ***	-0. 037 ***	-0. 0060	0. 124 ***	0. 00300	-0. 044 ***	1			
CEO - Gen	0. 019 ***	-0. 028 ***	0. 067 ***	0. 044 ***	0. 00800	0. 067 ***	0. 031 ***	-0. 00300	1		
CEO - Age	0. 191 ***	0. 171 ***	0. 067 ***	0. 034 ***	0. 172 ***	0. 012 **	-0. 036 ***	0. 271 ***	0. 00400	1	
CEO - Deg	0. 151 ***	0. 094 ***	0. 070 ***	-0. 068 ***	-0. 013 **	0. 023 ***	-0. 021 ***	-0. 010 *	0. 020 ***	-0. 145 ***	1

注：*、**、*** 分别代表在 10%、5%、1% 的显著性水平上显著。

三、回归结果分析

（一）关于 CEO 商业社会资本对企业创新影响的作用路径结果的分析

表 3－5 报告了研发投入在 CEO 商业社会资本影响企业创新的过程中的作用路径的实证结果。从商业社会资本影响企业创新的作用路径分析可知，研发投入强度在商业社会资本影响企业创新的过程中发挥了中介作用，利用本章设定的作用机制检验模型，借鉴中介作用的检验方法，实证检验了“CEO 商业社会资本—研发投入—企业创新”的作用路径。从表 3－5 的检验结果来看：第 1 列呈现了 CEO 商业社会资本对企业创新的影响结果，商业社会资本前的系数估计值为 0.0061，且在 10% 的水平上显著，说明商业社会资本对企业创新的影响是显著存在的，这是本书进行中介作用检验的前提条件。表 3－5 的第 2 列显示了商业社会资本对研发投入强度的影响。实证结果显示，商业社会资本前的系数估计值为 0.0261，且在 1% 的水平上显著，表明商业社会资本显著提升了研发投入的强度，造成该结果可能的原因在于：商业社会资本给处于商业关系网络中的 CEO 带来了与产品、技术、市场和行业相关的动态，帮助企业正确把握创新的方向，且为企业创新提供技术和资金支持，从而加大企业认准的创新活动中的研发投入。同时，密切的商业社会网络关系增强了网络中参与者之间的合作与沟通，有利于实现各种资源在网络主体中进行传播和利用，进而提升企业创新的过程中资源的利用效率，增大企业的研发投入强度，从而促进企业的创新。表 3－5 的第 3 列显示了研发投入强度（R&D）对企业创新的影响。结果表明，研发投入强度前的系数估计值为 0.1325，且在 1% 的

水平上显著，说明研发投入有助于促进企业创新。表 3-5 的第 4 列呈现了 CEO 商业社会资本、研发投入强度的共同作用对企业创新的影响。研究结果显示，CEO 商业社会资本和研发投入的回归系数均显著。由此证明：研发投入强度在 CEO 商业社会资本影响企业创新的过程中发挥了部分中介作用。因此，假设 3-1（a）得以验证。

从控制变量的回归结果看，企业的负债率（Lev）与企业创新显著负相关，负债水平增加了企业财务风险，此时企业很可能会减少创新活动的开展，从而将企业整体风险控制在可控范围内，防范财务危机的发生；销售收入的增长率（Growth）与企业创新显著正相关，说明在成长性较好的企业中，创新水平更高，企业规模（Size）和企业年龄（Age）与企业创新显著正相关，说明规模越大的成熟上市公司，其创新水平越高，这可能是因为规模较大的成熟上市公司抗风险的能力较强，融资约束程度较低，从而有意愿和能力进行更多的企业创新活动。相对于非国有企业而言，国有企业（State）创新程度更高，可能是因为国有企业在创新过程中占有较大的制度优势，能够获得较多的资金、政策等方面的支持，进而促进企业创新；企业有形资产比率（Tang）与企业创新显著正相关，创新活动是投资时期较长的企业战略选择，创新活动的开展离不开企业长期资产的投入，因此，企业有形资产的投入有利于提升企业创新效率。股权分散度（Zidex）与企业创新显著负相关，说明股权集中度的提高对企业创新是有利的，相对集中的股权提高企业战略决策的效率，使得大股东权力较大，较大的权力可能提升决策者的风险偏好，进而促进企业创新活动的开展。

表3-5　　研发投入在CEO商业社会资本影响企业创新的过程中的中介作用检验

变量符号	模型（3-1）	模型（3-4）	模型（3-5）	模型（3-5）
	Innovation1	R&D	Innovation1	Innovation1
SC-Bus	0.0061* (1.68)	0.0261*** (3.65)		0.0024* (1.86)
R&D			0.1325*** (13.90)	0.1328*** (13.87)
ROA	-0.0296 (-0.18)	-0.1321 (-0.47)	0.0852 (0.52)	0.0897 (0.55)
Lev	-0.1514* (-1.78)	-0.8904*** (-5.32)	-0.0092 (-0.11)	-0.0039* (-1.81)
Growth	0.0787*** (-4.82)	0.2585*** (-7.95)	0.0390** (-2.47)	0.0412*** (-2.60)
Size	0.3063*** (11.90)	0.0915** (2.14)	0.2785*** (11.19)	0.2774*** (11.07)
Age	0.5938*** (4.28)	1.0232*** (3.98)	0.4099*** (3.05)	0.4030*** (2.98)
State	0.0631* (1.87)	0.1045* (1.68)	0.0813* (1.70)	0.0572* (1.71)
Tang	0.3524*** (3.05)	0.3709* (1.87)	0.3091*** (2.79)	0.3100*** (2.78)
Duality	-0.0083 (-0.25)	-0.0250 (-0.37)	-0.0138 (-0.42)	-0.0123 (-0.37)
Bsize	-0.1130 (-1.16)	-0.0476 (-0.31)	-0.1202 (-1.28)	-0.1230 (-1.31)
Zidex	-0.0004 (-1.03)	0.0006 (1.31)	-0.0007* (-1.78)	-0.0007* (-1.78)

续表

变量符号	模型（3-1）	模型（3-4）	模型（3-5）	模型（3-5）
	Innovation1	R&D	Innovation1	Innovation1
Indep	-0.2367 (-0.86)	-0.2269 (-0.59)	-0.3140 (-1.15)	-0.3173 (-1.16)
CEO-Ten	0.0102** (2.20)	0.0082 (1.01)	0.0057 (1.19)	0.0060 (1.25)
CEO-Gen	0.0347 (0.59)	-0.0359 (-0.34)	0.0283 (0.49)	0.0270 (0.47)
CEO-Age	-0.0019 (-0.80)	0.0018 (0.40)	-0.0017 (-0.72)	-0.0017 (-0.72)
CEO-Deg	0.0260 (1.44)	0.0416 (1.26)	0.0173 (0.97)	0.0185 (1.04)
常数项	-7.1089*** (-10.87)	-2.2797** (-2.18)	-6.2513*** (-9.56)	-6.2295*** (-9.49)
行业	控制	控制	控制	控制
年度	控制	控制	控制	控制
样本量	27187	24323	24438	24323
调整的 R^2	0.3833	0.2237	0.4250	0.4252

注：系数下方括号内表示 t 值，*、**、*** 分别代表在 10%、5%、1% 的显著性水平上显著。

表 3-6 报告了风险承担水平在 CEO 商业社会资本影响企业创新的过程中的作用路径的实证结果。从 CEO 商业社会资本影响企业创新的作用路径分析可知，风险承担水平在 CEO 商业社会资本影响企业创新的过程中发挥了中介作用。本章利用设定的作用机制检验模型，借鉴中介作用的检验方法，实证检验了"CEO 商业社会资本—风险承担水平—企业创新"的作用路径。从表 3-6 的检验结果来看：第 1 列呈现了商业社会资本对企业

创新的影响结果，商业社会资本前的系数估计值为 0.0061，且在 10% 的水平上显著，说明商业社会资本对企业创新的影响是显著存在的，这是我们进行中介作用检验的前提条件。表 3－6 的第 2 列显示了商业社会资本对风险承担水平的影响。实证结果显示，商业社会资本没有显著提升企业的风险承担水平。表 3－5 的第 3 列呈现了商业社会资本、风险承担水平的共同作用对企业创新的影响。研究结果显示，风险承担水平线的回归系数不显著。根据中介效应的检验步骤，上述结果表明，风险承担水平在商业社会资本影响企业创新的过程中并未发挥中介作用。因此，假设 3－1（b）没有得以验证。

表 3－6　风险承担在 CEO 商业社会资本影响企业创新的过程中的中介作用检验

变量符号	模型（3－1）	模型（3－4）	模型（3－5）
	Innovation1	Risk－taking	Innovation1
SC－Bus	0.0061* (1.68)	0.0001 (0.70)	0.0140*** (3.16)
Risk－taking			0.2830 (1.21)
ROA	－0.0232 (－0.14)	－0.0781*** (－6.27)	－0.2267 (－1.32)
Lev	－0.1550* (－1.82)	0.0858*** (12.09)	－0.2615** (－2.52)
Growth	－0.0778*** (－4.77)	－0.0109*** (－9.50)	－0.0923*** (－5.46)
Size	0.3050*** (11.81)	－0.0141*** (－7.89)	0.3762*** (11.52)
Age	0.5927*** (4.28)	0.0048 (0.91)	0.8972*** (5.08)

续表

变量符号	模型（3－1）	模型（3－4）	模型（3－5）
	Innovation1	Risk－taking	Innovation1
State	0.0750 (1.56)	－0.0019 (－0.59)	0.0570 (1.15)
Tang	0.3432*** (2.96)	0.0101* (1.69)	0.3805*** (2.96)
Duality	－0.0062 (－0.19)	0.0018 (1.03)	0.0033 (0.09)
Bsize	－0.1175 (－1.21)	0.0052 (1.20)	－0.1415 (－1.26)
Zidex	－0.0004 (－1.07)	0.0001 (0.54)	－0.0003 (－0.80)
Indep	－0.2295 (－0.83)	－0.0051 (－0.36)	－0.4065 (－1.37)
CEO－Ten	0.0101** (2.19)	－0.0001 (－0.55)	0.0131** (2.39)
CEO－Gen	0.0333 (0.57)	0.0005 (0.16)	－0.0005 (－0.01)
CEO－Age	－0.0020 (－0.84)	－0.0001 (－1.09)	－0.0014 (－0.53)
CEO－Deg	0.0254 (1.41)	－0.0013 (－1.49)	0.0161 (0.77)
常数项	－7.1128*** (－10.86)	1.2860*** (7.06)	－8.9951*** (－11.15)
行业	控制	控制	控制
年度	控制	控制	控制
样本量	27187	22011	22011
调整的 R^2	0.3835	0.1615	0.4020

注：系数下方括号内表示 t 值，*、**、*** 分别代表在 10%、5%、1% 的显著性水平上显著。

综上所述，表 3－5 和表 3－6 的实证结果表明，研发投入在 CEO 商业社会资本影响企业创新的过程中发挥了部分中介作用，但是，风险承担水平的中介作用没有得到验证，说明 CEO 商业社会资本影响企业创新主要是通过影响创新资源投入而实现的，这也反映了 CEO 商业社会资本的“资源效应”是存在的。

（二）关于 CEO 政治社会资本对企业创新影响的作用路径结果的分析

表 3－7 报告了研发投入在 CEO 政治社会资本影响企业创新的过程中的作用路径的实证结果。从本章第二节的理论分析可知，研发投入强度在 CEO 政治社会资本影响企业创新的过程中发挥了中介作用，利用本章构建的作用机制检验模型，借鉴中介作用的检验方法，实证检验了“CEO 政治社会资本—研发投入强度—企业创新”的作用路径。从表 3－7 的检验结果来看：第 1 列呈现了政治社会资本对企业创新的影响结果，政治社会资本前的系数估计值为 －0.0878，且在 1% 的水平上显著，说明政治社会资本对企业创新的影响是显著存在的，这是我们进行中介作用检验的基本前提。表 3－7 的第 2 列显示了政治社会资本对研发投入强度的影响。实证结果显示，政治社会资本前的系数估计值为 －0.0790，且在 5% 的水平上显著，表明政治社会资本显著降低了企业的研发投入强度，CEO 减少了用于企业创新的研发投入水平，进而对企业创新结果产生了不利的影响。政治社会资本降低了研发投入强度的可能原因在于：CEO 政治社会资本的维系成本挤占了用于创新的资源投入，进而降低企业研发的投入强度；政治社会资本的短期优势降低了 CEO 进行长期创新投入的意愿，进而减少研发投入；CEO 出于职业生涯的稳定性和职业声誉的考虑，会减少风险较大的研发活动，进而减少研发投入。表 3－7 的第 3 列显示了

R&D 对企业创新的影响。实证结果表明，R&D 前的系数估计值为 0.1323，且在 1% 的水平上显著，说明研发投入能够显著促进企业创新。表 3 – 7 的第 4 列呈现了政治社会资本和研发投入强度的共同作用对企业创新的影响，实证结果表明，政治社会资本和研发投入强度前的回归系数均显著，说明研发投入强度在政治社会资本影响企业创新的过程中发挥了部分中介作用，假设 3 – 2（a）得以验证。

从控制变量的回归结果看，企业的负债率（Lev）与企业创新显著负相关，负债水平增加了企业财务风险，此时企业很可能会减少创新活动的开展，从而将企业整体风险控制在可控范围内，防范财务危机的发生；销售收入的增长率（Growth）与企业创新显著正相关，说明在成长性较好的企业中，创新水平更高，企业规模（Size）和企业年龄（Age）与企业创新显著正相关，说明规模越大的成熟上市公司，其创新水平越高，这可能是因为规模较大的成熟上市公司抗风险的能力较强，融资约束程度较低，从而有意愿和能力进行更多的企业创新活动。相较于非国有企业而言，国有企业（State）创新程度更高，可能是因为国有企业在创新过程中占有较大的制度优势，能够获得较多的资金、政策等方面的支持，进而促进企业创新。企业有形资产比率（Tang）与企业创新显著正相关，创新活动是投资时期较长的企业战略选择，创新活动的开展离不开企业长期资产的投入，因此，企业有形资产的投入有利于提升企业的创新效率。股权分散度（Zidex）和独立性（Indep）与企业创新显著负相关，说明股权集中度的提高对企业创新是有利的，相对集中的股权提高企业战略决策的效率，使得大股东权力较大，较大的权力可能提升决策者的风险偏好，进而促进企业创新活动的开展，而董事会的独立性降低了企业的创新产出，独立性较低的企业董事会的监督作用可能没有很好地发挥出来，使得企业管理者更多地注重短期利益的实现，而忽略了对企业创新的投入。

表 3-7 研发投入在 CEO 政治社会资本影响企业创新的过程中的中介作用检验

变量符号	模型（3-2）	模型（3-6）	模型（3-7）	模型（3-7）
	Innovation1	R&D	Innovation1	Innovation1
SC-Pol	-0.0878*** (-2.63)	-0.0790** (-1.78)		-0.0855** (-2.55)
R&D			0.1323*** (13.88)	0.1321*** (13.87)
ROA	0.0198* (1.83)	0.0965* (1.88)	0.0923 (0.57)	0.0910 (1.21)
Lev	-0.1628* (-1.92)	-0.9091*** (-5.44)	-0.0127 (-0.16)	-0.0136** (-2.01)
Growth	0.0754*** (4.65)	0.2606*** (7.99)	0.0382** (2.43)	0.0376** (2.39)
Size	0.3122*** (12.15)	0.1079** (2.52)	0.2773*** (11.13)	0.2797*** (11.22)
Age	0.6020*** (4.36)	1.0470*** (4.07)	0.4090*** (3.04)	0.4100*** (3.05)
State	0.0756 (1.57)	0.1293* (1.68)	0.0749* (1.70)	0.0754* (1.71)
Tang	0.3445*** (3.00)	0.3566* (1.79)	0.2996*** (2.70)	0.2985*** (2.69)
Zidex	-0.0004 (-1.06)	0.0006 (1.23)	-0.0007* (-1.82)	-0.0007* (-1.80)
Indep	-0.2198* (-1.79)	-0.2058* (-1.78)	-0.3059 (-1.12)	-0.2997* (-1.72)

续表

变量符号	模型（3-2）	模型（3-6）	模型（3-7）	模型（3-7）
	Innovation1	R&D	Innovation1	Innovation1
Duality	-0.0129 (-0.40)	-0.0540 (-0.82)	-0.0116 (-0.35)	-0.0146 (-0.44)
Bsize	-0.1191 (-1.23)	-0.0646 (-0.42)	-0.1244 (-1.33)	-0.1227 (-1.31)
CEO-Ten	0.0105** (2.28)	0.0118 (1.44)	0.0057 (1.19)	0.0061 (1.26)
CEO-Gen	0.0323 (0.56)	-0.0302 (-0.29)	0.0270 (0.47)	0.0263 (0.46)
CEO-Age	-0.0018 (-0.75)	0.0017 (0.39)	-0.0018 (-0.77)	-0.0016 (-0.69)
CEO-Deg	0.0257 (1.43)	0.0458 (1.40)	0.0167 (0.94)	0.0175 (0.98)
常数项	-7.2627*** (-11.11)	-2.7165*** (-2.60)	-6.2565*** (-9.55)	-6.3238*** (-9.63)
行业	控制	控制	控制	控制
年度	控制	控制	控制	控制
样本量	27306	24438	24438	24438
调整的 R^2	0.3837	0.2220	0.4252	0.4256

注：系数下方括号内表示 t 值，*、**、*** 分别代表在 10%、5%、1% 的显著性水平上显著。

表 3-8 报告了风险承担水平在 CEO 政治社会资本影响企业创新的过程中的作用路径的实证结果。从本章第二节的理论分析可知，风险承担水平在 CEO 政治社会资本影响企业创新的过程中发挥了中介作用，利用本章构建的作用机制检验模型，借鉴中介作用的检验方法，实证检验了“CEO 政治社会资本—风险承

担水平—企业创新”的作用路径。从表 3－8 的检验结果来看：第 1 列呈现了 CEO 政治社会资本对企业创新的影响结果，政治社会资本前的系数估计值为－0.0878，且在 1% 的水平上显著，说明政治社会资本对企业创新的影响是显著存在的。表 3－8 的第 2 列显示了政治社会资本对风险承担水平的影响。实证结果显示，政治社会资本前的系数估计值为－0.004，且在 5% 的水平上显著，表明政治社会资本显著降低了企业的风险承担水平。表 3－8 的第 3 列显示了 CEO 政治社会资本和风险承担水平的共同作用对企业创新的影响，实证结果表明，政治社会资本和风险承担水平前的回归系数均显著，说明风险承担水平在 CEO 政治社会资本影响企业创新的过程中发挥了部分中介作用，假设 3－2（b）得以验证。

表 3－8　风险承担在 CEO 政治社会资本影响企业创新的过程中的中介作用检验

变量符号	模型（2－2）	模型（3－6）	模型（3－7）
	Innovation1	Risk－taking	Innovation1
SC－Pol	－0.0878*** （－2.63）	－0.0040** （－2.06）	－0.2389*** （－4.53）
Risk－taking			0.2553** （2.38）
ROA	－0.0198 （－0.12）	－0.0781*** （－6.28）	－0.2270 （－1.32）
Lev	－0.1628* （－1.92）	0.0856*** （12.11）	－0.2723*** （－2.63）
Growth	－0.0754*** （－4.65）	－0.0109*** （－9.51）	－0.0914*** （－5.37）

续表

变量符号	模型（2-2）	模型（3-6）	模型（3-7）
	Innovation1	Risk-taking	Innovation1
Size	0.3122*** (12.15)	-0.0140*** (-7.86)	0.3864*** (11.81)
Age	0.6020*** (4.36)	0.0045 (0.85)	0.8889*** (5.07)
State	0.0756 (1.57)	-0.0020 (-0.63)	0.0485 (0.98)
Tang	0.3445*** (3.00)	0.0101* (1.69)	0.3830*** (2.99)
Duality	-0.0129 (-0.40)	0.0023 (1.31)	0.0236 (0.62)
Bsize	-0.1191 (-1.23)	0.0052 (1.21)	-0.1437 (-1.29)
Zidex	-0.0004 (-1.06)	0.0001 (0.51)	-0.0004 (-0.89)
Indep	-0.2198 (-0.80)	-0.0052 (-0.37)	-0.4234 (-1.43)
CEO-Ten	0.0105** (2.28)	-0.0001 (-0.47)	0.0149*** (2.73)
CEO-Gen	0.0323 (0.56)	0.0005 (0.17)	-0.0007 (-0.01)
CEO-Age	-0.0018 (-0.75)	-0.0001 (-0.99)	-0.0005 (-0.20)
CEO-Deg	0.0257 (1.43)	-0.0013 (-1.46)	0.0185 (0.89)

续表

变量符号	模型（2-2）	模型（3-6）	模型（3-7）
	Innovation1	Risk-taking	Innovation1
常数项	-7.2627*** (-11.11)	0.2835*** (7.03)	-9.1908*** (-11.37)
行业	控制	控制	控制
年度	控制	控制	控制
样本量	27306	22054	22054
调整的 R^2	0.3837	0.1622	0.4028

注：系数下方括号内表示 t 值，*、**、*** 分别代表在 10%、5%、1% 的显著性水平上显著。

综上所述，表 3-7 和表 3-8 的实证结果表明，研发投入和风险承担水平在政治社会资本影响企业创新的过程中发挥了部分中介作用，说明政治社会资本减弱了企业创新资源的投入意愿，同时降低了企业的风险承担水平，也侧面说明了政治社会资本对企业创新的不利影响挤占了政治社会资本给企业带来的资源优势，进而对企业创新产生了不利影响。

（三）关于 CEO 海外社会资本对企业创新影响的路径结果的分析

表 3-9 报告了研发投入强度在 CEO 海外社会资本影响企业创新过程中的作用路径的实证结果。从 CEO 海外社会资本影响企业创新的作用路径的理论分析可知，研发投入在 CEO 海外社会资本影响企业创新的过程中发挥了中介作用，利用本章设定的作用机制检验模型，借鉴中介作用的检验方法，实证检验了“CEO 海外社会资本—研发投入—企业创新”的作用路径。从表 3-9 的检验结果来看：第 1 列首先呈现了 CEO 海外社会资本对企业创新的影响结果，海外社会资本前的系数估计值为

0.1102，且在10%的水平上显著，说明海外社会资本对企业创新的影响是显著存在的，这是我们进行中介作用检验的基本前提。表3－9的第2列显示了海外社会资本对研发投入的影响。实证结果显示，海外社会资本前的系数估计值为0.0065，但并不显著。表3－9的第3列显示了海外社会资本和研发投入的共同作用对企业创新的影响，实证结果表明，研发投入前的回归系数并不显著，说明研发投入在海外社会资本影响企业创新的过程中没有发挥中介作用。这说明海外社会资本的资源获取优势并不明显，假设3－3（b）没有得到验证。

表3－9　研发投入在CEO海外社会资本影响企业创新的过程中的中介作用检验

变量符号	模型（2－3）	模型（3－8）	模型（3－9）
	Innovation1	R&D	Innovation1
SC－Over	0.1102* (1.74)	0.0065 (1.16)	0.0078** (2.13)
R&D			0.1323 (0.88)
ROA	－0.0163 (－0.10)	－0.0952 (－0.34)	0.0925 (0.57)
Lev	－0.1625* (－1.91)	－0.9086*** (－5.43)	－0.0128 (－0.16)
Growth	－0.0758*** (－4.68)	－0.2612*** (－8.01)	－0.0382** (－2.43)
Size	0.3087*** (12.02)	0.1057** (2.47)	0.2773*** (11.13)
Age	0.6049*** (4.38)	1.0465*** (4.07)	0.4091*** (3.04)

续表

变量符号	模型（2-3）	模型（3-8）	模型（3-9）
	Innovation1	R&D	Innovation1
State	0.0758 (1.57)	0.1290* (1.68)	0.0750* (1.70)
Tang	0.3437*** (2.98)	0.3577* (1.79)	0.2995*** (2.70)
Duality	-0.0098* (-1.94)	-0.0512* (-1.93)	-0.0115* (-1.85)
Bsize	-0.1171* (-1.91)	-0.0661 (-0.43)	-0.1242 (-1.33)
Zidex	-0.0004* (-1.95)	0.0006** (2.21)	-0.0007* (-1.82)
Indep	-0.2277 (-0.83)	-0.2119 (-0.55)	-0.3063 (-1.12)
CEO-Ten	0.0100** (2.17)	0.0114** (2.39)	0.0057 (1.18)
CEO-Gen	0.0338 (0.58)	-0.0294 (-0.28)	0.0272 (0.47)
CEO-Age	-0.0019 (-0.83)	0.0016** (2.35)	-0.0018* (-1.82)
CEO-Deg	0.0221 (1.22)	0.0450 (1.38)	0.0166 (0.93)
常数项	-7.1803*** (-11.01)	-2.6555** (-2.54)	-6.2571*** (-9.55)
行业	控制	控制	控制
年度	控制	控制	控制
样本量	27306	24438	24438
调整的 R^2	0.3834	0.2218	0.4251

注：系数下方括号内表示 t 值，*、**、*** 分别代表在 10%、5%、1% 的显著性水平上显著。

表 3－10 报告了风险承担水平在 CEO 海外社会资本影响企业创新的过程中的作用路径的实证结果。从 CEO 海外社会资本影响企业创新的作用路径的理论分析可知，风险承担在海外社会资本影响企业创新的过程中发挥了中介作用，利用本章设定的作用机制检验模型，借鉴中介作用的检验方法，实证检验了“CEO 海外社会资本—风险承担水平—企业创新”的作用路径。从表 3－10 的检验结果来看：第 1 列首先呈现了海外社会资本对企业创新的影响结果，海外社会资本前的系数估计值为 0.1102，且在 10% 的水平上显著，说明海外社会资本对企业创新的影响是显著存在的，这是我们进行中介作用检验的基本前提。表 3－10 的第 2 列显示了海外社会资本对风险承担的影响。实证结果显示，海外社会资本前的系数估计值为 0.0028，且在 5% 的水平上显著，表明海外社会资本显著提升了企业的风险承担水平，造成该结果可能的原因在于：海外社会资本给 CEO 带来先进的知识和技术，使其易于理解和掌握最新科技的前沿，增强了 CEO 风险承担的信心和能力；同时，CEO 受海外文化的深刻影响，通常表现得比较自信，且富于冒险和创新精神，从而提升了 CEO 个人的风险偏好倾向，表现在企业战略选择中即倾向于那些风险水平较高、收益较大的投资项目，从而提升企业的风险承担水平。表 3－10 的第 3 列显示了风险承担水平（Risk－taking）对企业创新的影响。实证结果表明，风险承担（Risk－taking）前的系数估计值为 0.2864，且在 5% 的水平上显著，说明风险承担水平的提升有助于促进企业创新。表 3－10 的第 4 列呈现了海外社会资本和风险承担水平的共同作用对企业创新的影响，实证结果表明，海外社会资本和风险承担水平前的回归系数均显著，说明风险承担水平在海外社会资本影响企业创新的过程中发挥了部分中介作用，假设

3－3（b）得以验证。

从控制变量的回归结果看，结果与表 3－6 的结果基本一致。负债率（Lev）与企业创新显著负相关，负债水平增加了企业的财务风险，此时企业很可能会减少创新活动的开展，从而将企业整体风险控制在可控范围内，防范财务危机的发生；销售收入的增长率（Growth）与企业创新显著正相关，说明在成长性较好的企业中，创新水平更高，企业规模（Size）和企业年龄（Age）与企业创新显著正相关，说明规模越大的成熟上市公司，其创新水平越高，这可能是因为规模较大的成熟上市公司抗风险的能力较强，融资约束程度较低，从而有意愿和能力进行更多的企业创新活动。企业有形资产比率（Tang）与企业创新显著正相关，创新活动是投资时期较长的企业战略选择，创新活动的开展离不开企业长期资产的投入，因此，企业有形资产的投入有利于提升企业的创新效率。CEO 任期（CEO－Ten）与企业创新显著正相关，说明在 CEO 任期较长的企业中，创新水平会更高，当任期较长时，CEO 与公司之间的契合度会更好，CEO 对企业的发展会有更强的责任心和使命感，会更加关心企业未来的长期可持续发展，而不是过分关注企业短期利润的实现，CEO 在企业的战略选择中会以实现企业价值最大化为目标，注重能够提升企业长期竞争优势的创新活动的开展，会加强企业的创新投入，进而有利于促进企业创新。

综上所述，表 3－9 和表 3－10 的实证结果表明，风险承担水平在海外社会资本影响企业创新的过程中发挥了部分中介作用，海外社会资本提升了风险承担意愿，在企业的战略选择方面更加具有冒险和创新精神，进而提升了企业风险承担水平，并最终对企业创新产生了影响。

表 3-10　风险承担在 CEO 海外社会资本影响企业创新的过程中的中介作用检验

变量符号	模型（3-3）	模型（3-8）	模型（3-9）	模型（3-9）
	Innovation1	Risk-taking	Innovation1	Innovation1
SC-Over	0.1102* (1.74)	0.0028** (1.98)		0.1184* (1.93)
Risk-taking			0.2864** (2.22)	0.2842* (1.86)
ROA	0.0163 (0.10)	0.0940*** (8.72)	0.2222 (1.30)	0.2184 (1.27)
Lev	-0.1625* (-1.91)	0.0856*** (23.83)	-0.2661** (-2.56)	-0.2673** (-2.57)
Growth	0.0758*** (4.68)	0.0118*** (9.38)	0.0920*** (5.41)	0.0912*** (5.37)
Size	0.3087*** (12.02)	-0.0134*** (-27.44)	0.3820*** (11.68)	0.3812*** (11.65)
Age	0.6049*** (4.38)	0.0034*** (3.88)	0.9116*** (5.16)	0.9159*** (5.18)
State	-0.0758 (-1.57)	-0.0065*** (-8.23)	-0.0549 (-1.11)	-0.0561 (-1.13)
Tang	0.3437*** (2.98)	0.0008 (0.32)	0.3872*** (3.01)	0.3840*** (2.99)
Zidex	-0.0004 (-1.07)	-0.0000* (-1.66)	-0.0003 (-0.82)	-0.0003 (-0.80)
Indep	-0.2277 (-0.83)	0.0187** (2.54)	-0.4219 (-1.42)	-0.4228 (-1.42)
Duality	-0.0098 (-0.30)	0.0013 (1.35)	-0.0103 (-0.27)	-0.0102 (-0.27)
Bsize	-0.1171 (-1.21)	-0.0056*** (-2.79)	-0.1464 (-1.30)	-0.1440 (-1.28)

续表

变量符号	模型（3-3）	模型（3-8）	模型（3-9）	模型（3-9）
	Innovation1	Risk - taking	Innovation1	Innovation1
CEO - Ten	0.0100 ** (2.17)	-0.0008 *** (-6.55)	0.0140 ** (2.55)	0.0140 ** (2.55)
CEO - Gen	0.0338 (0.58)	0.0014 (0.98)	-0.0028 (-0.04)	-0.0021 (-0.03)
CEO - Age	-0.0019 (-0.83)	0.0001 * (1.66)	-0.0013 (-0.50)	-0.0014 (-0.50)
CEO - Deg	0.0221 (1.22)	0.0008 ** (2.17)	0.0172 (0.82)	0.0147 (0.70)
常数项	-7.1803 *** (-11.01)	0.2873 *** (29.05)	-9.0875 *** (-11.24)	-9.0749 *** (-11.24)
样本量	27306	22054	22054	22054
调整的 R^2	0.3834	0.2451	0.4007	0.4009

注：系数下方括号内表示 t 值，*、**、*** 分别代表在 10%、5%、1% 的显著性水平上显著。

第五节　稳健性检验

一、稳健性检验一：改变因变量的衡量方法

与第二章稳健性检验原理相同，本章首先改变企业创新的衡量指标来进行稳健性检验，借鉴鞠晓生等（2013）的方法，选用无形资产的增量作为衡量企业创新的替代指标，并基于前述模型进行稳健性检验。

表 3-11 呈现了改变企业创新的衡量指标后，研发投入强度

在 CEO 商业社会资本影响企业创新的过程中发挥中介作用的稳健性检验结果。从表 3－11 可以看出，商业社会资本对研发投入的影响显著为正，且商业社会资本与研发投入共同显著影响了企业创新，说明研发投入强度在商业社会资本影响企业创新的过程中的中介作用依然成立，商业社会资本通过提升企业的研发投入强度，进而促进了企业创新。上述结果再次证实研发投入强度在 CEO 商业社会资本影响企业创新的过程中发挥中介作用的研究结论是稳健的。

表 3－11　改变因变量衡量方法下 CEO 商业社会资本影响企业创新的路径检验

变量符号	模型（3－1）	模型（3－4）	模型（3－5）	模型（3－5）
	Innovation2	R&D	Innovation2	Innovation2
SC－Bus	0.0037* (1.66)	0.0261*** (3.65)		0.0927** (2.41)
R&D			0.0238** (2.24)	0.0221** (2.05)
ROA	－0.0480*** (－5.84)	－0.1321 (－0.47)	0.2525 (0.27)	0.1559 (0.16)
Lev	0.0121*** (2.65)	－0.8904*** (－5.32)	－0.6829** (－1.99)	－0.6494* (－1.83)
Growth	－0.0021*** (－2.73)	－0.2585*** (－7.95)	0.4540*** (4.14)	0.4497*** (3.98)
Size	－0.0015 (－1.19)	0.0915** (2.14)	0.5830*** (6.47)	0.5593*** (6.22)
Age	0.0316*** (6.39)	1.0232*** (3.98)	－1.9928*** (－5.69)	－1.9933*** (－5.72)
State	0.0512* (1.89)	0.0961* (1.72)	0.0742* (1.75)	0.0431* (1.74)

续表

变量符号	模型（3-1）	模型（3-4）	模型（3-5）	模型（3-5）
	Innovation2	R&D	Innovation2	Innovation2
Tang	-0.0010 (-0.12)	0.3709* (1.87)	-1.6378*** (-4.21)	-1.6337*** (-4.10)
Duality	-0.0027** (-1.99)	-0.0250 (-0.37)	0.1941* (1.65)	0.1499 (1.24)
Bsize	0.0070* (1.78)	-0.0476 (-0.31)	-0.3442 (-1.22)	-0.2805 (-0.97)
Zidex	-0.0000 (-1.38)	0.0006 (1.31)	-0.0002 (-0.14)	-0.0002 (-0.18)
Indep	0.0130 (1.26)	-0.2269 (-0.59)	0.1780 (0.22)	0.0742 (0.09)
CEO-Ten	-0.0002 (-1.23)	0.0082 (1.01)	-0.0299** (-2.27)	-0.0226* (-1.66)
CEO-Gen	-0.0022 (-0.86)	-0.0359 (-0.34)	0.1762 (0.87)	0.1737 (0.80)
CEO-Age	0.0001 (0.66)	0.0018 (0.40)	-0.0046 (-0.62)	-0.0065 (-0.83)
CEO-Deg	0.0013* (1.67)	0.0416 (1.26)	0.0640 (1.11)	0.0323 (0.54)
常数项	-0.0102 (-0.32)	-2.2797** (-2.18)	-6.2556*** (-2.93)	-5.6123** (-2.56)
行业	控制	控制	控制	控制
年度	控制	控制	控制	控制
样本量	26459	24323	23006	22395
调整的 R^2	0.2596	0.2237	0.2205	0.2292

注：系数下方括号内表示 t 值，*、**、*** 分别代表在 10%、5%、1% 的显著性水平上显著。

表 3－12 呈现了在改变因变量衡量指标的情况下，研发投入强度在 CEO 政治社会资本影响企业创新的过程中的中介作用的稳健性检验结果。从表 3－12 可以看出，研发投入强度在政治社会资本影响企业创新的过程中的中介作用依然成立，CEO 政治社会资本减少了企业的研发投入强度，进而对企业创新产生了不利影响。上述结果再次证实，研发投入强度在 CEO 政治社会资本影响企业创新的过程中发挥中介作用的结论是稳健的。

表 3－12　改变因变量衡量方法下 CEO 政治社会资本影响企业创新的路径检验

变量符号	模型（3－2）	模型（3－6）	模型（3－7）	模型（3－7）
	Innovation2	R&D	Innovation2	Innovation2
SC－Pol	－0.0593* （－1.71）	－0.0787* （－1.77）		－0.0725* （－1.84）
R&D			0.0238** （2.24）	0.0236** （2.31）
ROA	0.7566 （0.88）	－0.1088 （－0.39）	0.2525 （0.27）	0.2510 （0.27）
Lev	－0.8091** （－2.55）	－0.9034*** （－5.41）	－0.6829** （－1.99）	－0.6837** （－2.00）
Growth	0.4916*** （4.54）	－0.2620*** （－8.03）	0.4540*** （4.14）	0.4547*** （4.15）
Size	0.6132*** （7.20）	0.1101*** （2.58）	0.5830*** （6.47）	0.5849*** （6.47）
Age	－1.8650*** （－5.54）	1.0489*** （4.07）	－1.9928*** （－5.69）	－1.9904*** （－5.67）
Tang	－1.7611*** （－4.79）	0.3732* （1.88）	－1.6378*** （－4.21）	－1.6387*** （－4.22）
Duality	0.2047* （1.76）	－0.0578 （－0.88）	0.1941* （1.65）	0.1909 （1.62）

续表

变量符号	模型（3-2）	模型（3-6）	模型（3-7）	模型（3-7）
	Innovation2	R&D	Innovation2	Innovation2
Bsize	-0.2969 (-1.07)	-0.0574 (-0.38)	-0.3442 (-1.22)	-0.3421 (-1.21)
Zidex	-0.0006 (-0.47)	0.0006 (1.27)	-0.0002 (-0.14)	-0.0002 (-0.13)
Indep	0.0876 (0.11)	-0.2199 (-0.57)	0.1780 (0.22)	0.1846 (0.23)
CEO-Ten	-0.0284** (-2.27)	0.0118 (1.44)	-0.0299** (-2.27)	-0.0296** (-2.25)
CEO-Gen	0.1623 (0.86)	-0.0281 (-0.27)	0.1762 (0.87)	0.1760 (0.87)
CEO-Age	-0.0053 (-0.75)	0.0019 (0.43)	-0.0046 (-0.62)	-0.0044 (-0.60)
CEO-Deg	0.0543 (1.01)	0.0468 (1.43)	0.0640 (1.11)	0.0648 (1.12)
常数项	-7.0176*** (-3.50)	-2.7081*** (-2.59)	-6.2556*** (-2.93)	-6.3145*** (-2.95)
行业	控制	控制	控制	控制
年度	控制	控制	控制	控制
样本量	25764	24438	23006	23006
调整的 R^2	0.2244	0.2217	0.2201	0.2205

注：系数下方括号内表示 t 值，*、**、*** 分别代表在 10%、5%、1% 的显著性水平上显著。

表 3-13 呈现了在改变因变量衡量指标的情况下，风险承担水平在 CEO 海外社会资本影响企业创新的过程中的中介作用的稳健性检验结果。从表 3-13 可以看出，风险承担水平在 CEO 海外社会资本影响企业创新的过程中的中介作用成立，CEO 海

外社会资本提升了企业的风险承担水平，提高了企业对创新风险的容忍度，进而推动了企业的创新发展。上述结果再次证实，风险承担水平在 CEO 海外社会资本影响企业创新的过程中发挥中介作用的研究结论是稳健的。

表 3-13　改变因变量衡量方法下 CEO 海外社会资本影响企业创新的路径检验

变量符号	模型（3-3）	模型（3-8）	模型（3-9）	模型（3-9）
	Innovation2	Risk - taking	Innovation2	Innovation2
SC - Over	0.3508** (2.40)	0.0060** (2.23)		0.5136** (2.51)
Risk - taking			3.0619*** (3.22)	3.1038*** (3.27)
ROA	0.7460 (0.87)	-0.0780*** (-6.27)	0.2355 (0.26)	0.2248 (0.25)
Lev	-0.7980** (-2.52)	0.0857*** (12.12)	-0.4590 (-1.26)	-0.4420 (-1.22)
Growth	0.4912*** (4.53)	-0.0108*** (-9.49)	0.3001*** (2.64)	0.3012*** (2.66)
Size	0.6120*** (7.20)	-0.0141*** (-7.86)	0.5851*** (5.90)	0.5842*** (5.90)
Age	-1.8784*** (-5.57)	0.0045 (0.87)	-2.1045*** (-5.03)	-2.1343*** (-5.09)
Tang	-1.7546*** (-4.78)	0.0100* (1.68)	-1.6636*** (-3.94)	-1.6476*** (-3.91)
Duality	0.2004* (1.73)	0.0017 (0.98)	0.1759 (1.27)	0.1673 (1.21)
Bsize	-0.3071 (-1.10)	0.0049 (1.13)	-0.1723 (-0.52)	-0.1843 (-0.55)

续表

变量符号	模型（3－3）	模型（3－8）	模型（3－9）	模型（3－9）
	Innovation2	Risk－taking	Innovation2	Innovation2
Zidex	－0.0006 （－0.47）	0.0000 （0.49）	－0.0010 （－0.74）	－0.0010 （－0.75）
Indep	0.1035 （0.13）	－0.0046 （－0.33）	－0.0189 （－0.02）	0.0176 （0.02）
CEO－Ten	－0.0283** （－2.27）	－0.0001 （－0.53）	－0.0167 （－1.11）	－0.0165 （－1.10）
CEO－Gen	0.1559 （0.83）	0.0003 （0.11）	0.1532 （0.69）	0.1441 （0.65）
CEO－Age	－0.0056 （－0.80）	－0.0001 （－1.11）	－0.0079 （－0.95）	－0.0079 （－0.95）
CEO－Deg	0.0583 （1.08）	－0.0013 （－1.40）	0.0123 （0.20）	0.0198 （0.32）
常数项	－6.9229*** （－3.46）	0.2863*** （7.07）	－6.1347** （－2.58）	－6.0333** （－2.53）
行业	控制	控制	控制	控制
年度	控制	控制	控制	控制
样本量	25764	22054	20612	20612
调整的 R^2	0.2246	0.1622	0.2236	0.2238

注：系数下方括号内表示 t 值，*、**、*** 分别代表在 10%、5%、1% 的显著性水平上显著。

二、稳健性检验二：改变样本观测期间

表 3－14[①]、表 3－15 以及表 3－16 分别呈现了在改变样本观

① 表 3－14 至表 3－19 没有列示控制变量的回归结果，主要是因为此处重点考察的是 CEO 社会资本影响企业创新的作用路径的稳健性检验，所以表中只列示了自变量和中介变量的回归结果。

测期间的情况下，CEO 商业社会资本、政治社会资本以及海外社会资本影响企业创新的作用路径的稳健性检验结果。从表 3－14 的稳健性结果可以看出，在改变样本观测期间后，商业社会资本与研发投入显著正相关，且商业社会资本与研发投入的共同作用对企业创新存在显著的影响，该结果再次说明研发投入在商业社会资本影响企业创新的过程中的中介作用的结论是稳健的。表 3－15 的稳健性结果表明，在改变样本观测期间后，政治社会资本与研发投入显著负相关，政治社会资本与研发投入的共同作用对企业创新存在显著的影响，该结果再次说明研发投入在政治社会资本影响企业创新的过程中的中介作用的结论是稳健的。表 3－16 的稳健性结果表明，在改变样本观测期间后，海外社会资本与企业的风险承担水平显著正相关，海外社会资本与风险承担的共同作用对企业创新存在显著的影响，该结果再次说明，风险承担水平在海外社会资本影响企业创新的过程中的中介作用的结论是稳健的。

表 3－14　改变样本期间的情况下 CEO 商业社会资本影响企业创新的作用路径检验

变量符号	模型（3－1）	模型（3－4）	模型（3－5）
	Innovation1	R&D	Innovation1
SC－Bus	0.0452** (2.45)	0.0146** (2.21)	0.0449** (2.39)
R&D			0.0367*** (5.63)
常数项	－3.3681*** (－4.16)	－2.0215** (－2.17)	－3.3171*** (－4.03)
样本量	17990	17013	17013
调整的 R^2	0.2857	0.1036	0.2925

注：系数下方括号内表示 t 值，*、**、*** 分别代表在 10%、5%、1% 的显著性水平上显著。

表 3-15　改变样本期间的情况下 CEO 政治社会资本影响企业创新的作用路径检验

变量符号	模型（3-2）	模型（3-6）	模型（3-7）
	Innovation1	R&D	Innovation1
SC-Pol	-0.0423* (-1.84)	-0.0115** (-2.22)	-0.0302* (-1.95)
R&D			0.0367*** (5.65)
常数项	-2.4359*** (-2.82)	-1.0298** (-2.12)	-3.3401*** (-4.06)
样本量	17339	17013	17013
调整的 R^2	0.2888	0.1036	0.2925

注：系数下方括号内表示 t 值，*、**、*** 分别代表在 10%、5%、1% 的显著性水平上显著。

表 3-16　改变样本期间的情况下 CEO 海外社会资本影响企业创新的作用路径检验

变量符号	模型（3-3）	模型（3-8）	模型（3-9）
	Innovation1	Risk-taking	Innovation1
SC-Over	0.0476** (2.31)	0.0026* (1.92)	0.0021** (2.03)
Risk-taking			0.2481** (2.15)
常数项	-3.3788*** (-4.18)	0.2878*** (5.57)	-7.0869*** (-7.48)
样本量	17990	12725	12725
调整的 R^2	0.2856	0.1027	0.1021

注：系数下方括号内表示 t 值，*、**、*** 分别代表在 10%、5%、1% 的显著性水平上显著。

三、稳健性检验三：将因变量做前置一期处理

表 3－17 呈现了将企业创新、研发投入前置一期后，研发投入强度在商业社会资本影响企业创新的过程中发挥中介作用的稳健性检验结果。从表 3－17 可以看出，CEO 商业社会资本对研发投入的影响显著为正，且商业社会资本与研发投入共同显著影响了企业创新，这说明研发投入强度在商业社会资本影响企业创新的过程中的中介作用成立，CEO 商业社会资本通过提升企业的研发投入强度，进而促进了企业创新。上述结果再次证实，研发投入强度在 CEO 商业社会资本影响企业创新的过程中发挥中介作用的研究结论是稳健的。

表 3－17　因变量前置一期后 CEO 商业社会资本影响企业创新的作用路径检验

变量符号	模型（3－1）	模型（3－4）	模型（3－5）
	Innovation1	R&D	Innovation1
SC－Bus	0.0094** (2.52)	0.0315*** (4.00)	0.0064* (1.65)
R&D			0.1318*** (13.82)
常数项	－7.1260*** (－10.92)	－2.3112** (－2.21)	－6.2399*** (－9.53)
样本量	27234	24371	24371
调整的 R^2	0.3835	0.2246	0.4254

注：系数下方括号内表示 t 值，*、**、*** 分别代表在 10%、5%、1% 的显著性水平上显著。

表 3－18 呈现了将企业创新、研发投入前置一期后，研发投入强度在 CEO 政治社会资本影响企业创新的过程中发挥中介作

用的稳健性检验结果。从表 3－18 可以看出，政治社会资本对研发投入的影响显著为负，且 CEO 政治社会资本与研发投入共同显著影响了企业创新，这说明研发投入强度在政治社会资本影响企业创新的过程中的中介作用依然成立，CEO 政治社会资本减少了企业的研发投入强度，进而不利于企业创新。上述结果再次证实假设 3－2（a）是成立的，说明研发投入强度在政治社会资本影响企业创新的过程中发挥部分中介作用的研究结论是稳健的。

表 3－18　因变量前置一期后 CEO 政治社会资本影响企业创新的作用路径检验

变量符号	模型（3－2）	模型（3－6）	模型（3－7）
	Innovation1	R&D	Innovation1
SC－Pol	－0.0969*** （－2.71）	－0.0134** （－2.36）	－0.0944** （－2.56）
R&D			0.1319*** （13.86）
常数项	－7.2792*** （－11.10）	－2.5348*** （－8.32）	－6.3383*** （－9.63）
样本量	27306	24438	24438
调整的 R^2	0.3837	0.4137	0.4256

注：系数下方括号内表示 t 值，*、**、*** 分别代表在 10%、5%、1% 的显著性水平上显著。

表 3－19 呈现了将企业创新、研发投入前置一期后，风险承担水平在 CEO 海外社会资本影响企业创新的过程中发挥中介作用的稳健性检验结果。从表 3－19 可以看出，海外社会资本对风险承担水平的影响显著为正，并且海外社会资本与风险承担水平共同显著影响了企业创新，说明风险承担水平在 CEO 海外社会

资本影响企业创新的过程中的中介作用成立，海外社会资本提升了企业的风险承担水平，进而有利于企业创新。上述结果再次证实，风险承担水平在 CEO 海外社会资本影响企业创新的过程中发挥部分中介作用的研究结论是稳健的。

表 3－19　因变量前置一期后 CEO 海外社会资本影响企业创新的作用路径检验

变量符号	模型（3－3）	模型（3－8）	模型（3－9）
	Innovation1	Risk－taking	Innovation1
SC－Over	0.0426** (2.34)	0.0045* (1.95)	0.0521** (2.12)
Risk－taking			0.3162* (1.93)
常数项	－7.1864*** (－11.02)	0.2857*** (7.07)	－9.0669*** (－11.22)
样本量	27306	22054	22057
调整的 R^2	0.3832	0.1620	0.4007

注：系数下方括号内表示 t 值，*、**、*** 分别代表在 10%、5%、1% 的显著性水平上显著。

第六节　本章小结

本章以我国 2001—2017 年的沪深 A 股上市公司为研究样本，详细分析了 CEO 商业社会资本、政治社会资本以及海外社会资本在影响企业创新的过程中的作用路径，分别构建了不同维度的社会资本影响企业创新作用路径的检验模型，借鉴中介作用的检验方法与步骤对不同维度的社会资本影响企业创新的作用路径进行实证检验，以揭示不同维度的社会资本在影响企业创新过程中的内在逻辑。

第一，本章研究了 CEO 商业社会资本影响企业创新的过程中的作用路径。实证研究结果表明，研发投入强度在商业社会资本影响企业创新的过程中发挥了部分中介作用。CEO 商业社会资本给处于商业网络联系中的 CEO 带来与产品、技术、市场和行业相关的动态，帮助企业正确把握创新的方向，为企业创新提高技术和资金支持。此外，密切的商业社会网络关系增强了网络中参与者之间的合作与沟通，有利于实现各种资源在网络主体中进行传播和利用，进而提升企业创新过程中资源的利用效率，从而促进了企业创新。商业社会资本对企业创新的促进作用是通过增大企业的研发投入强度而实现的，在提升企业的研发投入强度的情况下，企业的创新水平也得到提升。为了保证研究结论的可靠性，本章通过改变因变量的衡量指标等方法进行稳健性检验，检验结果再次表明，研发投入强度在商业社会资本影响企业创新的过程中发挥了部分中介作用。

第二，本章研究了 CEO 政治社会资本影响企业创新的过程中的作用路径。实证研究结果表明，研发投入强度、风险承担水平在政治社会资本影响企业创新的过程中发挥了中介作用。政治社会资本影响了 CEO 用于企业创新的资源分配，政治社会资本的维系成本挤占了用于创新的资源投入，从而降低了企业的研发投入强度，政治社会资本的短期优势降低了企业进行长期创新投入的意愿，从而使得企业减少了研发投入强度。CEO 出于职业生涯的稳定性和职业声誉的考虑，往往会表现出风险规避倾向，降低企业风险承担水平，从而对企业创新造成不利的影响。政治社会资本对企业创新的不利影响是通过减少企业的研发投入强度、降低企业风险承担水平而呈现的。为了保证研究结论的可靠性，本章通过改变因变量的衡量指标等方法进行稳健性检验，检验结果再次表明，研发投入强度、风险承担水平在 CEO 政治社会资本影响企业创新的过程中发挥了部分中介作用。

第三，本章研究了 CEO 海外社会资本影响企业创新的过程中的作用路径。实证研究结果表明，风险承担水平在海外社会资本影响企业创新的过程中发挥了部分中介作用。海外社会资本给 CEO 带来先进的知识和技术，使得企业易于理解和掌握最新科技的前沿，增强了 CEO 风险承担的信心和能力，进而提升了企业的风险承担水平。拥有海外社会资本的 CEO 深受海外文化的影响，通常表现得更加独立和自信，更具有冒险和创新精神，提升了其个人的风险偏好倾向，使其在企业战略选择中倾向于选择那些风险水平较高、收益较大的投资项目，从而提升企业的风险承担水平，进而促进企业的创新。海外社会资本对企业创新的促进作用是通过提升企业风险承担水平而实现的。为了保证研究结论的可靠性，本章通过改变因变量的衡量指标等方法进行稳健性检验，检验结果再次表明，风险承担水平在海外社会资本影响企业创新的过程中发挥了部分中介作用。

总而言之，本章深入细致地分析了商业社会资本、政治社会资本以及海外社会资本影响企业创新的作用路径，揭示了研发投入强度在商业社会资本和政治社会资本影响企业创新的过程中的作用路径，验证了风险承担水平在政治社会资本和海外社会资本影响企业创新的过程中的作用路径。本章的研究丰富了 CEO 社会资本影响企业创新机制方面的研究成果，拓展了 CEO 社会资本的研究视角以及企业创新影响因素的研究内容。本章的研究结果可以为后续深入研究 CEO 社会资本的经济后果提供坚实的理论基础，也为企业和监管部门合理培育和利用不同维度的 CEO 社会资本来提升企业创新水平提供有价值的参考。

第四章 CEO 社会资本与企业创新关系中的调节作用分析

第一节　引　　言

创新是企业一项重要的战略选择，企业创新活动并不是孤立存在的，企业创新活动能否成功与企业所处的内外部情境因素息息相关，受到内部资源条件的制约以及外部制度环境的影响。考察 CEO 社会资本对企业创新的影响时应该关注内外部情境因素的权变效应，充分考虑企业内外部情境因素在 CEO 社会资本影响企业创新的过程中的边界调节，从而最大限度地发挥 CEO 社会资本对企业创新的促进作用。目前，已有部分文献证实了社会资本对企业创新绩效的影响与制度环境紧密相关（Peng，2003；Sheng et al.，2011），但是，缺乏从一个比较全面深入的视角去考察 CEO 社会资本影响企业创新的作用边界。本章从企业内部和企业外部 2 个方面去探究 CEO 社会资本影响企业创新的调节效应，从而更加深入地理解 CEO 社会资本影响企业创新的作用机制。

从企业所处的外部制度环境来看，CEO 社会资本蕴含的资源优势往往被视为一种非正式制度，是对经济转型时期缺失的正式制度的有效补充。现阶段我国经济处于特殊的转型时期，各项正式制度还不够完善，市场化进程发展相对缓慢，企业创新所需的资源支撑很难从外部市场中充分获取，嵌入社会关系网络的社会资本无疑是企业资源获取的重要途径之一，社会资本能够弥补正式制度的缺失对企业创新带来的资源约束，正式制度的有效性充分体现在外部整体市场制度环境的发展状况与完善程度上，当外部市场环境较好、正式制度较完善时，非正式制度的补充作用会相对减弱，企业可以从完善的市场环境中获取企业所需的要素资源，可以减少企业获取资源的交易成本，从而提升企业资源的利用效率，促进企业的创新与发展。完善的外部环境也能为企业发展提供更加稳定的制度保障，能够对企业的正当权益起到较好的保护作用，企业寻求外部关系网络中的资源和庇护的意愿就会减弱，从而使得企业能够专注于自身发展，积极开展企业创新活动，努力实现企业价值最大化的目标。

从企业内部情境因素来看，CEO 社会资本对企业创新作用的发挥首先与 CEO 个人息息相关，因为 CEO 社会资本是嵌入其与外部利益相关者社会关系网络的有利资源的集合，是个人所拥有的专属资源。CEO 社会资本并不完全等同于企业的社会资本（刘林平，2006），CEO 社会资本的潜在优势要转化为推动企业创新发展的竞争优势，一定程度上取决于 CEO 对其所拥有的社会资本的利用意愿和利用能力，如果 CEO 不愿意将社会资本积极地运用到企业创新过程中，或者企业缺乏足够的能力来调动 CEO 社会资本的潜在优势，那么，CEO 社会资本对企业创新的作用发挥将会受到很大的限制，如何提升 CEO 将其所拥有的社会资本用于企业创新过程中的积极性是值得思考的重要问题之一。

综上所述，外部制度环境、CEO 对其所拥有的社会资本的利用意愿和程度等企业内外部情境因素在 CEO 社会资本影响企业创新的过程中发挥了重要的作用。本章在充分考虑企业内外部情境因素的基础上，选取市场化程度、CEO 持股比例、薪酬水平等调节变量，实证检验企业内外部情境因素在 CEO 社会资本影响企业创新的过程中的调节作用，以期最大限度地发挥 CEO 社会资本在推动企业创新的过程中的作用。本章的研究逻辑结构如图 4 -1 所示：

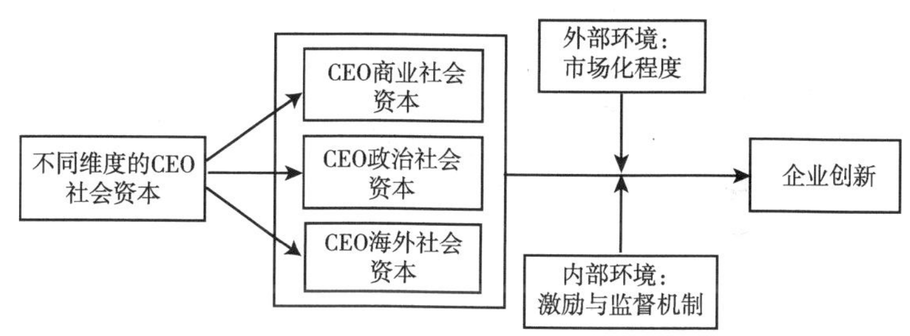

图 4 -1　调节作用的研究逻辑框架图

第二节　理论分析与研究假设

一、市场化程度的调节作用

当前，中国经济正处在转型升级的特殊时期，与市场经济体制相匹配的各项正式制度还未完全建立起来。现阶段中国经济的“双轨制”特征表现为计划经济体制和不成熟的市场经济体制共同支配着社会资源的配置（马富萍，2011），在这样的经济体制环境中，企业能够从外部正式制度中获取的机会和资源是比较有限的，企业为了获得生存发展所需的资源和机会就必须寻找新的途径，非正式制度对资源配置的作用就会显现出来。嵌入社会关系网络的 CEO 社会资本就是一种典型的非正式制度，它给 CEO 个人和企业带来了信息资源优势，使之成为帮助企业发展的资源支撑。在正式制度缺失的情形下，建立良好的高管人际关系，是实现企业有效经营、提升企业绩效的重要手段（Chen and Chen，2004），在经济“双规制”时期，利用 CEO 社会资本的潜在优势促进企业发展，是企业积极应对缺失的市场制度的有效反应（余明桂、潘红波，2008）。

综上所述，CEO 社会资本这一非正式制度是对现阶段正式制度缺失的有效补充，当外部市场制度不完善时，企业会倾向于寻求非正式制度中潜在的资源优势，从而使得 CEO 社会资本在影响企业创新的过程中发挥了重要作用。如果外部市场制度环境比较健全，能够给企业创新提供充足的资源支持和有效的制度保障，那么，企业就会积极地从外部正式制度中获取企业创新所需的信息、技术和资金等资源，因为从非正式制度中获取资源优势是需要付出成本的。良好的制度环境能够有效地保护企业的合法权益，能够减少企业合作过程中的不信任，加强企业间的合作与沟通，促进资源在企业间的流动，提升资源的利用效率。此外，企业能够从正式制度中获取所需的资源，从而减少了企业花费在构建社会关系网络方面的资源消耗，为企业节约成本，可以集中资源优势为企业创新活动的开展提供资源支持，从而有利于提升企业创新水平。因此，在完善的外部市场环境下，企业对非正式制度的依赖程度会有所下降，正式制度的作用发挥效果会更明显。基于以上分析，本章提出以下假设：

假设 4－1：市场环境在 CEO 社会资本影响企业创新的过程中具有负向的调节作用。当外部市场环境较好时，CEO 社会资本对企业创新的影响作用会减弱。

二、激励机制的调节作用

CEO 社会资本是嵌入其与外部利益相关者构建的社会关系网络，能够被 CEO 利用的资源的集合。CEO 社会资本是客观存在的，它是个人所拥有的专属资本，CEO 社会资本不能完全等同于企业的社会资本（王凤彬、刘松博，2007）；但是，个人社会资本与企业社会资本之间是可以实现相互转化的（马富萍，2011），只有将客观存在的 CEO 社会资本的资源优势转化为能够促进企业创新的推动力时，CEO 社会资本对企业创新的作用才会显现出来，也就是说，CEO 社会资本对企业创新影响作用的发挥受制于 CEO 利用其所拥有的社会资本的意愿和能力，因此，积极调动 CEO 利用其社会资本为企业创新服务的积极性、促进 CEO 社会资本向企业竞争优势的转化是实现 CEO 社会资本影响企业创新的重要前提。综上所述，能够影响 CEO 社会资本转化的意愿和程度的因素，也必然会影响到 CEO 社会资本对企业创新作用的发挥。

现代企业建立在一系列的契约基础之上，企业的所有权和经营权相分离，所有者（股东）与经营者（管理层）之间的关系被视为一种典型的委托代理关系。CEO 作为管理层的核心成员，对企业的日常战略选择具有决策权，进而影响企业的经营绩效。根据委托代理理论（Jensen and Meckling，1976），CEO 与所有者之间形成了委托代理关系，委托代理问题也就应运而生，当

CEO 与股东利益保持一致时，CEO 就会朝着实现股东财富最大化的目标去努力，从而实现组织的帕累托最优。但是，在企业的实际经营过程中，CEO 个人目标函数与企业目标函数往往存在矛盾，由此形成了 CEO 与所有者之间的委托代理冲突。CEO 出于个人利益、职业生涯关注等方面的考虑，很可能会优先将社会资本的潜在优势服务于个人，而不会积极地将 CEO 社会资本带来的潜在优势运用到风险较大的企业创新过程中去，委托代理造成的利益冲突增加了企业的代理成本，从而不利于实现组织的帕累托最优的结果。但是，Jensen 和 Meckling（1976）也认为，即便在委托代理冲突的情况下，组织依然可以实现帕累托最优的结果，前提是委托人能够有效地监督和激励代理人，以确保代理人的行为符合委托人的利益。因此，如果能够设计合理的激励机制，确保 CEO 与所有者的目标函数一致，那么，就有助于 CEO 将其所拥有的社会资本的潜在优势转化为促进企业创新的条件，从而提高企业的创新水平。

（一）CEO 持股比例的调节作用

合理的激励机制将有助于缓解 CEO 与所有者之间的委托代理冲突，使得 CEO 与企业目标保持一致，从而充分地利用 CEO 社会资本的潜在优势为企业创新服务。马富萍（2011）研究认为，高层管理者的薪酬激励体系决定了高层管理者社会资本向企业内部转化的程度，高层管理者持股能够正向调节高层管理者社会资本与资源获取之间的关系。股权激励是企业长期激励计划的方式之一，股权激励将个人利益与企业长远利益紧密联系在一起，当企业经营绩效较好、股票价值上升时，个人收益也会增大。当 CEO 获取股权激励后，会更加积极地利用 CEO 社会资本去促进企业创新，从而有助于实现价值和个人利益的长期增长。鉴于以上分析，本章认为，CEO 股权激励对 CEO 社会资本与企业创新之间的关系具有调节作用，并提出以下假设：

假设 4-2：持股水平在 CEO 社会资本影响企业创新的过程中具有正向的调节作用。当持股水平较高时，CEO 社会资本对企业创新的促进作用会增强，负向作用会减弱。

（二）CEO 薪酬水平的调节作用

除了股权激励制度外，CEO 薪酬也在一定程度上反映了企业短期激励计划的水平。CEO 薪酬体现了企业对 CEO 在日常经营管理所付出的回报，是个人收益的实现，也是 CEO 在企业经营管理中的价值体现。较高的薪酬水平会减弱 CEO 利用企业资源为个人谋取利益的动机，在个人收益得到满足时，CEO 会更加注重职业声誉以及自我价值实现的需要，CEO 会将更多的精力和资源优势投入实现企业可持续发展，提升自己的职业声誉，CEO 在企业经营管理活动中会减少企业追逐短期利益而损害企业长远发展的短视行为，会更加积极地利用 CEO 社会资本带来的信息和资源等优势努力提升企业的创新水平，实现企业的可持续发展。鉴于上述分析，本章认为，薪酬水平对 CEO 社会资本与企业创新之间的关系具有调节作用，并提出以下假设：

假设 4-3：薪酬水平在 CEO 社会资本影响企业创新的过程中具有正向的调节作用。当薪酬水平较高时，CEO 社会资本对企业创新的促进作用会增强，负向作用会减弱。

三、董事会权力的调节作用

合理的激励机制能够在 CEO 社会资本影响企业创新的过程中发挥调节作用，因为合理的激励计划能够充分调动 CEO 利用其所拥有的社会资本促进企业创新的积极性。根据委托代理理论（Jensen and Meckling，1976）的观点，除了合理的激励制度能够缓解委托代理冲突外，监督机制也是降低委托代理冲突的有效手段之一，由于密切的 CEO 社会关系能够显著提高 CEO 利用其所拥有的社会资本为个人获取利益的可能性（Engelberg，2012）。因此，充分发挥监督作用，减少 CEO 社会资本在实现个人利益上的行为，强化 CEO 社会资本服务企业战略活动的意愿，是提升 CEO 社会资本促进企业创新的重要保障。在企业治理结构中，董事会是监督 CEO 行为的有效机制，董事会权力体现了董事会监控、控制和规范 CEO 行为的能力。Gavin（2012）研究发现，一个权力较大的董事会能够有效地监督 CEO 对企业战略和资源分配的决策行为。因此，当董事会拥有较大的权力时，董事会的监督效果才可能得到有效的发挥，董事会才能更好地监督 CEO，使其尽可能地将 CEO 社会资本转化为推动企业创新的竞争优势。反之，当董事会相对权力较弱时，相对权力较大的 CEO 会左右董事会的决策及其监督效果，使得董事会形同虚设，以至企业的决策很大程度上体现了高管个人的意愿。鉴于上述分析，本章认为董事会权力体现了企业在监督和引导 CEO 社会资本作用发挥上的能力，当董事会权力越大时，董事会发挥的监督效力更高，从而能够有效抑制高管的自利行为，提升 CEO 社会资本对企业创新的正向影响，本章在此提出以下假设：

H4－4：董事会权力在 CEO 社会资本影响企业创新的过程中具有正向调节作用。当董事会权力较大时，CEO 社会资本对企业创新的促进作用会增强，负向作用会减弱。

第三节　研究设计

一、样本选取与数据来源

本章的样本选取原则和依据和第三章相同，通过样本筛选，本章最终获得 25414 个非平衡面板样本数据观测值。本章中的调节变量选取了市场化程度、持股比例、薪酬水平、董事会相对权力 4 个变量指标，这 4 个指标的计算数据主要来自 CASMA 数据库，市场化程度数据来自于樊纲（2016）① 报告中的综合市场化指数。

二、变量定义

（一）因变量

依照本章的研究思路和研究内容，我们选择企业创新为因变量。本章中企业创新的界定与衡量指标与第二、第三章中的相同，选用企业当年专利申请数加 1 取自然对数的方法作为衡量企业创新的指标。在稳健性检验中，采用无形资产的增量作为企业创新的代理变量。

（二）自变量

按照本章的研究内容，本章的自变量分别为 CEO 商业社会资本、政治社会资本以及海外社会资本。本章中自变量的定义与衡量方法与第三章相同。

（三）调节变量

1. 市场化程度。我国各地区之间的市场化程度发展差异较大，对于中国地区市场化程度的衡量，现有文献大都采用樊刚等（2016）编制的中国市场化进程报告中的综合市场化指数作为衡量制度环境的替代方法，综合市场化指数较高时，说明这个地区市场、金融和法律体系相对完善。企业所在的地区不同，其所处

① 樊纲等（2016）的报告中给出的指数截止到 2014 年，本书利用 2014 年的数据推算得到 2014—2016 年的近似估计值。稳健性检验中的市场化指数也是通过类似的处理所得。

的制度环境就会存在较大的差异，外部竞争环境、创新氛围和产权保护等条件也会不同，从而导致外部环境在影响企业创新的过程中的作用也会存在较大的差异。本章借鉴目前主流研究的做法，采用樊纲等（2016）报告中的市场化总指数得分作为市场化程度的衡量指标。具体以上市公司所在地区的市场化总指数作为外部市场化程度的替代指标。

2. CEO 持股比例。CEO 持股是企业实施股权激励的一种表现形式。在 CEO 持股的情况下，企业能够将 CEO 个人目标和所有者（股东）目标更好地协调起来，使得 CEO 在经营管理过程中以实现企业发展为己任。合理有效的激励机制能够减少高管日常管理中的自利行为，将实现企业价值或股东财富最大化作为经营管理的目标，减少企业的短视行为，有利于高管对实现企业长期价值的关注，进而提高企业的创新水平。本章中 CEO 持股比例的计算方法为 CEO 持股数量除以企业的总股数。

3. CEO 薪酬水平。CEO 薪酬水平是企业绩效机制的一种表现，CEO 薪酬水平是 CEO 个人收益的体现，当薪酬水平较高时，CEO 利用社会资本资源的优势为自己谋取利益的动机会相应减弱，此时 CEO 可能会更加注重追求自我价值的实现，争取在职业生涯中创造更加辉煌的业绩，提升职业声誉。在薪酬水平较高的情况下，CEO 会重视企业长期优势的培育，积极开展企业创新活动，为企业价值的提升开拓更多的渠道，所以，薪酬水平会影响 CEO 社会资本在企业创新过程中的作用发挥。本章中，薪酬水平的计算方法等于 CEO 薪酬总数的自然对数。

4. 董事会权力。本章借鉴 Abdullah（2006）对董事会相对权力内涵的解释，分别从董事会权力结构、董事会构成和董事会成员所有权属性 3 个方面来选取相应的指标，对董事会相对权力指标进行拟合。其中，选择 CEO 与董事长是否兼任作为衡量董事会权力结构方面的指标；选择独立董事比例作为董事会构成方面的指标；选择董事会（非 CEO）成员持股比例作为董事会成员的所有权方面的指标。最后，将上述 3 个变量指标相加，作为董事会相对权力的衡量指标，具体分类指标计算如表 4 - 1 所示。

表 4 - 1 董事会权力的衡量指标

一级指标	二级指标	三级指标	指标解释及赋值
董事会权力（Power）	董事会权力结构	Dua	董事长与 CEO 是否兼任，若兼任取 1，否则取 0
	董事会构成	Indd	独立董事比例高于行业均值时取 1，否则取 0
	董事会成员所有权属性	Dstate	董事会（非 CEO）成员持股比例大于行业均值时取 1，否则取 0。其中，董事会（非 CEO）成员持股比例等于其所持股数占公司总股本的比例。

（四）控制变量

本章选用的控制变量与第二章、第三章基本相同。从企业特征层面来看，主要选取企业规模、企业年龄、所有权属性、盈利水平、销售增长率、有形资产比等指标；从公司治理角度来看，主要选取股权分散度、董事会规模等指标。企业的年份和所处的行业对企业创新的影响也存在差异，所以，本章也设置了年度及行业虚拟变量进行控制。

（五）变量的可操作指标汇总

本章考察了不同调节变量在 CEO 社会资本影响企业创新的过程中的作用差异，除了调节变量以外，其余各变量的界定方法和可操作化的指标计算和第二章、第三章相同。表 4－2 主要列示了调节变量的可操作化计算指标。

表 4－2 调节变量界定及可操作化计算指标

变量类型	变量名称	变量符号	变量衡量方法
调节变量	市场化程度	Market	企业所处地区的市场化指数（樊纲，2016）
	董事会权力	Power	详见表 4－1 的计算方法
	CEO 持股比例	Share	CEO 持股数/总股数
	CEO 薪酬水平	Pay	Ln（CEO 薪酬总额）

三、调节作用模型设定

（一）市场化程度的调节作用模型

为了揭示了市场化程度在 CEO 商业社会资本、政治社会资本以及海外社会资本影响企业创新的过程中的调节作用，本章分别构建了模型（4－1）、模型（4－2）和模型（4－3）来进行实证检验。在模型（4－1）至模型（4－3）中，本章分别构造了 CEO 商业社会资本、CEO 政治社会资本及 CEO 海外社会资本与市场化程度的交互项来反映调节作用。

$$
\begin{aligned}
Innovation1 &= \alpha_0 + \alpha_1 SC-Bus_{it} + \alpha_2 Market_{it} + \alpha_3 SC-Bus_{it} \times Market_{it} \\
&+ \alpha_4 ROA_{it} + \alpha_5 Growth_{it} + \alpha_6 Lev_{it} + \alpha_7 Tang_{it} + \alpha_8 Size_{it} \\
&+ \alpha_9 Age_{it} + \alpha_{10} State_{it} + \alpha_{11} Duality_{it} + \alpha_{12} Bsize_{it} \\
&+ \alpha_{13} Zidex_{it} + \alpha_{14} Indep_{it} + \alpha_{15} CEO-Ten_{it} \\
&+ \alpha_{16} CEO-Gen_{it} + \alpha_{17} CEO-Age_{it} + \alpha_{18} CEO \\
&- Deg_{it} + \sum ind + \sum year + \varepsilon_{it} \qquad \text{模型（4－1）}
\end{aligned}
$$

$$
\begin{aligned}
&Innovation1\\
&\quad = \alpha_0 + \alpha_1 SC - Pol_{it} + \alpha_2 Market_{it} + \alpha_3 SC - Pol_{it} \times Market_{it}\\
&\qquad + \alpha_4 ROA_{it} + \alpha_5 Growth_{it} + \alpha_6 Lev_{it} + \alpha_7 Tang_{it} + \alpha_8 Size_{it}\\
&\qquad + \alpha_9 Age_{it} + \alpha_{10} State_{it} + \alpha_{11} Duality_{it} + \alpha_{12} Bsize_{it}\\
&\qquad + \alpha_{13} Zidex_{it} + \alpha_{14} Indep_{it} + \alpha_{15} CEO - Ten_{it}\\
&\qquad + \alpha_{16} CEO - Gen_{it} + \alpha_{17} CEO - Age_{it} + \alpha_{18} CEO\\
&\qquad - Deg_{it} + \sum ind + \sum year + \varepsilon_{it}
\end{aligned}
\qquad \text{模型（4-2）}
$$

$$
\begin{aligned}
&Innovation1\\
&\quad = \alpha_0 + \alpha_1 SC - Over_{it} + \alpha_2 Market_{it} + \alpha_3 SC - Over_{it} \times Market_{it}\\
&\qquad + \alpha_4 ROA_{it} + \alpha_5 Growth_{it} + \alpha_6 Lev_{it} + \alpha_7 Tang_{it} + \alpha_8 Size_{it}\\
&\qquad + \alpha_9 Age_{it} + \alpha_{10} State_{it} + \alpha_{11} Duality_{it} + \alpha_{12} Bsize_{it}\\
&\qquad + \alpha_{13} Zidex_{it} + \alpha_{14} Indep_{it} + \alpha_{15} CEO - Ten_{it}\\
&\qquad + \alpha_{16} CEO - Gen_{it} + \alpha_{17} CEO - Age_{it} + \alpha_{18} CEO\\
&\qquad - Deg_{it} + \sum ind + \sum year + \varepsilon_{it}
\end{aligned}
\qquad \text{模型（4-3）}
$$

在模型（4-1）至模型（4-3）中，如果交互项 SC-Pol × Market 前的回归系数显著为正、SC-Over × Market 和 SC-Bus × Market 前的回归系数显著为负，则说明市场化程度在不同维度的 CEO 社会资本影响企业创新的过程中发挥了显著的负向调节作用。市场化程度较高时，政治社会资本对企业创新的消极影响减弱，海外社会资本和商业社会资本对企业创新的促进作用也会减弱，说明正式制度是对非正式制度的有效补充，外部正式制度的完善发展会减弱 CEO 社会资本这种非正式制度的作用发挥，由此证明假设 4-1 是成立的。

（二）CEO 持股比例调节作用的模型

为了揭示持股水平在不同维度的 CEO 社会资本影响企业创新的过程中的调节作用，本章分别构建了模型（4-4）、模型

(4－5）和模型（4－6）来进行实证检验。在模型（4－4）至模型（4－6）中，分别构造了商业社会资本、政治社会资本以及海外社会资本与 CEO 持股比例的交互项来反映调节效应，具体模型如下所示：

$$\begin{aligned} Innovation1 &= \alpha_0 + \alpha_1 SC - Bus_{it} + \alpha_2 Share_{it} + \alpha_3 SC - Bus_{it} \times Share_{it} \\ &\quad + \alpha_4 ROA_{it} + \alpha_5 Growth_{it} + \alpha_6 Lev_{it} + \alpha_7 Tang_{it} + \alpha_8 Size_{it} \\ &\quad + \alpha_9 Age_{it} + \alpha_{10} State_{it} + \alpha_{11} Duality_{it} + \alpha_{12} Bsize_{it} \\ &\quad + \alpha_{13} Zidex_{it} + \alpha_{14} Indep_{it} + \alpha_{15} CEO - Ten_{it} \\ &\quad + \alpha_{16} CEO - Gen_{it} + \alpha_{17} CEO - Age_{it} + \alpha_{18} CEO \\ &\quad - Deg_{it} + \sum ind + \sum year + \varepsilon_{it} \end{aligned} \quad \text{模型（4－4）}$$

$$\begin{aligned} Innovation1 &= \alpha_0 + \alpha_1 SC - Pol_{it} + \alpha_2 Share_{it} + \alpha_3 SC - Pol_{it} \times Share_{it} \\ &\quad + \alpha_4 ROA_{it} + \alpha_5 Growth_{it} + \alpha_6 Lev_{it} + \alpha_7 Tang_{it} + \alpha_8 Size_{it} \\ &\quad + \alpha_9 Age_{it} + \alpha_{10} State_{it} + \alpha_{11} Duality_{it} + \alpha_{12} Bsize_{it} \\ &\quad + \alpha_{13} Zidex_{it} + \alpha_{14} Indep_{it} + \alpha_{15} CEO - Ten_{it} \\ &\quad + \alpha_{16} CEO - Gen_{it} + \alpha_{17} CEO - Age_{it} + \alpha_{18} CEO \\ &\quad - Deg_{it} + \sum ind + \sum year + \varepsilon_{it} \end{aligned} \quad \text{模型（4－5）}$$

$$\begin{aligned} Innovation1 &= \alpha_0 + \alpha_1 SC - Over_{it} + \alpha_2 Share_{it} + \alpha_3 SC - Over_{it} \times Share_{it} \\ &\quad + \alpha_4 ROA_{it} + \alpha_5 Growth_{it} + \alpha_6 Lev_{it} + \alpha_7 Tang_{it} + \alpha_8 Size_{it} \\ &\quad + \alpha_9 Age_{it} + \alpha_{10} State_{it} + \alpha_{11} Duality_{it} + \alpha_{12} Bsize_{it} \\ &\quad + \alpha_{13} Zidex_{it} + \alpha_{14} Indep_{it} + \alpha_{15} CEO - Ten_{it} \\ &\quad + \alpha_{16} CEO - Gen_{it} + \alpha_{17} CEO - Age_{it} + \alpha_{18} CEO \\ &\quad - Deg_{it} + \sum ind + \sum year + \varepsilon_{it} \end{aligned} \quad \text{模型（4－6）}$$

在模型（4－4）至模型（4－6）中，如果交互项 SC－Pol×

Share前的回归系数显著为正、SC－Over×Share和SC－Bus×Share前的回归系数显著为正，则说明CEO持股比例能够增强商业社会资本和海外社会资本对企业创新的促进作用，缓解政治社会资本对企业创新的不利影响，CEO持股比例在不同维度的CEO社会资本影响企业创新的过程中发挥了显著的正向调节作用，由此证明假设4－2是成立的。

（三）CEO薪酬水平的调节作用模型

为了揭示薪酬水平在不同维度的CEO社会资本影响企业创新的过程中的调节作用，本章分别构建了模型（4－7）、模型（4－8）和模型（4－9）进行实证检验。在模型（4－7）至模型（4－9）中，分别构造了商业社会资本、政治社会资本以及海外社会资本与薪酬水平的交互项来反映调节作用的情况，具体模型如下所示：

$$\begin{aligned}&Innovation1\\&=\alpha_0+\alpha_1 SC-Bus_{it}+\alpha_2 Pay_{it}+\alpha_3 SC-Bus_{it}\times Pay_{it}\\&\quad+\alpha_4 ROA_{it}+\alpha_5 Growth_{it}+\alpha_6 Lev_{it}+\alpha_7 Tang_{it}+\alpha_8 Size_{it}\\&\quad+\alpha_9 Age_{it}+\alpha_{10} State_{it}+\alpha_{11} Duality_{it}+\alpha_{12} Bsize_{it}\\&\quad+\alpha_{13} Zidex_{it}+\alpha_{14} Indep_{it}+\alpha_{15} CEO-Ten_{it}\\&\quad+\alpha_{16} CEO-Gen_{it}+\alpha_{17} CEO-Age_{it}+\alpha_{18} CEO\\&\quad-Deg_{it}+\sum ind+\sum year+\varepsilon_{it}\end{aligned}\qquad \text{模型（4－7）}$$

$$\begin{aligned}&Innovation1\\&=\alpha_0+\alpha_1 SC-Pol_{it}+\alpha_2 Pay_{it}+\alpha_3 SC-Pol_{it}\times Pay_{it}\\&\quad+\alpha_4 ROA_{it}+\alpha_5 Growth_{it}+\alpha_6 Lev_{it}+\alpha_7 Tang_{it}+\alpha_8 Size_{it}\\&\quad+\alpha_9 Age_{it}+\alpha_{10} State_{it}+\alpha_{11} Duality_{it}+\alpha_{12} Bsize_{it}\\&\quad+\alpha_{13} Zidex_{it}+\alpha_{14} Indep_{it}+\alpha_{15} CEO-Ten_{it}\\&\quad+\alpha_{16} CEO-Gen_{it}+\alpha_{17} CEO-Age_{it}+\alpha_{18} CEO\\&\quad-Deg_{it}+\sum ind+\sum year+\varepsilon_{it}\end{aligned}\qquad \text{模型（4－8）}$$

$$Innovation1 = \alpha_0 + \alpha_1 SC - Over_{it} + \alpha_2 Pay_{it} + \alpha_3 SC - Over_{it} \times Pay_{it} + \alpha_4 ROA_{it} + \alpha_5 Growth_{it} + \alpha_6 Lev_{it} + \alpha_7 Tang_{it} + \alpha_8 Size_{it} + \alpha_9 Age_{it} + \alpha_{10} State_{it} + \alpha_{11} Duality_{it} + \alpha_{12} Bsize_{it} + \alpha_{13} Zidex_{it} + \alpha_{14} Indep_{it} + \alpha_{15} CEO - Ten_{it} + \alpha_{16} CEO - Gen_{it} + \alpha_{17} CEO - Age_{it} + \alpha_{18} CEO - Deg_{it} + \sum ind + \sum year + \varepsilon_{it}$$ 模型（4－9）

在模型（4－7）至模型（4－9）中，如果交乘项 SC－Pol×Pay 前的回归系数显著为正、SC－Over×Pay 和 SC－Bus×Pay 前的回归系数显著为正，则说明 CEO 薪酬水平能够增强商业社会和海外社会资本对企业创新的促进作用，缓解 CEO 政治社会资本对企业创新的不利影响，薪酬水平在不同维度的 CEO 社会资本影响企业创新的过程中发挥了显著的正向调节作用，由此证明假设 4－3 是成立的。

（四）董事会权力的调节作用模型

为了揭示董事会权力在不同维度的 CEO 社会资本影响企业创新的过程中的调节作用，本章分别构建了模型（4－10）、模型（4－11）和模型（4－12）进行实证检验，在模型（4－10）至模型（4－12）中，我们分别构造了 CEO 商业社会资本、CEO 政治社会资本以及 CEO 海外社会资本与董事会权力的交互项来反映调节作用的情况，具体模型如下所示：

$$Innovation1 = \alpha_0 + \alpha_1 SC - Bus_{it} + \alpha_2 Poewr_{it} + \alpha_3 SC - Bus_{it} \times Power_{it} + \alpha_4 ROA_{it} + \alpha_5 Growth_{it} + \alpha_6 Lev_{it} + \alpha_7 Tang_{it} + \alpha_8 Size_{it} + \alpha_9 Age_{it} + \alpha_{10} State_{it} + \alpha_{11} Bsize_{it} + \alpha_{12} Zidex_{it} + \alpha_{13} CEO - Ten_{it} + \alpha_{14} CEO - Gen_{it} + \alpha_{15} CEO - Age_{it} + \alpha_{16} CEO - Deg_{it} + \sum ind + \sum year + \varepsilon_{it}$$ 模型（4－10）

$$
\begin{aligned}
Innovation1 &= \alpha_0 + \alpha_1 SC - Pol_{it} + \alpha_2 Poewr_{it} + \alpha_3 SC - Pol_{it} \times Power_{it} \\
&\quad + \alpha_4 ROA_{it} + \alpha_5 Growth_{it} + \alpha_6 Lev_{it} + \alpha_7 Tang_{it} + \alpha_8 Size_{it} \\
&\quad + \alpha_9 Age_{it} + \alpha_{10} State_{it} + \alpha_{11} Bsize_{it} + \alpha_{12} Zidex_{it} + \alpha_{13} CEO \\
&\quad - Ten_{it} + \alpha_{14} CEO - Gen_{it} + \alpha_{15} CEO - Age_{it} + \alpha_{16} CEO \\
&\quad - Deg_{it} + \sum ind + \sum year + \varepsilon_{it} \qquad \text{模型（4-11）}
\end{aligned}
$$

$$
\begin{aligned}
Innovation1 &= \alpha_0 + \alpha_1 SC - Over_{it} + \alpha_2 Poewr_{it} + \alpha_3 SC - Over_{it} \times Power_{it} \\
&\quad + \alpha_4 ROA_{it} + \alpha_5 Growth_{it} + \alpha_6 Lev_{it} + \alpha_7 Tang_{it} + \alpha_8 Size_{it} \\
&\quad + \alpha_9 Age_{it} + \alpha_{10} State_{it} + \alpha_{11} Bsize_{it} + \alpha_{12} Zidex_{it} + \alpha_{13} CEO \\
&\quad - Ten_{it} + \alpha_{14} CEO - Gen_{it} + \alpha_{15} CEO - Age_{it} + \alpha_{16} CEO \\
&\quad - Deg_{it} + \sum ind + \sum year + \varepsilon_{it} \qquad \text{模型（4-12）}
\end{aligned}
$$

在模型（4-10）至模型（4-12）中，如果交互项 SC - Pol × Power 前的回归系数显著为正、SC - Over × Power 和 SC - Bus × Power 前的回归系数显著为正，则说明董事会权力能够增强 CEO 商业社会和 CEO 海外社会资本对企业创新的促进作用，缓解 CEO 政治社会资本对企业创新的不利影响，董事会权力在不同维度的 CEO 社会资本影响企业创新的过程中发挥了显著的正向调节作用，由此证明假设 4-4 是成立的。

第四节　实证结果与分析

一、描述性统计结果

表 4-3 显示了调节变量的描述性统计结果。从描述性统计结

果来看，制度环境均值为 7.6904（Market），标准差为 1.8162，最小值和最大值分别为 -0.3 和 10.92，说明我国上市公司所处的制度环境得到较大改善，但是，各上市公司所处地区的市场化程度差异较大，这可能是因为我国地区发展不平衡导致的；企业所有权属性的均值为 0.4789，说明在样本上市公司中，国有企业占比约 47.89%；董事会相对权力均值为 1.301，说明样本上市公司的董事会相对权力偏低，董事会监督作用还不够完善；CEO 薪酬水平均值为 12.9275，但是，薪酬水平的差异在各样本公司间分布也不均匀，CEO 持股比例均值为 0.0348，表明上市公司中 CEO 整体股权激励水平还相对较低。模型中其余各变量的描述性统计与第三章中相同，此处不再赘述。

表 4-3　　调节变量的描述性统计结果

变量符号	样本数	平均值	标准差	最小值	最大值
Market	27264	7.6904	1.8162	-0.300	10.9200
Power	30337	1.3010	1.1870	0	3
Share	25613	0.0348	2.1536	0	0.8001
Pay	25297	12.9275	0.8669	10.4021	15.0734

二、Pearson 相关性分析

表 4-4 报告了变量之间的相关系数（Pearson correlation coefficient）。从各变量的相关系数的大小来看，均低于 0.5，初步表明各变量之间不存在严重的多重共线性。观察各变量之间的相互关系可以发现，CEO 商业社会资本、CEO 政治社会资本和 CEO 海外社会资本与企业创新均显著相关。

表 4-4　　主要变量 Pearson 相关系数

变量符号	Innovarion1	Innovarion2	Market	Share	Pay	Power	SC - Bus	SC - Pol	SC - Over	ROA	Lev
Innovarion1	1										
Innovarion2	0.091*	1									
Market	0.114***	-0.087***	1								
Share	0.128***	-0.036***	0.134***	1							
Pay	0.249***	-0.049***	0.241***	0.029***	1						
Power	0.024*	-0.072*	0.004	-0.088*	0.159*	1					
SC - Bus	0.169***	0.010*	0.137***	0.027***	0.168***	-0.4101*	1				
SC - Pol	-0.142***	-0.063***	-0.022***	0.050***	0.090***	0.061*	0.107***	1			
SC - Over	0.088***	0.019***	0.071***	0.043***	0.112***	-0.088*	0.099***	0.069***	1		
ROA	0.122***	-0.058***	0.088***	0.151***	0.246***	-0.131*	0.081***	0.078***	0.043***	1	
Lev	-0.092***	0.017***	-0.112***	-0.246***	-0.055***	0.072*	-0.062***	-0.055***	-0.069***	-0.410***	1
Growth	-0.042***	-0.029***	0.014**	0.050***	0.039***	0.001	0.017***	-0.014**	0.015***	0.226***	0.014**
Size	0.264***	-0.017***	0.058***	-0.156***	0.415***	-0.075*	0.122***	0.095***	0.039***	0.062***	0.278***
Age	0.110***	0.082***	0.065***	-0.120***	0.208***	0.032*	0.046***	0.072***	0.034***	-0.087***	0.159***
State	-0.128***	0.018***	-0.182***	-0.321***	-0.071***	0.049*	-0.161***	-0.108***	-0.125***	-0.131***	0.231***
Tang	-0.111***	0.026***	-0.174***	-0.151***	-0.177***	-0.029*	-0.061***	-0.056***	-0.053***	-0.142***	0.103***
Duality	0.093***	-0.013**	0.105***	0.480***	0.062***	0.035*	-0.011*	0.047***	0.025***	0.072***	-0.135***
Bsize	-0.055***	-0.097*	-0.085***	-0.161***	0.043***	0.188*	-0.038***	-0.031***	-0.058***	-0.159*	0.118***
Zidex	-0.105***	-0.041***	-0.063***	-0.108***	-0.119***	0.030*	-0.068***	-0.076***	-0.049***	-0.075***	0.056***
Indep	0.156***	0.013**	0.033***	0.121***	0.066***	0.094*	0.069***	0.099***	0.065***	0.032***	-0.032***
CEO - Ten	0.142***	-0.012**	0.067***	0.059***	0.208***	0.144*	0.121***	0.086***	0.046***	0.042***	-0.027***
CEO - Gen	0.010*	-0.003	-0.005	-0.017***	-0.004	0.0120*	-0.024***	-0.030***	-0.025***	-0.029***	0.023***
CEO - Age	0.100***	0.020***	0.048***	0.050***	0.192***	0.156*	0.050***	0.075***	0.010*	0.034***	-0.019***
CEO - Deg	0.101***	0.026***	0.003	-0.031***	0.131***	0.175*	0.018***	0.043***	0.102***	0.00700	0.038***

续表

变量符号	Growth	Size	Age	State	Tang	Duality	Bsize	Zidex	Indep	CEO－Ten	CEO－Gen	CEO－Age	CEO－Deg
Growth	1												
Size	0.026***	1											
Age	－0.072***	0.239***	1										
State	－0.068***	0.231***	0.007*	1									
Tang	－0.079***	0.050***	－0.073***	0.230***	1								
Duality	0.022***	－0.114***	－0.019***	－0.261***	－0.105***	1							
Bsize	－0.003*	0.188***	－0.074***	0.247***	0.165***	－0.162***	1						
Zidex	－0.033***	0.030***	－0.131***	0.219***	0.091***	－0.097***	0.023***	1					
Indep	－0.011*	0.098***	0.157***	－0.127***	－0.101***	0.120***	－0.447***	－0.081***	1				
CEO－Ten	－0.029***	0.139***	0.160***	－0.037***	－0.006*	0.124***	0.003*	－0.044***	0.051***	1			
CEO－Gen	0.001*	0.019***	－0.028***	0.067***	0.044***	0.008*	0.067***	0.031***	－0.046***	－0.003*	1		
CEO－Age	－0.058***	0.191***	0.171***	0.067***	0.034***	0.172***	0.012**	－0.036***	0.075***	0.271***	0.004*	1	
CEO－Deg	－0.001	0.151***	0.094***	0.070***	－0.068***	－0.013**	0.023***	－0.021***	0.051***	－0.010*	0.020***	－0.145***	1

注：*、**、*** 分别代表在10%、5%、1%的显著性水平上显著。

从所列示的控制变量的相关系数来看，企业盈利水平（ROA）、负债率（Lev）、成长性（Growth）、企业规模（Size）以及企业年龄（Age）均对创新产生了显著影响。较高的盈利水平能够提升企业创新，企业盈利水平较高时，会给企业创新带来较大的财务资源支撑，缓解企业创新面临的资金限制；企业负债率与企业创新显著负相关，说明负债水平较低的企业其创新结果会更好，因为较低的债务水平减轻了企业的财务压力，进而降低企业创新过程中的财务风险；企业成长性、企业规模以及企业年龄均与企业创新显著正相关，说明在规模较大、成长性较好的成熟企业中，企业的创新水平会更高。

三、回归结果分析

（一）关于市场化程度的调节作用结果的分析

表 4 -5 报告了模型（4 -1）至模型（4 -3）的检验结果。为了考察市场化程度在不同维度的 CEO 社会资本影响企业创新的过程中的调节作用，本章构建了商业社会资本与市场化程度的交互项（SC - Bus × Market）、政治社会资本与市场化程度的交互项（SC - Pol × Market）以及海外社会资本与市场化程度的交互项（SC - Over × Market）来反映调节效应。从表 4 -5 的检验结果可以看出：CEO 商业社会资本与市场化程度的交互项（SC - Bus × Market）前的系数为 -0.0037，且在 10% 的显著性水平上显著，表明市场化程度在商业社会资本影响企业创新的过程中发挥了负向的调节作用，即市场化程度减弱了商业社会资本对企业的正向影响。当企业所处地区的市场化程度较高时，商业社会资本对企业创新的促进作用会减弱。这也说明了当外部正式制度较为完善时，非正式制度的补充效果会下降，而正式制度替代非正式制度发挥了作用。

CEO 政治社会资本与市场化程度交互项（SC - Pol × Market）前的系数为 0.0285，且在 10% 的显著性水平上显著，说明市场化制度在政治社会资本影响企业创新的过程中发挥了负向的调节作用，市场化程度显著缓解了政治社会资本对企业创新的不利影响，健全的市场环境为企业创新提供了良好的外部条件，减少了维系 CEO 政治社会资本造成的企业创新资源的挤占，激活了企业的创新思维，增大了企业的决策自主权，从而对企业创新产生了促进作用。

CEO 海外社会资本与市场化程度交互项（SC - Over × Market）前的系数为 -0.0874，且在 5% 的显著性水平上显著，说明市场化程度在海外社会资本影响企业创新的过程中发挥了负向调节作用，即市场化程度减弱了海外社会资本促进企业创新的影响程度，该结果再次说明了在完善的正式制度环境下，非正式的社会资本对企业创新的影响作用减弱。

综上所述，市场化程度在不同维度的 CEO 社会资本影响企业创新的过程中发挥了负向调节作用，减弱了作为非正式制度的 CEO 社会资本对企业创新的影响，由此表明假设 4 - 1 是成立的。

表 4 - 5　　市场化程度的调节作用

变量符号	模型（4 - 1）	模型（4 - 2）	模型（4 - 3）
	Innovation1	Innovation1	Innovation1
SC - Bus	0.0344 ** (2.11)		
SC - Bus × Market	-0.0037 * (-1.93)		
SC - Pol		-0.2924 ** (-2.27)	

续表

变量符号	模型（4-1）	模型（4-2）	模型（4-3）
	Innovation1	Innovation1	Innovation1
SC - Pol × Market		0.0285* (1.76)	
SC - Over			0.8115*** (2.90)
SC - Over × Market			-0.0874** (-2.55)
Market	0.0125 (0.45)	-0.0052 (-0.19)	0.0061 (0.22)
ROA	0.0038 (0.02)	0.0117 (0.07)	0.0133 (0.08)
Lev	-0.1048 (-1.24)	-0.1192 (-1.43)	-0.1177 (-1.40)
Growth	-0.0753*** (-4.25)	-0.0717*** (-4.07)	-0.0717*** (-4.08)
Size	0.2911*** (11.86)	0.2990*** (12.22)	0.2955*** (12.09)
Age	0.5713*** (4.17)	0.5685*** (4.18)	0.5767*** (4.24)
State	0.0706 (1.12)	0.0717 (1.13)	0.0724 (1.14)
Tang	0.2937** (2.53)	0.3008*** (2.62)	0.2893** (2.52)
Duality	-0.0058 (-0.18)	-0.0104 (-0.33)	-0.0094 (-0.30)
Bsize	-0.0865 (-0.88)	-0.0855 (-0.88)	-0.0867 (-0.89)

续表

变量符号	模型（4－1）	模型（4－2）	模型（4－3）
	Innovation1	Innovation1	Innovation1
Zidex	－0.0005 （－1.24）	－0.0005 （－1.26）	－0.0005 （－1.25）
Indep	－0.0872 （－0.30）	－0.0584 （－0.20）	－0.0672 （－0.23）
CEO－Ten	0.0083* （1.88）	0.0080* （1.84）	0.0080* （1.82）
CEO－Gen	0.0153 （0.26）	0.0131 （0.23）	0.0132 （0.23）
CEO－Age	－0.0007 （－0.31）	－0.0004 （－0.19）	－0.0007 （－0.31）
CEO－Deg	0.0280 （1.55）	0.0287 （1.61）	0.0239 （1.33）
常数项	－7.2695*** （－10.57）	－7.2874*** （－10.65）	－7.2694*** （－10.68）
样本量	25269	25388	25388
调整的 R^2	0.3640	0.3643	0.3643

注：系数下方括号内表示 t 值，*、**、*** 分别代表在 10%、5%、1% 的显著性水平上显著。

（二）关于 CEO 持股比例的调节作用结果的分析

表 4－6 报告了模型（4－4）至模型（4－6）的检验结果。为了考察 CEO 持股水平在不同维度的 CEO 社会资本影响企业创新的过程中的调节作用，本章构建了商业社会资本与 CEO 持股水平的交互项（SC－Bus × Share）、政治社会资本与 CEO 持股水平的交互项（SC－Pol × Share）以及海外社会资本与 CEO 持股水平的交互项（SC－Over × Share）来反映调节效应。从表 4－6

的检验结果可以看出：

CEO 商业社会资本与持股水平的交互项（SC - Bus × Share）前的系数为 0.0396，且在 10% 的显著性水平上显著，表明持股水平在商业社会资本影响企业创新的过程中发挥了正向的调节作用，持股水平增强了商业社会资本对企业创新的促进作用。当 CEO 持股水平较高时，CEO 个人目标能够与企业目标相一致，CEO 利用商业社会资本的潜在优势促进企业创新的意愿也更强烈，进而有利于提升企业的创新水平。

CEO 政治社会资本与持股水平交互项（SC - Pol × Share）前的系数为 0.8443，且在 1% 的显著性水平上显著，说明持股水平在政治社会资本影响企业创新的过程中发挥了负向的调节作用，CEO 持股水平显著缓解了政治社会资本对企业创新的不利影响。当 CEO 持有公司的股票时，CEO 个人利益与企业利益保持了较高的一致性，CEO 在企业经营管理和战略选择中会关心企业未来的长远发展，进而减少企业的短视行为，在企业实现价值最大化的同时，CEO 个人利益也会得到实现；当 CEO 持股水平较高时，政治社会资本对于企业创新的消极作用会减弱。

CEO 海外社会资本与 CEO 持股水平的交互项（SC - Over × Share）前的系数为 1.5496，且在 1% 的显著性水平上显著，说明 CEO 持股水平在海外社会资本影响企业创新的过程中发挥了正向调节作用，即 CEO 持股水平增强了海外社会资本对企业创新的促进作用，该结果再次说明合理的股权激励机制能够有效地促进 CEO 利用社会资本为企业创新服务的意愿，进而推动企业创新。

综上所述，CEO 持股水平在不同维度的 CEO 社会资本影响企业创新的过程中发挥了调节作用，CEO 持股水平增强了商业社会资本和海外社会资本对企业创新的促进作用；同时，CEO

持股水平减弱了政治社会资本对企业创新的不利影响。由此证明假设 4 –2 是成立的。

表 4 –6　　CEO 持股比例的调节作用

变量符号	模型（4 –4）	模型（4 –5）	模型（4 –6）
	Innovation1	Innovation1	Innovation1
SC – Bus	0. 0066 * (1. 77)		
SC – Bus × Share	0. 0396 * (1. 79)		
SC – Pol		–0. 1042 *** (–3. 08)	
SC – Pol × Share		0. 8443 *** (2. 99)	
SC – Over			0. 1421 ** (2. 17)
SC – Over × Share			1. 5496 *** (2. 86)
Share	0. 2706 (1. 19)	–0. 1692 (–0. 70)	0. 2465 (1. 10)
ROA	–0. 0384 (–0. 23)	–0. 0325 (–0. 20)	–0. 0329 (–0. 20)
Lev	–0. 1252 (–1. 48)	–0. 1362 (–1. 61)	–0. 1353 (–1. 59)
Growth	–0. 0836 *** (–4. 88)	–0. 0805 *** (–4. 73)	–0. 0812 *** (–4. 79)
Size	0. 3017 *** (11. 96)	0. 3085 *** (12. 30)	0. 3039 *** (12. 11)
Age	0. 6010 *** (4. 31)	0. 6099 *** (4. 39)	0. 6148 *** (4. 42)

续表

变量符号	模型（4-4）	模型（4-5）	模型（4-6）
	Innovation1	Innovation1	Innovation1
State	0.0751 (1.49)	0.0752 (1.48)	0.0761 (1.50)
Tang	0.3201*** (2.76)	0.3209*** (2.79)	0.3187*** (2.77)
Duality	-0.0066 (-0.19)	-0.0109 (-0.32)	-0.0094 (-0.28)
Bsize	-0.1034 (-1.04)	-0.1015 (-1.02)	-0.1028 (-1.04)
Zidex	-0.0005 (-1.23)	-0.0005 (-1.23)	-0.0005 (-1.24)
Indep	-0.1867 (-0.65)	-0.1645 (-0.57)	-0.1881 (-0.65)
CEO-Ten	0.0093** (2.06)	0.0098** (2.18)	0.0092** (2.05)
CEO-Gen	0.0213 (0.37)	0.0213 (0.37)	0.0222 (0.38)
CEO-Age	-0.0016 (-0.67)	-0.0014 (-0.60)	-0.0015 (-0.65)
CEO-Deg	0.0260 (1.44)	0.0265 (1.47)	0.0225 (1.24)
常数项	7.2105*** (10.96)	-7.3595*** (-11.21)	7.2431*** (11.08)
样本量	26270	26389	26389
调整的 R^2	0.3757	0.3763	0.3759

注：系数下方括号内表示 t 值，*、**、*** 分别代表在 10%、5%、1% 的显著性水平上显著。

（三）关于 CEO 薪酬水平的调节作用结果的分析

表 4-7 报告了模型（4-7）至模型（4-9）的检验结

果。为了考察 CEO 薪酬水平在不同维度的 CEO 社会资本影响企业创新的过程中的调节作用，本章构建了商业社会资本与薪酬水平的交互项（SC - Bus × Pay）、政治社会资本与薪酬水平的交互项（SC - Pol × Pay）以及海外社会资本与薪酬水平的交互项（SC - Over × Pay）来反映调节效应。从表 4 - 7 的检验结果可以看出：

CEO 商业社会资本与薪酬水平的交互项（SC - Bus × Pay）前的系数为 0.0052，但是结果并不显著，说明薪酬水平未能在商业社会资本影响企业创新的过程中发挥正向的调节作用，可能的原因在于，短期提高薪酬的激励计划未能很好地将 CEO 个人目标与企业目标相协调，对提升 CEO 利用社会资本促进企业创新的推动作用不明显，CEO 利用社会资本为企业服务的意愿没有得到充分发挥，相比较长期股权激励计划，短期薪酬激励的正向调节作用并不显著。

CEO 政治社会资本与薪酬水平交互项（SC - Pol × Pay）前的系数为 0.1088，且在 1% 的显著性水平上显著，说明薪酬水平在政治社会资本影响企业创新的过程中发挥了负向的调节作用，薪酬水平显著缓解了政治社会资本对企业创新的不利影响。

CEO 海外社会资本与薪酬水平的交互项（SC - Over × Pay）前的系数为 0.0378，但是结果并不显著，说明薪酬水平未能在海外社会资本影响企业创新的过程中发挥正向的调节。

综上所述，薪酬水平在不同维度的 CEO 社会资本影响企业创新的过程中的调节作用没有得到完全的证实，其中，薪酬水平在商业社会资本、海外社会资本影响企业创新的过程中的正向调节作用没有通过假设检验，而薪酬水平在政治社会资本与企业创新的关系之间发挥了负向调节作用，薪酬水平的提高有助于缓解政治社会资本对企业创新的不利影响。上述结果表明，相对于长期股权激励计划，CEO 短期薪酬激励制度在商业社会资本和海外社会资本影响企业创新的过程中没有得到体现。

表 4-7　CEO 薪酬水平的调节作用

变量符号	模型（4-7）	模型（4-8）	模型（4-9）
	Innovation1	Innovation1	Innovation1
SC-Bus	0.0013** (2.25)		
SC-Bus×Pay	0.0052 (1.63)		
SC-Pol		-1.5009*** (-3.25)	
SC-Pol×Pay		0.1088*** (3.05)	
SC-Over			0.0009** (2.32)
SC-Over×Pay			0.0378 (0.80)
Pay	-0.0355* (-1.75)	-0.0393** (-2.02)	-0.0253* (-1.85)
ROA	0.0639 (0.37)	0.0907 (0.53)	0.0765 (0.44)
Lev	-0.1220 (-1.46)	-0.1265 (-1.51)	-0.1211 (-1.45)
Growth	-0.0795*** (-4.38)	-0.0773*** (-4.30)	-0.0779*** (-4.33)
Size	0.2975*** (12.01)	0.3000*** (12.15)	0.2989*** (12.07)
Age	0.4296*** (3.26)	0.4301*** (3.28)	0.4397*** (3.34)

续表

变量符号	模型（4-7）	模型（4-8）	模型（4-9）
	Innovation1	Innovation1	Innovation1
State	0.0323 (0.50)	0.0331 (0.50)	0.0363 (0.56)
Tang	0.2872** (2.49)	0.2815** (2.46)	0.2860** (2.49)
Duality	-0.0106 (-0.32)	-0.0024 (-0.07)	-0.0129 (-0.39)
Bsize	-0.0719 (-0.75)	-0.0757 (-0.79)	-0.0727 (-0.76)
Zidex	-0.0004 (-0.99)	-0.0004 (-1.05)	-0.0004 (-1.03)
Indep	-0.0128 (-0.04)	-0.0398 (-0.14)	-0.0289 (-0.10)
CEO - Ten	0.0077* (1.78)	0.0080* (1.84)	0.0080* (1.82)
CEO - Gen	0.0071 (0.12)	0.0111 (0.19)	0.0106 (0.18)
CEO - Age	-0.0005 (-0.22)	-0.0001 (-0.04)	-0.0005 (-0.22)
CEO - Deg	0.0244 (1.34)	0.0253 (1.40)	0.0241 (1.33)
常数项	-6.7383*** (-10.15)	-6.3074*** (-9.58)	-6.7694*** (-10.20)
行业	控制	控制	控制
年度	控制	控制	控制
样本量	23500	23553	23553
调整的 R^2	0.3472	0.3483	0.3476

注：系数下方括号内表示 t 值，*、**、*** 分别代表在 10%、5%、1% 的显著性水平上显著。

（四）关于董事会权力的调节作用结果的分析

表4－8报告了模型（4－10）至模型（4－12）的检验结果。为了考察董事会权力在不同维度的 CEO 社会资本影响企业创新的过程中的调节作用，本章构建了 CEO 商业社会资本与董事会权力的交互项（SC－Bus×Power）、政治社会资本与董事会权力的交互项（SC－Pol×Power）以及海外社会资本与董事会权力的交互项（SC－Over×Power）来反映调节效应。从表4－8的检验结果可以看出：

CEO 商业社会资本与董事会权力的交互项（SC－Bus×Power）前的系数为0.0863，且在5%的显著性水平上显著，表明董事会权力在商业社会资本影响企业创新的过程中发挥了正向的调节作用，即董事会权力增强了商业社会资本对企业创新的促进作用，当董事会的权力相对较高时，董事会的监督效率会提高，有助于董事会及时发现 CEO 损害企业价值的自利行为，进而实施有效的惩罚机制，降低 CEO 自利行为对企业造成的不利影响。

CEO 政治社会资本与董事会权力交互项（SC－Pol×Power）前的系数为0.0289，且在10%的显著性水平上显著，说明董事会权力在政治社会资本影响企业创新的过程中发挥了负向的调节作用，董事会权力的提高显著缓解了 CEO 政治社会资本对企业创新的不利影响，当董事会权力相对较大时，有利于监督 CEO 的行为，使其保持与实现企业价值目标相一致，从而减少了 CEO 自利行为以及企业的短视行为，促使 CEO 在企业经营管理和战略选择中更加注重企业未来的长远发展，积极需求促进企业发展的长期竞争优势，加大企业创新力度，提升企业创新水平。在董事会的有效监督下，CEO 政治社会资本对企业创新的消极作用会减弱。

CEO 海外社会资本与董事会权力的交互项（SC－Over×

Power）前的系数为 0.0036，且在 10% 的显著性水平上显著，说明董事会权力在 CEO 海外社会资本影响企业创新的过程中发挥了正向调节作用，即董事会权力增强了海外社会资本对企业创新的促进作用，该结果再次说明，适当的董事会权力能够有效地监督 CEO 行为，提升 CEO 利用社会资本为企业创新服务的意愿，进而推动企业创新。

综上所述，董事会权力在不同维度的 CEO 社会资本影响企业创新的过程中发挥了调节作用，董事会权力增强了商业社会资本和海外社会资本对企业创新的促进作用，而董事会权力减弱了政治社会资本对企业创新的不利影响，由此表明假设 4－4 是成立的。

表 4－8　　董事会权力的调节作用

变量符号	模型（4－10）	模型（4－11）	模型（4－12）
	Innovation1	Innovation1	Innovation1
SC－Bus	0.8125*** （2.91）		
SC－Bus×Power	0.0863** （2.52）		
SC－Pol		－0.2933** （－2.28）	
SC－Pol×Power		0.0289* （1.79）	
SC－Over			0.0342** （2.11）
SC－Over×Power			0.0036* （1.91）
Power	0.0067 （0.24）	－0.0047 （－0.17）	0.0125 （0.44）

续表

变量符号	模型（4-10）	模型（4-11）	模型（4-12）
	Innovation1	Innovation1	Innovation1
ROA	0. 0199 (0. 12)	0. 0179 (0. 11)	0. 0075 (0. 05)
Lev	-0. 1207 (-1. 44)	-0. 1224 (-1. 46)	-0. 1093 (-1. 29)
Growth	-0. 0728 *** (-4. 15)	-0. 0729 *** (-4. 14)	-0. 0762 *** (-4. 30)
Size	0. 2964 *** (12. 12)	0. 3002 *** (12. 25)	0. 2922 *** (11. 89)
Age	0. 5965 *** (4. 39)	0. 5885 *** (4. 33)	0. 5919 *** (4. 33)
State	0. 0752 (1. 18)	0. 0748 (1. 18)	0. 0729 (1. 15)
Tang	0. 2951 ** (2. 56)	0. 3072 *** (2. 67)	0. 3002 *** (2. 58)
Duality	-0. 0046 (-0. 15)	-0. 0049 (-0. 16)	0. 0007 (0. 02)
Bsize	-0. 0825 (-0. 85)	-0. 0814 (-0. 84)	-0. 0825 (-0. 84)
Zidex	-0. 0005 (-1. 20)	-0. 0005 (-1. 21)	-0. 0005 (-1. 19)
Indep	-0. 0641 (-0. 22)	-0. 0548 (-0. 19)	-0. 0868 (-0. 30)
CEO-Ten	0. 0107 * (1. 82)	0. 0064 * (1. 78)	0. 0061 * (1. 85)
CEO-Gen	0. 0069 (0. 39)	0. 0089 (0. 54)	0. 0231 (0. 23)

续表

变量符号	模型（4－10）	模型（4－11）	模型（4－12）
	Innovation1	Innovation1	Innovation1
CEO－Age	－0.0012 （－0.34）	－0.0004 （－0.27）	－0.0004 （－0.39）
CEO－Deg	0.0167 （1.36）	0.0273 （1.61）	0.0317 （1.15）
常数项	－7.2643*** （－10.91）	－7.2616*** （－10.86）	－7.2498*** （－10.78）
样本量	25414	25414	25291
调整的 R^2	0.3643	0.3642	0.3640

注：系数下方括号内表示 t 值，*、**、*** 分别代表在 10%、5%、1% 的显著性水平上显著。

第五节　稳健性检验

一、稳健性检验一：改变因变量的衡量方法

在本章的稳健性检验部分，我们借鉴鞠晓生等（2013）的方法，选用无形资产的增量作为衡量企业创新的替代指标，根据本章中构建的调节作用检验模型进行稳健性检验。

表 4－9 显示了在改变企业创新的衡量方法下，市场化程度在不同维度的 CEO 社会资本影响企业创新过程中的调节作用。从表 4－9 的稳健性检验的结果来看：CEO 商业社会资本与市场化程度交互项（SC－Bus × Market）前的系数为－0.0145，且在 5% 的显著性水平上显著，说明市场化程度在 CEO 商业社会资本

影响企业创新的过程中发挥了负向调节作用。当企业所处地区的市场化程度较高时，CEO 商业社会资本在推动企业创新的过程中的作用会减弱；CEO 政治社会资本与市场化程度交互项（SC - Pol × Market）前的系数为 0.0765，且在 10% 的显著性水平上显著，说明市场化程度在政治社会资本影响企业创新的过程中发挥了负向调节作用。当企业所处地区的市场化程度较高时，政治社会资本对企业创新的不利影响会减弱；CEO 海外社会资本与市场化程度交互项（SC - Over × Market）前的回归系数为 -0.0411，且在 10% 的显著性水平上显著，说明市场化程度在 CEO 海外社会资本影响企业创新的过程中发挥了负向调节作用，当企业所处地区的市场化程度较高时，CEO 海外社会资本在推动企业创新的过程中的作用会减弱。上述结果再次证实市场化程度在不同维度的 CEO 社会资本影响企业创新的过程中的调节作用的结论是稳健的。

表 4-9　改变因变量衡量方法下市场化程度调节作用的稳健性检验

变量符号	模型（4-1）	模型（4-2）	模型（4-3）
	Innovation2	Innovation2	Innovation2
SC - Bus	0.1141* (1.77)		
SC - Bus × Market	-0.0145** (-2.03)		
SC - Pol		-0.6466* (-1.72)	
SC - Pol × Market		0.0765* (1.92)	

续表

变量符号	模型（4-1）	模型（4-2）	模型（4-3）
	Innovation2	Innovation2	Innovation2
SC - Over			0.0762** (2.37)
SC - Over × Market			-0.0411* (-1.95)
Market	-0.1228 (-1.40)	-0.1733** (-2.03)	-0.1557* (-1.85)
ROA	1.0509 (1.18)	1.1697 (1.31)	1.1359 (1.28)
Lev	-0.7882** (-2.32)	-0.8585** (-2.51)	-0.8366** (-2.45)
Growth	0.5146*** (4.49)	0.5330*** (4.69)	0.5308*** (4.66)
Size	0.6714*** (7.49)	0.6934*** (7.41)	0.6905*** (7.42)
Age	-1.9723*** (-5.33)	-2.0479*** (-5.40)	-2.0531*** (-5.41)
State	-0.2319 (-1.28)	-0.2397 (-1.32)	-0.2425 (-1.34)
Tang	-1.6152*** (-4.16)	-1.6489*** (-4.23)	-1.6629*** (-4.26)
Duality	0.2217* (1.77)	0.2131* (1.75)	0.2090* (1.72)
Bsize	-0.3564 (-1.15)	-0.3384 (-1.09)	-0.3552 (-1.15)

续表

变量符号	模型（4－1）	模型（4－2）	模型（4－3）
	Innovation2	Innovation2	Innovation2
Zidex	－0.0017 （－1.13）	－0.0017 （－1.14）	－0.0017 （－1.14）
Indep	－0.0787 （－0.10）	0.1670 （0.20）	0.1697 （0.20）
CEO－Ten	－0.0278** （－2.13）	－0.0312** （－2.39）	－0.0306** （－2.35）
CEO－Gen	0.3042 （1.64）	0.3069* （1.68）	0.2999 （1.64）
CEO－Age	－0.0072 （－0.95）	－0.0070 （－0.94）	－0.0077 （－1.03）
CEO－Deg	0.0315 （0.54）	0.0453 （0.78）	0.0492 （0.84）
常数项	－6.0864*** （－2.58）	－6.3174*** （－2.62）	－6.2812*** （－2.61）
行业	控制	控制	控制
年度	控制	控制	控制
样本量	24014	24131	24131
调整的 R^2	0.0268	0.0273	0.0274

注：系数下方括号内表示 t 值，*、**、*** 分别代表在 10%、5%、1% 的显著性水平上显著。

表 4－10 显示了在改变企业创新的衡量方法下，CEO 持股水平在不同维度的 CEO 社会资本影响企业创新的过程中的调节作用。从表 4－10 的稳健性检验的结果来看：商业社会资本与 CEO 持股水平交互项（SC－Bus × Share）前的系数为 0.1027，

且在 10% 的显著性水平上显著，说明 CEO 持股水平在商业社会资本影响企业创新的过程中发挥了正向调节作用；政治社会资本与 CEO 持股水平交互项（SC - Pol × Share）前的系数为 0.0234，且在 10% 的显著性水平上显著，说明 CEO 持股水平在政治社会资本影响企业创新的过程中发挥了负向调节作用；海外社会资本与 CEO 持股水平交互项（SC - Over × Share）前的回归系数为 0.6842，且在 10% 的显著性水平上显著，说明 CEO 持股水平在海外社会资本影响企业创新的过程中发挥了正向调节作用。上述结果表明，CEO 持股水平在商业社会资本和海外社会资本影响企业创新的过程中发挥了正向调节作用，当持股水平较高时，CEO 个人目标与企业发展目标协调一致，他会更为积极地利用其所拥有的社会资本推动企业创新，从而实现个人利益和企业价值的双赢。表 4 - 10 的结果再次证实，CEO 持股水平在不同维度的 CEO 社会资本影响企业创新的过程中的调节作用的结论是稳健的。

表 4 - 10 改变因变量衡量方法下 CEO 持股水平的调节作用的稳健性检验

变量符号	模型（4 - 4）	模型（4 - 5）	模型（4 - 6）
	Innovation2	Innovation2	Innovation2
SC - Bus	0.0093** (2.34)		
SC - Bus × Share	0.1027* (1.91)		
SC - Pol		-0.1237** (-2.17)	
SC - Pol × Share		0.0234* (1.84)	

续表

变量符号	模型（4-4）	模型（4-5）	模型（4-6）
	Innovation2	Innovation2	Innovation2
SC-Over			0.3085** (2.08)
SC-Over×Share			0.6842* (1.71)
Share	-1.1422* (-1.66)	-0.0178* (-1.76)	-0.2571* (-1.84)
ROA	0.8710 (1.01)	0.9706 (1.12)	0.9535 (1.10)
Lev	-0.8563*** (-2.62)	-0.8771*** (-2.68)	-0.8665*** (-2.66)
Growth	0.5232*** (4.73)	0.5352*** (4.88)	0.5350*** (4.87)
Size	0.6413*** (7.56)	0.6544*** (7.44)	0.6549*** (7.46)
Age	-1.8200*** (-5.30)	-1.8317*** (-5.24)	-1.8281*** (-5.22)
State	-0.1347 (-0.89)	-0.1375 (-0.91)	-0.1409 (-0.94)
Tang	-1.6864*** (-4.58)	-1.7241*** (-4.67)	-1.7157*** (-4.65)
Duality	0.2703** (2.14)	0.2483** (2.02)	0.2480** (2.02)
Bsize	-0.2665 (-0.91)	-0.2731 (-0.93)	-0.2715 (-0.92)
Zidex	-0.0013 (-0.99)	-0.0013 (-0.97)	-0.0012 (-0.95)

续表

变量符号	模型（4-4）	模型（4-5）	模型（4-6）
	Innovation2	Innovation2	Innovation2
Indep	-0.2638 (-0.34)	-0.1150 (-0.14)	-0.0884 (-0.11)
CEO-Ten	-0.0268** (-2.08)	-0.0292** (-2.28)	-0.0285** (-2.22)
CEO-Gen	0.2424 (1.37)	0.2452 (1.40)	0.2390 (1.36)
CEO-Age	-0.0090 (-1.23)	-0.0090 (-1.25)	-0.0095 (-1.32)
CEO-Deg	0.0392 (0.70)	0.0472 (0.85)	0.0515 (0.92)
常数项	-7.3521*** (-3.52)	-7.7881*** (-3.68)	-7.7822*** (-3.69)
行业	控制	控制	控制
年度	控制	控制	控制
样本量	24879	24996	24996
调整的 R^2	0.0251	0.0258	0.0260

注：系数下方括号内表示 t 值，*、**、*** 分别代表在 10%、5%、1% 的显著性水平上显著。

表 4-11 显示了在改变企业创新的衡量方法的情况下，薪酬水平在不同维度的 CEO 社会资本影响企业创新的过程中的调节作用。从表 4-11 的稳健性检验的结果来看：在改变企业创新的衡量指标后，商业社会资本与薪酬水平交互项（SC-Bus × Pay）前的系数为 0.0015，但并不显著，说明薪酬水平在商业社会资本影响企业创新的过程中的调节作用不显著；CEO 政治社会资本与薪酬水平交互项（SC-Pol × Pay）前的系数为 0.0149，且

在10%的显著性水平上显著，说明薪酬水平在政治社会资本影响企业创新的过程中发挥了负向调节作用；海外社会资本与薪酬水平交互项（SC - Over × Pay）前的回归系数为0.0462，但是结果并不显著，说明薪酬水平在海外社会资本影响企业创新的过程中的调节作用没有得到验证。表4-11的结果再次证实了薪酬水平在CEO政治社会资本影响企业创新的过程中的负向调节作用的结论是稳健的。

表4-11 改变因变量衡量方法下CEO薪酬水平调节作用的稳健性检验

变量符号	模型（4-7）	模型（4-8）	模型（4-9）
	Innovation2	Innovation2	Innovation2
SC - Bus	0.0173** (2.26)		
SC - Bus × Pay	0.0015 (1.61)		
SC - Pol		-0.1468** (-2.21)	
SC - Pol × Pay		0.0149* (1.82)	
SC - Over			0.2689** (2.25)
SC - Over × Pay			0.0462 (1.64)
Pay	0.0316 (0.41)	-0.0206 (-0.28)	-0.0460 (-0.64)
ROA	1.1154 (1.20)	1.1254 (1.22)	1.1190 (1.21)

续表

变量符号	模型（4-7）	模型（4-8）	模型（4-9）
	Innovation2	Innovation2	Innovation2
Lev	-0.9214** (-2.55)	-0.9439*** (-2.62)	-0.9257*** (-2.58)
Growth	0.4691*** (3.94)	0.4843*** (4.08)	0.4865*** (4.10)
Size	0.7367*** (7.37)	0.7698*** (7.44)	0.7695*** (7.44)
Age	-1.7136*** (-4.71)	-1.8216*** (-4.86)	-1.8517*** (-4.93)
State	-0.1780 (-1.06)	-0.2039 (-1.20)	-0.2128 (-1.26)
Tang	-1.7104*** (-4.10)	-1.7124*** (-4.11)	-1.7017*** (-4.10)
Duality	0.2629** (1.98)	0.2507* (1.94)	0.2445* (1.90)
Bsize	-0.1514 (-0.45)	-0.1802 (-0.54)	-0.1836 (-0.55)
Zidex	-0.0021 (-1.30)	-0.0021 (-1.31)	-0.0022 (-1.32)
Indep	0.7706 (0.88)	0.9711 (1.07)	1.0084 (1.11)
CEO-Ten	-0.0304** (-2.12)	-0.0307** (-2.17)	-0.0303** (-2.15)
CEO-Gen	0.2579 (1.39)	0.2531 (1.38)	0.2514 (1.36)
CEO-Age	-0.0086 (-1.10)	-0.0090 (-1.16)	-0.0095 (-1.23)

续表

变量符号	模型（4－7）	模型（4－8）	模型（4－9）
	Innovation2	Innovation2	Innovation2
CEO－Deg	0.0185 (0.31)	0.0202 (0.34)	0.0274 (0.47)
常数项	－10.9239*** (－4.39)	－10.7240*** (－4.36)	－10.3314*** (－4.22)
行业	控制	控制	控制
年度	控制	控制	控制
样本量	22421	22473	22473
调整的 R^2	0.0275	0.0281	0.0286

注：系数下方括号内表示 t 值，*、**、*** 分别代表在 10%、5%、1% 的显著性水平上显著。

表 4－12 显示了董事会权力在不同维度的 CEO 社会资本影响企业创新的过程中的调节作用的稳健性检验结果。从表 4－12 的结果来看：在改变企业创新的衡量指标后，商业社会资本与董事会权力交互项（SC－Bus × Power）前的系数为 0.0531，且在 5% 的显著性水平上显著，说明董事会权力在商业社会资本影响企业创新的过程中发挥了正向调节作用；政治社会资本与董事会权力交互项（SC－Pol × Power）前的系数为 0.0156，且在 10% 的显著性水平上显著，说明董事会权力在政治社会资本影响企业创新的过程中发挥了负向调节作用；海外社会资本与董事会权力交互项（SC－Over × Power）前的回归系数为 0.0193，且在 10% 的显著性水平上显著，说明董事会权力在海外社会资本影响企业创新的过程中发挥了正向调节作用。上述结果表明，董事会权力在商业社会资本和海外社会资本影响企业创新的过程中发挥了正向调节作用，当董事会权力相对较大时，董事会对 CEO 追逐个

人利益而损害公司长远发展的行为起到了较好的监督作用，引导CEO 利用其所拥有的社会资本推动企业创新，从而提升企业的创新水平。表 4 - 12 的实证结果再次证实董事会权力的调节作用的结论是稳健的。

表 4 - 12　　改变因变量衡量方法下董事会权力调节作用的稳健性检验

变量符号	模型（4 - 10）	模型（4 - 11）	模型（4 - 12）
	Innovation2	Innovation2	Innovation2
SC - Bus	0. 3004 ** (2. 32)		
SC - Bus × Power	0. 0531 ** (2. 52)		
SC - Pol		- 0. 1329 ** (- 2. 28)	
SC - Pol × Power		0. 0156 * (1. 79)	
SC - Over			0. 0167 ** (2. 11)
SC - Over × Power			0. 0193 * (1. 91)
Power	0. 0132 * (1. 81)	- 0. 0054 * (- 1. 93)	0. 0131 * (1. 92)
ROA	0. 0203 (0. 24)	0. 0106 (0. 23)	0. 0034 (0. 21)
Lev	- 0. 1243 (- 1. 42)	- 0. 1125 (- 1. 43)	- 0. 1004 (- 1. 32)
Growth	- 0. 0576 *** (- 4. 56)	- 0. 0367 *** (- 5. 12)	- 0. 0543 *** (- 5. 28)

续表

变量符号	模型（4－10）	模型（4－11）	模型（4－12）
	Innovation2	Innovation2	Innovation2
Size	0.2378 *** (10.12)	0.2786 *** (10.25)	0.3124 *** (10.89)
Age	0.4678 *** (5.21)	0.4832 *** (5.22)	0.5064 *** (5.22)
State	0.0645 (1.19)	0.0657 (1.19)	0.0716 (1.18)
Tang	0.2143 ** (2.56)	0.3217 *** (2.74)	0.2579 *** (2.61)
Duality	-0.0056 (-0.17)	-0.0037 (-0.17)	0.0006 (0.08)
Bsize	-0.0726 (-0.75)	-0.0725 (-0.75)	-0.0726 (-0.77)
Zidex	-0.0003 (-1.20)	-0.0003 (-1.21)	-0.0003 (-1.21)
Indep	-0.0464 (-0.25)	-0.0567 (-0.45)	-0.0848 (-0.75)
CEO - Ten	0.0089 * (1.85)	0.0046 * (1.81)	0.0032 * (1.85)
CEO - Gen	0.0016 (0.0044)	0.0017 (0.0044)	0.0016 (0.0044)
CEO - Age	0.0392 (0.70)	0.0472 (0.85)	0.0515 (0.92)
CEO - Deg	0.0142 (1.42)	0.0189 (1.51)	0.0331 (1.31)
常数项	-7.1067 *** (-10.21)	-6.3248 *** (-10.43)	-7.4349 *** (-10.48)

续表

变量符号	模型（4－10）	模型（4－11）	模型（4－12）
	Innovation2	Innovation2	Innovation2
行业	控制	控制	控制
年度	控制	控制	控制
样本量	25414	25414	25291
调整的 R^2	0.3215	0.3235	0.3241

注：系数下方括号内表示 t 值，*、**、*** 分别代表在 10%、5%、1% 的显著性水平上显著。

二、稳健性检验二：改变样本观测期间

表 4－13[①] 显示了改变样本期间后，市场化程度在不同维度的 CEO 社会资本影响企业创新的过程中的调节作用。从表 4－13 的稳健性检验的结果来看：CEO 商业社会资本与市场化程度交互项（SC－Bus × Market）前的系数显著为负，说明市场化程度在 CEO 商业社会资本影响企业创新的过程中发挥了负向调节作用，企业所处地区的市场化程度较高时，商业社会资本在推动企业创新的过程中的作用会减弱；CEO 政治社会资本与市场化程度交互项（SC－Pol × Market）前的系数显著为正，说明市场化程度在政治社会资本影响企业创新的过程中发挥了负向调节作用，企业所处地区的市场化程度较高时，政治社会资本对企业创新的不利影响会减弱；CEO 海外社会资本与市场化程度交互项（SC－Over × Market）前的回归系数显著为负，说明市场化程度在海外社会资

① 表 4－13 至表 4－20 没有列示控制变量的回归结果，主要是因为此处重点考察的是 CEO 社会资本影响企业创新的过程中调节作用的稳健性检验，所以表中只列示了自变量和调节变量的回归结果。

本影响企业创新的过程中发挥了负向调节作用，企业所处地区的市场化程度较高时，海外社会资本在推动企业创新的过程中的作用会减弱。上述结果再次证实，市场化程度在不同维度的 CEO 社会资本影响企业创新的过程中的调节作用的结论是稳健的。

表 4-13　改变样本期间下市场化程度调节作用的稳健性检验

变量符号	模型（4-1）	模型（4-2）	模型（4-3）
	Innovation1	Innovation1	Innovation1
SC-Bus	0.0964* (1.87)		
SC-Bus × Market	-0.0109** (-2.21)		
SC-Pol		-0.5319* (-1.84)	
SC-Pol × Market		0.0519* (1.95)	
SC-Over			0.0679** (2.41)
SC-Over × Market			-0.0319* (-1.87)
Market	-0.1228 (-1.40)	-0.1733** (-2.03)	-0.1557* (-1.85)
常数项	-6.1649*** (-2.61)	-6.5134*** (-2.67)	-6.6124*** (-2.67)
行业	控制	控制	控制
年度	控制	控制	控制
样本量	19036	19059	19059
调整的 R^2	0.0276	0.0283	0.0287

注：系数下方括号内表示 t 值，*、**、*** 分别代表在 10%、5%、1% 的显著性水平上显著。出于表格篇幅的考虑，本表没有列示控制变量的回归结果，这不会影响本章的结论。下列各表同。

表 4－14 显示了 CEO 持股水平在不同维度的 CEO 社会资本影响企业创新的过程中的调节作用。表 4－14 的稳健性检验的结果来看：在改变样本期间后，商业社会资本与持股水平交互项（SC－Bus×Share）前的系数显著为正，说明持股水平在商业社会资本影响企业创新的过程中发挥了正向调节作用；政治社会资本与持股水平交互项（SC－Pol×Share）前的系数显著为正，说明持股水平在政治社会资本影响企业创新的过程中发挥了负向调节作用；海外社会资本与持股水平交互项（SC－Over×Share）前的回归系数显著为正，说明 CEO 持股水平在海外社会资本影响企业创新的过程中发挥了正向调节作用。表 4－14 的实证结果再次证实持股水平在不同维度的 CEO 社会资本影响企业创新的过程中的调节作用的结论是稳健的。

表 4－14　改变样本期间下 CEO 持股水平的调节作用的稳健性检验

变量符号	模型（4－4）	模型（4－5）	模型（4－6）
	Innovation1	Innovation1	Innovation1
SC－Bus	0.0081** (2.42)		
SC－Bus×Share	0.0739* (1.89)		
SC－Pol		－0.1534** (－2.23)	
SC－Pol×Share		0.0164* (1.91)	
SC－Over			0.2643** (2.12)

续表

变量符号	模型（4－4）	模型（4－5）	模型（4－6）
	Innovation1	Innovation1	Innovation1
SC－Over × Share			0.6134* （1.81）
Share	－1.2134* （－1.68）	－0.0095* （1.75）	－0.3521* （－1.86）
常数项	－7.1275*** （－3.41）	－7.5611*** （－3.59）	－7.5418*** （－3.65）
行业	控制	控制	控制
年度	控制	控制	控制
样本量	18712	18649	18649
调整的 R^2	0.0266	0.0312	0.0319

注：系数下方括号内表示 t 值，*、**、*** 分别代表在 10%、5%、1% 的显著性水平上显著。

表 4－15 显示了改变样本期间后，薪酬水平在不同维度的 CEO 社会资本影响企业创新的过程中的调节作用。从表 4－15 的稳健性检验的结果来看：商业社会资本与薪酬水平交互项（SC－Bus × Pay）前的系数不显著；政治社会资本与薪酬水平交互项（SC－Pol × Pay）前的系数显著为正，说明薪酬水平在政治社会资本影响企业创新的过程中发挥了负向调节作用；海外社会资本与薪酬水平交互项（SC－Over × Pay）前的也不显著。表 4－11 的结果再次证实了薪酬水平在商业社会资本和海外社会资本对企业创新过程中的调节作用不显著，而薪酬水平在 CEO 政治社会资本影响企业创新过程中的负向调节作用的结论是稳健的。

表 4-15　　改变样本期间下 CEO 薪酬水平调节作用的稳健性检验

变量符号	模型（4-7）	模型（4-8）	模型（4-9）
	Innovation1	Innovation1	Innovation1
SC-Bus	0.0092** (2.14)		
SC-Bus×Pay	0.0006 (1.32)		
SC-Pol		-0.1356** (-2.41)	
SC-Pol×Pay		0.0069* (1.81)	
SC-Over			0.1649** (2.29)
SC-Over×Pay			0.0413 (1.54)
Pay	0.0291 (0.41)	-0.0163 (-0.53)	-0.0349 (-0.96)
常数项	-9.3652*** (-3.39)	-9.7224*** (-3.36)	-9.5486*** (-3.22)
行业	控制	控制	控制
年度	控制	控制	控制
样本量	17624	18052	18052
调整的 R^2	0.0261	0.0291	0.0292

注：系数下方括号内表示 t 值，*、**、*** 分别代表在 10%、5%、1% 的显著性水平上显著。

表 4 – 16 显示了改变样本期间后，董事会权力在不同维度的 CEO 社会资本影响企业创新的过程中的调节作用的稳健性检验结果。从表 4 – 16 的结果来看：在改变样本观测期间后，商业社会资本与董事会权力交互项（SC – Bus × Power）显著为正，说明董事会权力在商业社会资本影响企业创新的过程中发挥了正向调节作用；政治社会资本与董事会权力交互项（SC – Pol × Power）前的系数显著为正；海外社会资本与董事会权力交互项（SC – Over × Power）前的回归系数显著为正。上述结果表明，董事会权力在商业社会资本和海外社会资本影响企业创新的过程中发挥了正向调节作用，而在政治社会资本影响企业创新的过程中发挥了负向调节作用。表 4 – 16 的实证结果再次证实董事会权力的调节作用的结论是稳健的。

表 4 – 16　改变样本期间下董事会权力调节作用的稳健性检验

变量符号	模型（4 – 10）	模型（4 – 11）	模型（4 – 12）
	Innovation1	Innovation1	Innovation1
SC – Bus	0.2349** （2.41）		
SC – Bus × Power	0.0620** （2.51）		
SC – Pol		–0.1527** （–2.31）	
SC – Pol × Power		0.0197* （1.81）	
SC – Over			0.0137** （2.21）

续表

变量符号	模型（4-10）	模型（4-11）	模型（4-12）
	Innovation1	Innovation1	Innovation1
SC - Over × Power			0.0213* (1.93)
Power	0.0134* (1.91)	-0.0035* (-1.95)	0.0216* (1.93)
常数项	-7.2316*** (-8.21)	-6.5467*** (-9.32)	-7.2672*** (-9.54)
行业	控制	控制	控制
年度	控制	控制	控制
样本量	17023	17056	17056
调整的 R^2	0.3215	0.3235	0.3241

注：系数下方括号内表示 t 值，*、**、*** 分别代表在 10%、5%、1% 的显著性水平上显著。

三、稳健性检验三：将因变量做前置一期处理

表 4-17 显示了将因变量做前置一期处理后，市场化程度在不同维度的 CEO 社会资本影响企业创新的过程中的调节作用。从表 4-17 的稳健性检验的结果来看：商业社会资本与市场化程度交互项（SC - Bus × Market）前的系数显著为负；政治社会资本与市场化程度交互项（SC - Pol × Market）前的系数显著性为正；而海外社会资本与市场化程度交互项（SC - Over × Market）前的回归系数显著为负。上述结果再次证实市场化程度在不同维度的 CEO 社会资本影响企业创新过程中的负向调节作用的结论是稳健的。

表 4-17 因变量前置一期后市场化程度调节作用的稳健性检验

变量符号	模型（4-1）	模型（4-2）	模型（4-3）
	Innovation1	Innovation1	Innovation1
SC-Bus	0.0360** (2.24)		
SC-Bus × Market	-0.0035* (-1.81)		
SC-Pol		-0.3685*** (-2.97)	
SC-Pol × Market		0.0377** (2.39)	
SC-Over			0.2748* (1.87)
SC-Over × Market			-0.0333* (-1.92)
Market	0.0146 (0.54)	-0.0062 (-0.23)	0.0051 (0.19)
常数项	-7.2813*** (-10.68)	-7.3075*** (-10.67)	-7.2743*** (-10.68)
行业	控制	控制	控制
年度	控制	控制	控制
样本量	25321	25388	25388
调整的 R^2	0.3640	0.3644	0.3638

注：系数下方括号内表示 t 值，*、**、*** 分别代表在 10%、5%、1% 的显著性水平上显著。

表 4－18 显示了将因变量做前置一期处理后，持股水平在不同维度的 CEO 社会资本影响企业创新过程中的调节作用。从表 4－18 的稳健性检验的结果来看：商业社会资本与持股水平交互项（SC－Bus×Share）前的系数显著为正；政治社会资本与持股水平交互项（SC－Pol×Share）前的系数显著为正；海外社会资本与持股水平交互项（SC－Over×Share）前的回归系数显著为正。表 4－18 的实证结果再次证实，CEO 持股水平在不同维度的 CEO 社会资本影响企业创新的过程中的调节作用的结论是稳健的。

表 4－18　因变量前置一期后 CEO 持股水平的调节作用的稳健性检验

变量符号	模型（4－4）	模型（4－5）	模型（4－6）
	Innovation1	Innovation1	Innovation1
SC－Bus	0.0109*** (2.97)		
SC－Bus×Share	0.0745*** (2.93)		
SC－Pol		－0.1030*** (－2.90)	
SC－Pol×Share		0.6768** (2.36)	
SC－Over			0.0274** (2.13)
SC－Over×Share			0.9321* (1.80)

续表

变量符号	模型（4-4）	模型（4-5）	模型（4-6）
	Innovation1	Innovation1	Innovation1
CEOshare	0.3284 (1.46)	-0.1182 (-0.49)	0.1873 (0.84)
常数项	-7.2375*** (-11.04)	-7.3627*** (-11.19)	-7.2645*** (-11.10)
行业	控制	控制	控制
年度	控制	控制	控制
样本量	25414	25414	25291
调整的 R^2	0.3760	0.3761	0.3756

注：系数下方括号内表示 t 值，*、**、*** 分别代表在 10%、5%、1% 的显著性水平上显著。

表 4-19 显示将因变量做前置一期处理后，薪酬水平在不同维度的 CEO 社会资本影响企业创新过程中的调节作用。从表 4-19 的稳健性检验的结果来看：商业社会资本与薪酬水平交互项（SC-Bus×Pay）前的系数不显著；政治社会资本与薪酬水平交互项（SC-Pol×Pay）前的系数显著为正，说明薪酬水平在政治社会资本影响企业创新的过程中发挥了负向调节作用；海外社会资本与薪酬水平交互项（SC-Over×Pay）前的系数也不显著。表 4-19 的结果再次证实了薪酬水平在商业社会资本和海外社会资本影响企业创新过程中的调节作用不显著，而薪酬水平在政治社会资本影响企业创新过程中的负向调节作用的结论是稳健的。

表 4－19　因变量前置一期后 CEO 薪酬水平调节作用的稳健性检验

变量符号	模型（4－7）	模型（4－8）	模型（4－9）
	Innovation1	Innovation1	Innovation1
SC－Bus	0.0501** (2.25)		
SC－Bus × Pay	0.0042 (1.38)		
SC－Pol		－1.0908*** (－2.92)	
SC－Pol × Pay		0.0786*** (2.73)	
SC－Over			0.3396** (1.86)
SC－Over × Pay			0.0263 (1.35)
Pay	－0.0338* (－1.67)	－0.0429** (－2.08)	－0.0242** (－2.29)
常数项	－6.3095*** (－9.48)	－6.2859*** (－9.46)	－6.4536*** (－9.76)
行业	控制	控制	控制
年度	控制	控制	控制
样本量	23519	23553	23553
调整的 R^2	0.3478	0.3482	0.3476

注：系数下方括号内表示 t 值，*、**、*** 分别代表在 10%、5%、1% 的显著性水平上显著。

表 4－20 显示了将因变量做前置一期处理后，董事会权力在不同维度的 CEO 社会资本影响企业创新的过程中的调节作用的稳健性检验结果。从表 4－20 的结果来看：商业社会资本与董事会权力交互项（SC－Bus × Power）显著为正；政治社会资本与董事会权力交互项（SC－Pol × Power）前的系数显著为正；海外社会资本与董事会权力交互项（SC－Over × Power）前的回归系数显著为正。上述结果表明，董事会权力在商业社会资本和海外社会资本影响企业创新的过程中发挥了正向调节作用，而在政治社会资本影响企业创新的过程中发挥了负向调节作用。表 4－20 的实证结果再次证实董事会权力的调节作用的结论是稳健的。

表 4－20　因变量前置一期后董事会权力调节作用的稳健性检验

变量符号	模型（4－10）	模型（4－11）	模型（4－12）
	Innovation1	Innovation1	Innovation1
SC－Bus	0.1689** (2.32)		
SC－Bus × Power	0.0429** (2.41)		
SC－Pol		－0.1315** (－2.35)	
SC－Pol × Power		0.0192* (1.93)	
SC－Over			0.0164** (2.26)
SC－Over × Power			0.0157* (1.95)

续表

变量符号	模型（4-10）	模型（4-11）	模型（4-12）
	Innovation1	Innovation1	Innovation1
Power	0.0157* (1.93)	-0.0043* (-1.94)	0.0186* (1.93)
常数项	-7.1537*** (-8.21)	-6.4545*** (-9.32)	-7.1264*** (-9.33)
行业	控制	控制	控制
年度	控制	控制	控制
样本量	25318	25318	25176
调整的 R^2	0.3126	0.3237	0.3245

注：系数下方括号内表示 t 值，*、**、*** 分别代表在 10%、5%、1% 的显著性水平上显著。

第六节　本章小结

CEO 社会资本影响企业创新的结果受到 CEO 对其所拥有的社会资本的利用意愿以及外部市场环境等因素的制约，本章深入细致地分析了 CEO 社会资本影响企业创新过程中的情境因素的权变效应，并从企业外部市场环境、内部激励和监督机制视角出发，选择市场化程度、持股比例、薪酬水平及董事会权力这 4 个指标作为调节变量，构建了 CEO 商业社会资本、政治社会资本以及海外社会资本与调节变量的交互项，用来反映企业内外部情境的调节作用，并实证检验了不同内外部情境下 CEO 社会资本对企业创新影响的作用差异。

本章的研究结果表明，市场化程度在 CEO 社会资本影响企业创新的过程中发挥了负向的调节作用。当外部市场环境较好时，商业社会资本和海外社会资本对企业创新的促进作用会有所减弱，政治社会资本对企业创新的不利影响也会减弱；持股水平在商业社会资本和海外社会资本影响企业创新的过程中发挥了正向的调节作用，在政治社会资本影响企业创新的过程中发挥了负向的调节作用。当 CEO 持股水平较高时，商业社会资本和海外社会资本对企业创新的促进作用会增强，政治社会资本对企业创新的负向作用会减弱；CEO 薪酬水平在 CEO 社会资本影响企业创新的过程中也发挥了一定的调节作用，当薪酬水平较高时，政治社会资本对企业创新的不利影响会减弱，但是，薪酬水平在 CEO 商业社会资本和海外社会资本影响企业创新的过程中的调节作用没有得到验证；董事会权力在商业社会资本和海外社会资本影响企业创新的过程中具有正向调节作用。当董事会权力较大时，CEO 商业社会资本和海外社会资本对企业创新的促进作用会增强，而 CEO 政治社会资本对企业创新的不利影响会减弱。

根据本章结论可知，外部市场环境的健康发展能够增强 CEO 社会资本对企业创新的促进效果。积极推进市场化进程，建设良好的市场环境，是提升企业创新的必要外部条件；对于企业而言，要建立合理的激励和监督机制，提升 CEO 利用其所拥有的社会资本的意愿，同时，还要努力提升董事会的监督效率，切实有效地加强董事会在公司治理中的作用发挥，做到激励和监督双管齐下，最大限度地发挥 CEO 社会资本对企业创新的促进作用，提高企业的创新水平，为实现企业乃至整个社会的创新发展提供条件，推动企业和社会经济的可持续发展。

第五章 研究结论与展望

本书基于中国关系文化和经济转型的特定背景，从 CEO 社会资本视角出发，借助社会资本理论、资源依赖理论及高阶梯队等理论基础，对 CEO 社会资本与企业创新两者间的关系进行合理的分析，并推导出本书的基本假设。在此基础上，利用上市公司的大样本数据，构建多元回归分析模型，运用了 Excel、Stata 等统计分析工具，深入考察了 CEO 社会资本对企业创新的影响后果及其内在的作用路径，回答并解释了以下几个问题：（1）在中国关系文化和经济转型的特殊背景下，不同维度的 CEO 社会资本与企业创新的关系如何？(2）不同维度的 CEO 社会资本相互作用对企业创新的影响如何？（3）不同维度的 CEO 社会资本影响企业创新的内在路径是怎样的？(4）企业内外部情境要素在 CEO 社会资本影响企业创新过程中的调节作用有何差异？首先，在具体的研究过程中，对本书中所涉及的重要概念加以界定，寻找本书的理论支撑基础，并对现有的相关文献进行梳理和归纳，找到现有研究中的不足，引出本书的研究切入点，阐明本书主要的研究问题。其次，在社会资本等理论基础上进行合理推导，提出本书的研究假设，并利用大样本数据，构建合理的回归模型进行实证检验，以考察不同维度的 CEO 社会资本及其相互作用对企业创新的影响后果及其作用路径。再次，分析并考察了企业内外部情境因素在不同维度的 CEO 社会资本影响企业创新的过程中的权变效应，重点考察了企业内部激励和监督机制以及企业外部制度环境这两大情境要素在不同维度的 CEO 社会资本影响企业创新的过程中发挥的调节作用。最后，对本书的主要研究结论进行概括，并指出本书的研究不足之处以及未来的研究展望。本书对于完善企业的 CEO 选聘机制、积极利用 CEO 社会资本来提升企业创新具有重要的现实意义，对于监管部门加速推进构建有利于培育 CEO 社会资本的长效机制具有借鉴作用。

本章的具体内容分为以下 4 个部分：第一部分，对本书的研究结论进行系统概括与总结；第二部分，阐述本书的研究启示；第三部分，指出本书存在的不足之处；第四部分，探索与讨论未来可能的研究方向。

第一节　研究结论

在社会资本理论、资源依赖理论以及高层梯队理论的基础上，本书着重研究了不同维度的 CEO 社会资本及其相互作用对企业创新的影响后果，并详细分析了不同维度的 CEO 社会资本影响企业创新的作用路径。立足于本书的研究目标与研究内容，具体考察了 CEO 商业社会资本、CEO 政治社会资本以及 CEO 海外社会资本对企业创新的影响结果及其作用路径，发现研发投入、风险承担在不同维度的 CEO 社会资本在影响企业创新的过程中发挥了中介作用，并进一步考察了企业内外部情境因素在不同维度的 CEO 社会资本影响企业创新的过程中的调节效应，研究结论体现在以下几个方面。

一、不同维度的 CEO 社会资本对企业创新的影响不同

本书详细研究了商业社会资本、政治社会资本以及海外社会资本对企业创新的影响，发现不同维度的 CEO 社会资本对企业创新的影响后果存在差异，具体研究结论如下：

（一）CEO 商业社会资本对企业创新具有促进作用

嵌入 CEO 与外部商业组织或个人（包括客户、供应商、竞争者、合作企业、大学或研究机构等）间的社会关系网络中的商业社会资本，能够给企业创新提供信息及资源等优势，为推动企业创新活动的开展提供了重要的资源保障。CEO 商业社会资本有助于企业获得有关产品、行业和市场的特定知识和信息资源，并通过这些知识、技术和信息的获取进一步提高企业对环境变化的识别，帮助企业适应并应对不确定的环境，降低企业创新面临的风险，提高企业创新的效率；商业社会资本促进了商业关系网络中行为主体之间的沟通与合作，提升了网络中各行为主体间的信任和声誉，降低了行为主体间的信息不对称程度，促进了企业间的互惠合作，进而有助于企业获取、分享和交换特定的高质量的技术知识和信息资源。CEO 商业社会资本的信任机制促使商业关系网络中的行为主体有动力以更加积极的方式分享信息和技术，从而促进了技术知识和信息资源在社会网络中的流动效率，提升了企业创新所需的技术知识和资源利用能力和效率

(Heavey et al., 2015; Turner et al., 2013)，最终促进企业整体创新水平。

（二）CEO 政治社会资本对企业创新具有不利的影响

CEO 政治社会资本是指嵌入 CEO 与政府部门间的社会关系网络的资源集合。政治社会资本犹如一把“双刃剑”影响着企业创新。本书的研究结果表明，政治社会资本对企业创新具有显著的负向影响，即过度嵌入的 CEO 政治社会资本阻碍了企业创新。已有部分学者在研究中证实了 CEO 政治社会资本有利于企业获取政府补贴、资金支持等方面的资源优势（高冰，2015；张素平，2013)，但却忽视了政治社会资本在为企业获取政府机构的各种资源提供便利的同时，也给企业带来了成本与风险。CEO 政治社会资本需要支付较高的维系成本，在企业总体资源有限的前提下，建立政治社会资本所需的维系成本会挤占企业用于创新的资源投入，导致较少甚至没有用于企业创新的资源投入，从而阻碍了企业创新；CEO 政治社会资本可能会造成政府对企业经营管理活动的干预，从而限制企业的决策自由，政府的干预削弱了企业追求创新的积极性，从而对企业创新造成了不利影响；CEO 政治社会资本还可能导致创新惰性，抑制企业的创新思维，进而不利于企业创新。由于政治社会资本使得企业在获取资源方面变得相对容易，导致 CEO 政治社会资本带来的竞争资源优势可能不会被优先分配用以促进企业技术创新，而用来实现企业的短期收益，满足企业的短视行为，进而影响企业进行创新的积极性。

（三）CEO 海外社会资本对企业创新具有促进作用

CEO 海外社会资本可以理解为 CEO 在海外留学、工作期间所积累的海外关系网络给个人和企业带来的资源集合。具有海外社会经历的 CEO 具备先进的管理理念和思维方式，通过运用在国外学习积累的先进专业知识技能，有助于企业利用先进的知识和技术帮助企业开展创新活动，提高企业创新的成功率。同时，具备海外经历的 CEO 更具国际化的视野，会更加注重对企业长远的竞争优势的培育，因此，会加大企业的创新投入，实现企业创新发展。此外，从海外文化对 CEO 影响的视角来看，海外的文化熏陶使其更具冒险意识和创新精神。具有海外经历的 CEO 在企业战略选择中往往表现出更高的风险承担倾向，对企业创新可能面临的失败具有较大的容忍性，因此，有助于其选择风险较高、收益较大的创新战略。同时，受西方价值观影响的 CEO 会表现得更加自信，会积极地表达自己的观点和主张（Yamaguchi，2005），在公司经营决策过程中更多地依靠个人判断进行，在行为决策上表现为风险偏好，更愿意并且更有能力接受新的挑战，从而有助于形成企业的创新决策（Kreiser et al.，2000）。

二、不同维度的 CEO 社会资本的相互作用对企业创新的影响不同

CEO 社会资本是一种动态能力，不同维度的 CEO 社会资本之间可以相互转化、相互共存。因此，本书还进一步探讨了不同维度的社会资本的相互作用对企业创新的影响后果。具体而言，考察了商业社会资本与政治社会资本间的相互作用、政治社会资本与海外社会资本间的相互作用以及商业社会资本与海外社会资本间的相互作用对企业创新的影响。

（一）CEO 商业社会资本有助于缓解 CEO 政治社会资本对企业创新造成的不利影响

商业社会资本为企业创新带来了知识、技术、信息等资源，加强了企业与商业关系网络中相关利益群体的合作与沟

通，推动信息和资源在社会网络中的流动，提升了企业对资源利用的效率，从而促进了企业创新。商业社会资本带来的资源效应及信任机制有效弥补了政治社会资本对企业创新资源的挤占，商业社会资本带来的有关产品、市场以及行业动态的信息有助于为企业创新指明方向，提升企业创新的积极性，减少企业创新中面临的风险，商业社会资本有助于降低政治社会资本在限制企业创新思维、规避企业创新风险、阻碍企业创新过程中的不利影响。

（二）CEO 海外社会资本有助于缓解 CEO 政治社会资本对企业创新造成的不利影响

海外社会资本给企业创新带来新的技术知识和有效的管理控制方法，能够降低企业创新面临的外部风险，并提升企业创新所需的技术和知识资源。海外社会资本还提高了 CEO 风险承担倾向，使得 CEO 在战略选择中偏好那些风险较高、收益较大的投资项目，进而加快企业创新活动的开展与实施。海外社会资本有效弥补了政治社会资本带来的创新惰性，激活了企业的创新思维，提高了企业资源的投入，进而缓解政治社会资本给企业创新带来的不利影响。

（三）CEO 海外社会资本减弱了 CEO 商业社会资本对企业创新的促进作用

海外社会资本与商业社会资本在影响企业创新的过程中存在替代效应，海外社会资本减弱了 CEO 商业社会资本对企业创新的促进作用。海外社会资本给企业创新带来先进的技术知识和战略管理经验。一方面，海外社会资本带来的先进技术和知识能够为企业创新带来资源支持，为企业创新指明方向，而先进的战略管理经验能够有效控制企业创新过程中面临的风险，提升企业创新成功的可能性；另一方面，海外社会资本还提高了 CEO 风险承担倾向，使其在战略选择中偏好那些风险较高、收益较大的投资项目，进而加快企业创新活动的开展与实施。商业社会资本对企业创新的影响也在一定程度上体现为对信息资源的利用，从而导致海外社会资本和商业社会资本间存在替代效应。

三、不同维度的 CEO 社会资本影响企业创新的作用路径不同

（一）CEO 商业社会资本影响企业创新的作用路径——研发投入

本书的实证结果表明，研发投入强度在 CEO 商业社会资本影响企业创新的过程中发挥部分中介作用。从创新资源投入的视角来看，企业创新是一项资源消耗较大的战略选择，企业创新离不开企业内部资源的合理配置，更离不开充足的外部资源的获取与投入。资源获取是资源投入的保证，实现企业创新必须将获取资源的过程转化为对资源的有效利用，创新资源投入是企业开展创新活动的重要前提。CEO 商业社会资本为企业创新带来了知识、产品、技术、资金等资源前提，CEO 商业社会资本的资源优势也为企业创新资源的投入提供了保障，当企业有较为充足的资源时，用于企业创新的资源投入也会相应增加，从而有效缓解企业创新面临的资源约束，提升企业创新的水平，因此，创新资源投入是 CEO 商业社会资本影响企业创新的作用路径。

（二）CEO 政治社会资本影响企业创新的作用路径——研发投入与风险承担

本书的实证结果表明，研发投入强度、风险承担水平在 CEO 政治社会资本影响企业创新的过程中发挥了部分中介作用。政治社会资本的维系成本挤占了用于创新的资源投入，表现为政治社会资本引起企业研发投入强度的降低；政治社会资本的短期收益优势降低了 CEO 进行创新投入的意愿，进而减少了企业的

研发投入；CEO 出于自身职业生涯和职业声誉的考虑，会降低企业风险承担水平，进而不利于企业创新。政治社会资本对企业创新的负面影响是通过减少研发投入强度，降低企业风险承担水平而实现，研发投入和风险承担在 CEO 政治社会资本影响企业创新中发挥了部分中介作用。

（三）CEO 海外社会资本影响企业创新的作用路径——风险承担

本书的实证结果表明，风险承担在 CEO 海外社会资本影响企业创新的过程中发挥了部分中介作用。CEO 海外社会资本给企业带来了先进的知识、技术和战略管理经验，为企业创新指明方向，先进的战略管理经验有助于控制企业创新过程中面临的风险，也提升了企业风险承担水平；同时，具备海外社会资本的管理者往往更具有冒险意识和创新精神，在企业战略选择中往往表现出更高的风险承担倾向，对企业创新可能面临的失败具有较大的容忍性，因此，CEO 海外社会资本有助于提升企业的风险承担水平，较高的风险承担水平有助于企业创新。因此，海外社会资本对企业创新的促进作用是通过影响企业风险承担水平而实现的，风险承担水平在海外社会资本影响企业创新的过程中发挥了部分中介作用。

四、CEO 社会资本与企业创新关系中的调节作用差异

（一）市场化程度在 CEO 社会资本影响企业创新的过程中发挥了负向调节作用

从企业外部制度环境出发，本书将市场化程度作为制度环境的替代变量引入调节作用模型，探讨市场化程度在不同维度的 CEO 社会资本影响企业创新过程中的调节作用。研究发现，市场化程度负向调节了不同维度的 CEO 社会资本与企业创新之间

的关系。具体而言，当企业所处地区的市场化程度较高时，商业社会资本和海外社会资本对企业创新的促进作用会有所减弱，说明当制度环境较好时，非正式的 CEO 社会资本对正式制度的补充作用会减弱，当企业可以从较为完善的正式制度中获取企业创新所需的资源时，CEO 社会资本对企业创新的促进作用会减弱。此外，当企业所处地区的市场化程度较高时，政治社会资本对企业创新的不利影响也会减弱，此时，完善的制度环境能够为企业创新带来充足的资源，弥补维系政治社会资本对企业创新资源的挤占，激发企业创新思维，为企业创新提供良好的制度保障，提升企业创新的积极性，从而有效缓解了政治社会资本对企业创新造成的不利影响。

（二）CEO 持股比例在 CEO 商业社会资本和 CEO 海外社会资本影响企业创新的过程中发挥了正向调节作用，在政治社会资本影响企业创新的过程中发挥了负向调节作用

提高 CEO 利用其所拥有的社会资本为企业创新服务的意愿是影响 CEO 社会资本作用发挥的关键所在。由于 CEO 社会资本是个人的专属资本，因此，要最大限度地利用 CEO 社会资本，就需要加快 CEO 社会资本的资源优势向企业创新过程的转化，建立合理的激励机制，有助于提高 CEO 利用其所拥有的社会资本的积极性，从而有助于发挥 CEO 社会资本在企业创新过程中的作用。CEO 持股是企业股权激励机制的重要手段，持股水平在 CEO 社会资本影响企业创新的过程中发挥了调节作用。研究结果也表明，持股水平在商业社会资本和海外社会资本影响企业创新的过程中发挥了正向的调节作用，而在政治社会资本影响企业创新的过程中发挥了负向的调节作用。当 CEO 持股水平较高时，商业社会资本和海外社会资本对企业创新的促进作用会增强，政治社会资本对企业创新的负向作用会减弱。

（三）薪酬水平在CEO政治社会资本影响企业创新的过程中发挥了负向调节作用

CEO薪酬激励是企业激励机制的另一个有效手段，因此，本书还引入CEO薪酬水平作为企业激励机制的替代变量，考察CEO薪酬水平在不同维度的CEO社会资本影响企业创新过程中的调节作用。研究结果表明，当CEO薪酬水平较高时，CEO政治社会资本对企业创新的不利影响会减弱，但是，薪酬水平在CEO商业社会资本和海外社会资本影响企业创新过程中的调节作用没有得到验证。

（四）董事会权力在CEO商业社会资本和CEO海外社会资本影响企业创新的过程中发挥了正向调节作用，在政治社会资本影响企业创新的过程中发挥了负向调节作用

根据委托代理理论，合理有效的监督机制也是缓解委托代理矛盾的有效途径之一。加强董事会监督，能够及时发现并制止CEO利用社会资本谋取个人利益的行为，减少企业的短视行为，进而减少CEO社会资本对企业造成的不利影响。本书引入董事会权力作为企业监督机制的替代变量，考察董事会权力在CEO社会资本影响企业创新中的调节作用。研究结果表明，董事会权力在商业社会资本和海外社会资本影响企业创新过程中具有正向调节作用。当董事会权力较大时，商业社会资本和海外社会资本对企业创新的促进作用会增强；当董事会权力较大时，政治社会资本对企业创新的不利影响会减弱。

第二节 理论贡献与实践启示

本书立足于中国关系文化和经济转型的特殊背景，通过整合社会资本理论、资源依赖理论和高层梯队理论，利用大样本数据，构建合理的回归模型，运用面板数据的固定效应模型深入研究了不同维度的 CEO 社会资本与企业创新之间的关系及其作用路径。本书拓展并深化了 CEO 社会资本经济后果及企业创新影响因素的相关研究，为企业完善 CEO 选聘机制、利用 CEO 社会资本提升企业创新提供了经验证据；同时，也为监管部门加速推进构建有利于培育 CEO 社会资本的长效机制提供了一定的借鉴作用。

一、理论贡献

(一) 拓宽了 CEO 社会资本影响后果及企业创新前置影响因素的研究范围

目前，已有的文献大都集中研究企业社会资本，对于个体层面的 CEO 社会资本研究相对较少。然而，作为企业日常经营战略的最高决策者，CEO 的社会资本对企业创新战略的影响不容忽视，研究 CEO 社会资本对企业创新的影响具有重要的理论和现实意义。因此，本书从 CEO 商业社会资本、政治社会资本和海外社会资本 3 个维度出发，分别研究了不同维度的 CEO 社会资本对企业创新的影响，拓宽了 CEO 社会资本在企业战略管理方面的研究范围。此外，提升企业创新是获取企业长期竞争优势、实现企业可持续发展的重要途径，现有文献在考察影响企业创新的前置因素时，主要从企业特征、公司治理层面以及 CEO 人口统计学特征等方面出发，考察影响企业创新的前置因素，本书基于中国关系文化和经济转型的特定背景，考察了企业管理实践中普遍存在的 CEO 社会资本，深入分析了商业社会资本、政治社会资本和海外社会资本对企业创新的影响，为提升企业创新提供了新的视角。

（二）深化了关于不同维度的 CEO 社会资本影响企业创新的作用路径的研究

鉴于目前有关 CEO 社会资本对企业创新影响的作用机制的研究还相对欠缺，本书立足于社会资本理论、资源依赖理论和高层梯队理论，从资源分配和风险承担 2 个视角，分别引入研发投入强度和风险承担水平这 2 个中介变量，构建了不同维度的 CEO 社会资本影响企业创新作用路径的分析框架，并运用大样本数据和固定效应模型等研究方法进行实证检验，由此揭开了不同维度的 CEO 社会资本影响企业创新的作用“黑箱”，揭示了不同维度的 CEO 社会资本影响企业创新过程中的作用机制，从而深化了关于不同维度的 CEO 社会资本影响企业创新的作用路径的研究。

（三）全面洞察了 CEO 社会资本与企业创新关系中的调节效应

现有研究在考察 CEO 社会资本与企业创新关系时，对企业内外部情境要素的调节作用关注不足。企业创新虽然是一项重要的内部战略选择，但是，创新活动会受到企业内外部各种情境的影响，在研究 CEO 社会资本对企业创新影响的过程中应当充分关注企业内外部的情境因素所发挥的作用。从企业内部情境因素出发，本书考察了激励机制和监督机制在影响 CEO 社会资本作用发挥过程中的调节作用。CEO 社会资本是个人所拥有的专属资本，只有将 CEO 社会资本转化为促进企业创新的资源优势时，CEO 社会资本对企业创新的作用才会得以体现，所以，提高 CEO 利用社会资本的积极性是推动企业创新的关键所在。从企业外部情境因素出发，本书考察外部制度环境在 CEO 社会资本影响企业创新的过程中的调节作用。CEO 社会资本作为一种非正式制度，是对正式制度的有效补充，当外部正式制度环境较好时，CEO 社会资本对企业创新的作用也会发生变化。所以，在研究 CEO 社会资本影响企业创新的过程中，要充分关注企业内外部情境的变化，从而有助于我们加深对不同维度的 CEO 社会资本影响企业创新中的边界条件的理解。

（四）加深了对不同维度的 CEO 社会资本影响企业创新作用差异的理解

企业创新是确保企业获取长期竞争优势、实现可持续发展的关键战略。企业创新需要不同的资源支持，本书证实了 CEO 社会资本的资源作用对企业创新的影响。但是，企业在利用 CEO 社会资本对企业创新发挥作用时要充分识别不同维度的 CEO 社会资本带来的影响差异。尽管 CEO 社会资本蕴含着资源优势，但并不是所有的资源优势都能转化为企业创新的推动力。本书研究结果表明，商业社会资本和海外社会资本确实能够推动企业创新，而政治社会资本对企业创新的影响却是不利的。此外，企业内外部情境变量在不同维度的 CEO 社会资本影响企业创新过程中发挥的调节作用也存在差异。深入全面地对上述问题进行研究，有助于充分认识和理解不同维度的 CEO 社会资本影响企业创新的作用差异，从而有助于企业培育 CEO 社会资本，以推动企业创新发展。

二、实践启示

本书为企业完善 CEO 选聘机制、利用 CEO 社会资本提升企业创新提供了经验证据，也为监管部门加速推进构建有利于培育 CEO 社会资本的长效机制提供了借鉴作用。

（一）对于企业管理的实践启示

企业需要建立合理的 CEO 选聘机制，企业在选择继任者时应当关注 CEO 所拥有的社会资本，为企业创新提供合适的人力资本。此外，企业应当加快培育 CEO 社会资本，企业决策层和管理层都要保持包容开放的心态，积极开展与外部利益相关群体之间的活动，构建彼此间的社会关系网络，形成良好的社会关系，为 CEO 社会资本的形成创造条件。同时，应当特别注意 CEO 政治社会资本的培育，过度嵌入的 CEO 政治社会资本会给企业创新造成不利影响。

企业应当特别关注企业内外部情境在 CEO 社会资本对企业创新影响方面的作用，选择不同的网络构建策略（张素平，2013）。企业应当建立合理有效的监督和激励机制，最大限度地发挥 CEO 社会资本对企业创新的促进作用，为 CEO 社会资本的作用发挥提供有效的监督治理机制。利用 CEO 股权激励措施，促进 CEO 利用其所拥有的社会资本的意愿和能力，从而推动 CEO 社会资本对企业创新的正向影响。同时，企业应当充分发挥董事会的监督作用，保障 CEO 社会资本在企业创新过程中的作用发挥。综上所述，企业应当合理安排激励计划，完善董事会的监督治理机制，从而最大限度地发挥 CEO 社会资本对企业创新的促进作用，实现企业长期可持续发展。

（二）对于监管部门的实践启示

外部制度环境在 CEO 社会资本影响企业创新的过程中发挥了调节作用，市场化程度负向调节了 CEO 社会资本对企业创新的影响。对于监管部门而言，要积极推进促进企业培育 CEO 社会资本的制度建设。深化经济体制改革，实现创新驱动经济发展，已经成为当下促进我国经济发展的重要保障。因此，政府应当高度重视商业社会资本和海外社会资本对企业创新的促进作用，帮助培育商业社会资本和海外社会资本，推动职业经理人市场的建设，加快职业经理人市场的流动性，更大力度地吸引海外社会资本投入企业创新，从而有利于 CEO 社会资本作用的发挥，提高企业创新效率，推动整个社会经济的良好发展。此外，监管部门应当特别关注 CEO 政治社会资本减少企业研发投入，进而降低企业创新的后果，政府应当促进公平，优化资源的配置效率，避免让 CEO 政治社会资本沦为“掠夺之手”。监管部门还应当加快建设并完善外部市场环境，良好的制度环境有助于提升企业创新，企业可以从外部制度环境中获得企业创新所需的资源，减少对社会资本的依赖，从而避免社会关系的过度嵌入带来的资源损耗。政府可以积极推动我国多层次的资本市场的发展，为企业创新提供更多的资源和渠道。

第三节　创新之处

本书立足于中国关系文化和经济转型的特定背景，全面深入地分析了不同维度的 CEO 社会资本对企业创新的影响，揭示了不同维度的 CEO 社会资本影响企业创新的作用路径，发现了企业内部激励和监督机制以及外部制度环境在 CEO 社会资本影响企业创新过程中的调节作用。本书的创新之处主要体现在以下几点：

第一，构建了不同维度的 CEO 社会资本影响企业创新的作用模型，揭示了不同维度的 CEO 社会资本在影响企业创新过程中的作用差异。本书构建了不同维度的 CEO 社会资本对企业创新影响的作用模型，研究结果表明，商业社会资本和海外社会资本对企业创新具有促进作用，而政治社会资本对企业创新存在不利的影响。本书揭示了不同维度的 CEO 社会资本对企业创新的影响效应的差异，拓展了 CEO 社会资本在企业战略领域的相关研究，也为提升企业创新提供了新的研究视角。

第二，构建了不同维度的CEO社会资本的相互作用对企业创新影响的作用模型，揭示了不同维度的CEO社会资本交叉作用的影响差异。本书还进一步构建了不同维度的CEO社会资本的相互作用对企业创新影响的作用模型，研究结果表明，商业社会资本和海外社会资本削弱了政治社会资本对企业创新的不利影响，而商业社会资本和海外社会资本在影响企业创新过程中具有替代效应。本书揭示了不同维度的社会资本的相互作用对企业创新结果的影响差异，深化了我们对不同维度的CEO社会资本对企业创新的理解，同时，加深了对CEO社会资本动态能力的认识。

第三，构建了不同维度的CEO社会资本影响企业创新的作用路径的检验模型，实证揭示了资源分配和风险承担是不同维度的CEO社会资本影响企业创新的有效路径。本书深入挖掘了不同维度的CEO社会资本影响企业创新的作用路径，通过构建不同维度的社会资本影响企业创新的作用路径模型，揭示了研发投入和风险承担水平在不同维度的CEO社会资本影响企业创新过程中的中介作用，丰富了不同维度的社会资本影响企业创新的作用机制研究，弥补了现有研究关于CEO社会资本对企业创新影响机制的不足。本书的研究结论为后续关于CEO社会资本对企业创新的影响的研究提供扎实的理论基础；同时，也为企业当局和监管部门合理利用CEO社会资本来提升企业创新提供了有益的参考。

第四，构建了企业内外部情境要素在CEO社会资本影响企业创新过程中的调节作用模型，揭示了不同内外部环境下CEO社会资本影响企业创新的差异。现有研究在考察CEO社会资本与企业创新关系中的调节作用时往往不够全面，有鉴于此，本书从企业内部激励和监督机制以及企业外部制度环境2个视角出发，构建了CEO社会资本与内外部情境因素的交叉影响模型，引入市场化程度、CEO 持股比例、薪酬水平以及董事会权力 4 个调节变量，并考察它们在 CEO 社会资本影响企业创新过程中的作用差异，弥补了现有的关于 CEO 社会资本和企业创新关系的研究中未全面考虑情境因素的不足，对加快提升企业的创新水平具有重要的理论和现实意义。

第四节　研究局限与研究展望

一、研究局限

尽管本书已经取得了一些研究进展，但是，受研究时间以及研究能力等因素的制约，本书还存在以下几点主要不足之处，有待在以后的研究中进一步完善。

（一）变量测量方法不够全面细致

本书对 CEO 社会资本的内涵的研究，基于二手数据，选择了可操作化的变量界定和衡量方法，但是，变量的衡量方法还不够全面细致，比如，对于 CEO 商业社会资本的变量测量，本书选取 CEO 在其他单位担任董事的数量来表示 CEO 与商业关系网络的联系，并以此反映 CEO 商业社会资本的多少，这种衡量方法带有一定程度的主观性。对 CEO 政治社会资本的衡量也没有进一步细化政治关联的类型和层级，CEO 海外社会资本的选取也比较粗略。因此，本书在对不同维度的 CEO 社会资本的测量方法上还有待进一步完善，应该选择更加全面细致的衡量指标进行分析。此外，在企业创新的指标测量上，本书主要采用专利申请和无形资产的增量来反映企业创新，这些测量方法很可能会受到会计准则或企业信息披露质量的影响，未来可以考虑使用更全面可靠的指标来衡量企业创新。

（二）对作用路径的分析还不够深入

基于理论分析与推导，本书主要选取研发投入和风险承担作为 CEO 社会资本影响企业创新的作用路径进行研究，没有选取更多方面的中介变量来分析两者关系的内在逻辑，CEO 社会资本除了通过资源分配和风险承担影响企业创新外，还可能通过其他途径来影响企业创新。本书对 CEO 社会资本影响企业创新的作用路径的挖掘还不够深入全面。

（三）对调节作用的分析有待深入

本书主要从企业内部监督激励机制以及企业外部制度环境 2 个方面考察内外部情境因素在 CEO 社会资本影响企业创新过程中的调节效应。具体而言，选取市场化程度、持股比例、薪酬水平以及董事会权力 4 个调节变量进行分析，对于企业内部情境要素的分析还不够深入，仅仅从监督和治理机制进行分析，还应当考虑其他方面的内部要素的调节作用，例如，公司治理水平或内部控制制度等在不同维度的 CEO 社会资本影响企业创新过程中的权变效应。

（四）实证检验方法有待完善

就实证方法而言，本书主要基于固定效应模型对主要假设进行实证检验，在稳健性检验中，主要采用改变因变量衡量方法、改变样本观测期间和利用因变量前置一期数据来进行，在控制内生性方面主要采用匹配倾向得分模型进行分析。总体而言，本书对于内生性问题的处理方法还比较单薄，应该采用更加全面的方法对可能的内生性进行控制，保证实证结论的可靠性。

二、研究展望

本书对 CEO 社会资本影响企业创新的后果及其作用机制进

行了较为深入的探索，但是，CEO 社会资本对企业创新的影响仍然是一个值得深入去研究的现实问题。在本书的研究基础上，后续的研究可以从以下几个方面进行深化：

（一）完善因变量和自变量的衡量方法

未来应该寻找更加全面的方法来衡量不同维度的 CEO 社会资本，可以从 CEO 社会关系网络的密切程度加以考虑；此外，未来的研究还应关注 CEO 与企业内部各利益相关者的关系网络形成的 CEO 内部社会资本；对于企业创新的衡量指标，应该考虑使用更加综合的衡量指标来反映企业各方面绩效的集合，包括产品创新、技术创新、服务创新、管理创新等方面，可以考虑使用主成分分析法将多个指标进行降维，从而找出影响企业创新的主成分，找出一个相对综合、全面的衡量企业创新的方法。

（二）基于动态视角，深入研究影响 CEO 社会资本形成的前置因素

本书主要研究了不同维度的 CEO 社会资本对企业创新的影响，肯定了 CEO 社会资本的重要作用，但是，对于 CEO 社会资本的形成没有特别关注，CEO 社会资本的多少与 CEO 社会资本在企业创新过程中的作用密切相关。因此，未来的研究可以考虑哪些因素会影响 CEO 社会资本的形成，并考虑在不同的企业发展阶段中，CEO 社会资本对企业战略影响的差异。上述研究问题的解决可以为加快企业不同维度的 CEO 社会资本的积累提供理论指导。

（三）深化 CEO 社会资本对企业创新的影响机制的研究

深入挖掘 CEO 社会资本对企业创新作用机制的研究有助于我们深刻理解 CEO 社会资本与企业创新之间的关系，本书主要从 CEO 社会资本影响企业创新资源分配和企业风险承担 2 个视角考察 CEO 社会资本影响企业创新的作用路径，未来可以考虑从更加全面、深入的视角去挖掘 CEO 社会资本影响企业创新的作用机制。例如，从组织学习的视角，CEO 社会资本促进了 CEO 社会关系网络中行为主体的沟通与合作，提升组织学习的能力，进而有利于促进企业创新。未来的研究应该更加深入地研究 CEO 社会资本与企业创新关系中的内在逻辑。

（四）优化研究模型并丰富实证研究方法

未来的研究应该考虑构建更加合理的回归模型对 CEO 社会资本与企业创新两者的关系进行检验；同时，为了保障研究结论的稳健可靠，应当综合考虑使用多种方法进行稳健性检验，对于研究中可能存在的遗漏变量等内生性问题，可以采用更加丰富多样的计量方法来控制内生性对研究结论造成的偏差，为 CEO 社会资本与企业创新之间的关系提供更加可靠的经验证据。

总之，本书研究了不同维度的 CEO 社会资本及其相互作用对企业创新的影响，并深入分析了不同维度的 CEO 社会资本对企业创新影响的作用机制，以及 CEO 社会资本影响企业创新过程中的权变效应。研究结果证实了 CEO 社会资本对企业创新的不同影响，在企业管理实践中，企业应当高度重视不同维度的 CEO 社会资本对企业创新的影响，积极培育并构建不同维度的 CEO 社会资本，平衡 CEO 社会资本给企业创新带来的优势和劣势；同时，企业要建立并完善内部监督和激励机制，充分调动 CEO 利用其所拥有的社会资本推动企业创新的意愿，最大限度地发挥 CEO 社会资本在促进企业创新过程中的价值，提升企业创新水平，实现企业的可持续发展。从宏观视角来看，提高企业创新水平，有利于加快构建社会创新体系，加速社会经济转型升级，从而推动社会经济的健康稳定发展。

一、中文参考文献

[1] 白璇，李永强，赵冬阳．企业家社会资本的两面性：一项整合研究［J］．科研管理，2012，33（3）：27－34.

[2] 边燕杰，丘海雄．企业的社会资本及其功效中国社会科学［J］．2002，（2）：87－99.

[3] 卜长莉．合作：社会行动的基石［J］．社会科学战线，2007，（3）：193－199.

[4] 蔡地，黄建山，李春米，等．民营企业的政治关联与技术创新［J］．经济评论，2014，（2）：64－76.

[5] 蔡宁，徐梦周．我国创投机构投资阶段选择及其绩效影响的实证研究［J］．中国工业经济，2009，（1）：86－95.

[6] 蔡宁．社会关系网络与公司财务研究述评［J］．厦门大学学报，2018，（4）：38－46.

[7] 曾萍，黄紫薇，夏秀云．外部网络对企业双元创新的影

响：制度环境与企业性质的调节作用［J］. 研究与发展管理，2017，(5)：113－122.

［8］陈春花，朱丽，宋继文. 学者价值何在？高管学术资本对创新绩效的影响研究［J］. 经济管理，2018，(10)：92－105.

［9］陈宏波，李思飞，王莅静. 社会资本与企业创新决策［J］. 金融评论，2018，(4)：69－81.

［10］陈守明，唐滨琪. 高管认知与企业创新投入——管理自由度的调节作用［J］. 科学学研究，2012，30（11）：1724－1734.

［11］陈爽英，井润田，龙小宁，等. 民营企业家社会关系资本对研发投资决策影响的实证研究［J］. 管理世界，2010，(1)：88－97.

［12］丛春霞. 我国上市公司董事会设置与公司经营业绩的实证研究［J］. 管理世界，2004，(11)：141－143.

［13］杜俊枢，郭毅，等. 商业关系、政治关系与技术创新绩效——资源获取的中介效应［J］. 科技进步与对策，2015，32(13)：59－63.

［14］杜兴强，曾泉，杜颖洁. 政治联系对中国上市公司的R&D投资具有“挤出”效应吗？［J］. 投资研究，2012，31(5)：98－113.

［15］樊纲，王小鲁，朱恒鹏. 中国市场化指数——各地区市场化相对进程2016年报告［M］. 北京：经济科学出版社，2016.

［16］高冰. 管理者政治关联对企业绩效的影响研究［D］. 大连：大连理工大学，2015.

［17］耿新，张体勤. 企业家社会资本对组织动态能力的影响——以组织宽裕为调节变量［J］. 管理世界，2010，(6)：109－121.

[18] 郭华，张彼西，李后建．法制环境、信贷配给与企业研发投入 [J]. 宏观经济研究，2016，(9)：118 - 129.

[19] 郭韬，任雪娇，赵丽丽．关系型融资对创新型企业R&D 投资影响的门槛效应研究——基于信息不对称和融资结构的门槛视角 [J]. 管理评论，2017，(7)：61 - 69.

[20] 胡琦，周端明．女性董事对公司绩效影响的实证分析——基于中国 1042 家上市公司的数据 [J]. 管理学刊，2016，(4)：31 - 37.

[21] 黄光国．关系与面子华人社会中的冲突化解模式 [M]. 香港：香港中文大学出版社，2000.

[22] 黄庆华，陈习定，张芳芳，等．CEO 两职合一对企业技术创新的影响研究 [J]. 科研管理，2017，(3)：69 - 76.

[23] 黄宇虹．补贴、税收优惠与小微企业创新投入——基于寻租理论的比较分析 [J]. 研究与发展管理，2018，(4)：74 - 84.

[24] 简兆权，陈键宏，王晨．政治和商业关联、知识获取与组织创新关系研究 [J]. 科研管理，2014，35 (10)：17 - 25.

[25] 江轩宇．政府放权与国有企业创新——基于地方国企金字塔结构视角的研究 [J]. 管理世界，2016，(9)：120 - 135.

[26] 金玲娣，陈国宏．企业规模与 R&D 关系实证研究 [J]. 科研管理，2001，(1)：51 - 57.

[27] 鞠晓生，卢荻，虞义华．融资约束、营运资本管理与企业创新可持续性 [J]. 经济研究，2013，(1)：4 - 16.

[28] 孔东民，李天赏，代昀昊．CEO 过度自信与企业创新 [J]. 管理学季刊，2015，(1)：80 - 101.

[29] 黎文靖，郑曼妮．实质性创新还是策略性创新？——宏观产业政策对微观企业创新的影响 [J]. 经济研究，2016，

(4)：60 - 73.

［31］李辉，吴晓云．海外社会资本向创新绩效的转化机制研究——以中国跨国公司为例［J］．财贸研究，2015，(6)：104 - 115.

［32］李建标，梁馨月．民营企业是为创新而寻租吗？——基于税负的中介效应研究［J］．科学学研究，2016，34 (3)：453 - 461.

［33］李诗田，邱伟年．政治关联、制度环境与企业研发支出［J］．科研管理，2015，36 (4)：56 - 64.

［34］李万福，杜静，张怀．创新补助究竟有没有激励企业创新自主投资——来自中国上市公司的新证据［J］．金融研究，2017，(10)：130 - 145.

［35］李永强，杨建华，白璇，等．企业家社会资本的负面效应研究：基于关系嵌入的视角［J］．中国软科学，2012，(10)：104 - 116.

［36］林木西，张紫薇，和军．研发支持政策、制度环境与企业研发投入［J］．上海经济研究，2018，(9)：34 - 48.

［37］刘浩，唐松，楼俊．独立董事：监督还是咨询？——银行背景独立董事对企业信贷融资影响研究［J］．管理世界，2012，(1)：141 - 156.

［38］刘林平．企业的社会资本概念反思和测量途径——兼评边燕杰、丘海雄的《企业的社会资本及其功效》［J］．社会学研究，2006，(2)：204 - 216.

［39］刘婷，李纲．管理者社会联系、企业网络能力与创新绩效——一个理论框架［J］．科学管理研究，2012，(4)：74 - 78.

［40］刘鑫，蒋春燕．政治和商业网络关系与企业探索式创新：一个整合模型［J］．经济管理，2016，(8)：68 - 81.

[41] 刘媛媛，徐沛钰，刘靖瑜．团队社会资本对 CSR 负面事件的缓解效应——基于产品市场视角 [J]．科研管理，2019，106 (1)：131－138.

[42] 罗明新．企业高管政治关联影响技术创新的作用机理研究 [D]．辽宁：东北大学，2014.

[43] 罗思平，于永达．技术转移、"海归"与企业技术创新基于中国光伏产业的实证研究 [J]．管理世界，2012，(11)：124－132.

[44] 吕淑丽．企业家社会资本对企业创新绩效的研究综述 [J]．管理现代化，2007，(5)：24－27.

[45] 马富萍．高层管理者社会资本对技术创新绩效的作用机制研究——基于资源型企业的实证 [D]．湖北：武汉大学，2011.

[46] 潘越，潘健平，戴亦一．公司诉讼风险、司法地方保护主义与企业创新 [J]．经济研究，2015，(3)：131－145.

[47] 钱海燕，张骁，杨忠．企业家精神与中小企业国际化——基于企业家社会资本的分析 [J]．南京大学学报，2009，(6)：63－70.

[48] 申宇，赵玲，吴风云，等．创新的母校印记：基于校友圈与专利申请的证据 [J]．中国工业经济，2017，(8)：156－173.

[49] 石秀印．中国企业家成功的社会网络基础 [J]．管理世界，1998，(6)：187－208.

[50] 宋建波，文雯，王德宏．海归高管能促进企业风险承担吗——来自中国 A 股上市公司的经验证据 [J]．财贸经济，2017，(12)：111－123.

[51] 巫岑，黎文飞，唐清泉．银企关系、银行业竞争与民营企业研发投资 [J]．财贸研究，2016，37 (1)：74－91.

[52] 王凤彬，刘松博．企业社会资本生成问题的跨层次分析［J］．浙江社会科学，2007，(4)：87-98.

[53] 王菁华，茅宁．企业风险承担研究述评与展望［J］．外国经济与管理，2015，37 (12)：44-53.

[54] 温军，冯根福，刘志勇．异质债务、企业规模与R&D投入［J］．金融研究，2011，(1)：167-181.

[55] 温忠麟，张雷，等．中介效应检验程序及其应用机．心理学报，2004，36 (5)：614-620.

[56] 巫景飞，何大军，林日韦，等．高层管理者政治网络与企业多元化战略：社会资本视角——基于我国上市公司面板数据的实证分析［J］．管理世界，2008，(6)：107-118.

[57] 吴航，陈劲．企业外部知识搜索与创新绩效：一个新的理论框架［J］．科学学与科学技术管理，2015，36 (4)：143-151.

[58] 吴俊杰，王节祥，耿新，等．企业家社会网络总是有助于提升创新绩效吗？［J］．科学学研究，2015，(12)：1883-1893.

[59] 武力超，孙梦暄，张晓东．关系型贷款与企业创新问题的研究——基于Heckman两阶段选择模型的分析［J］．经济科学，2015，(1)：66-78.

[60] 夏力，李舒妤．政治关联视角下的政府补贴与民营企业技术创新［J］．科技进步与对策，2013，(3)：108-111.

[61] 徐飞．银行信贷与企业创新困境［J］．中国工业经济，2019，(1)：119-136.

[62] 许晖，李文．高科技企业组织学习与双元创新关系实证研究［J］．管理科学，2013，(4)：34-45.

[63] 许庆瑞．技术创新管理［M］．杭州：浙江大学出版

社，1990.

[64] 许为宾，周建．董事会资本影响企业投资效率的机制——监督效应还是资源效应？[J]．经济管理，2017，(5)：69 – 84.

[65] 杨菲．企业知识积累与企业创新关系研究 [D]．陕西：西北大学，2018.

[66] 杨国枢．中国人的社会取向社会互动的观点 [M]．台湾：台北桂冠图书公司，1992.

[67] 杨雪冬．社会资本：对一种新解释范式的探索 [J]．马克思主义与现实，1999，(3)：9 – 13.

[68] 杨建东，李强，曾勇．创业者个人特质，社会资本与风险投资 [J]．科研管理，2010，(6)：64 – 72.

[69] 野中郁次郎，竹内弘高．知识创造的螺旋：知识管理理论与案例研究 [M]．北京：知识产权出版社，2012.

[70] 游家兴，刘淳．嵌入性视角下的企业家社会资本与权益资本成本——来自我国民营上市公司的经验证据 [J]．中国工业经济，2011，(6)：109 – 117.

[71] 于蔚，汪淼军，金祥荣．政治关联和融资约束：信息效应与资源效应 [J]．经济研究，2012，(9)：124 – 138.

[72] 余明桂，李文贵，潘红波．管理者过度自信与企业风险承担 [J]．金融研究，2013，(1)：149 – 163.

[73] 袁建国，后青松，程晨．企业政治资源的诅咒效应——基于政治关联与企业技术创新的考察 [J]．管理世界，2015，(1)：139 – 155.

[74] 翟胜宝，许浩然，等．银行关联与企业创新——基于我国制造业上市公司的经验证据 [J]．会计研究，2018，(7)：50 – 56.

[75] 张方华. 企业集成创新的过程模式与运用研究 [J]. 中国软科学，2008，(10)：118－124.

[76] 张峰，杨建君. 股东积极主义视角下大股东参与行为对企业创新绩效的影响——风险承担的中介作用 [J]. 南开管理评论，2016，(4)：4－12.

[77] 张敏，童丽静，许浩然. 社会网络与企业风险承担——基于我国上市公司的经验证据 [J]. 管理世界，2015，(11)：161－174.

[78] 张其仔. 社会资本论——社会资本与经济增长 [M]. 北京：社会科学文献出版社，1999.

[79] 张润宇，余明阳，张梦林. 社会资本是否影响了上市家族企业过度投资？——基于社会资本理论和高阶理论相结合的视角 [J]. 中国软科学，2017，(9)：114－126.

[80] 张素平. 企业家社会资本影响企业创新能力的内在机制研究：基于资源获取的视角 [D]. 浙江：浙江大学，2014.

[81] 张文宏. 城市居民社会网络资本的阶层差异 [J]. 社会学研究，2005，(4)：64－81.

[82] 张信东，郝盼盼. 企业的研发投入存在城市效应吗？——基于企业家活力视角的解释 [J]. 中国软科学，2017，(3)：110－122.

[83] 张信东，吴静. 海归高管能促进企业技术创新吗？[J]. 科学学与科学技术管理，2016，(1)：114－128.

[84] 张玉娟，汤湘希. 股权结构、高管激励与企业创新——基于不同产权性质 A 股上市公司的数据 [J]. 山西财经大学学报，2018，(9)：76－93.

[85] 张振刚，李云健，袁斯帆，等. 企业家社会资本、产学研合作与专利产出——合作创新意愿的调节作用 [J]. 科学学

与科学技术管理，2016，37（7）：54－64.

［86］赵子夜，杨庆，陈坚波．通才还是专才：CEO 的能力结构和公司创新［J］．管理世界，2018，（2）：123－143.

［87］周方召，符建华，仲深．外部融资、企业规模与上市公司技术创新［J］．科研管理，2014，35（3）：116－122.

［88］周雪峰，左静静．金融关联对中小民营企业创新投资的影响——基于风险承担的中介效应视角［J］．金融论坛，2018，276（12）：62－77.

［89］周雪峰，左静静．社会资本对企业创新投资的影响研究：综述及展望［J］．华东经济管理，2017，31（12）：153－161.

［90］朱冰，张晓亮，郑晓佳．多个大股东与企业创新［J］．管理世界，2018，（7）：151－163.

［91］赵丽娟，张敦力．CEO 社会资本与企业风险承担——基于委托代理和资源获取的理论视角［J］．山西财经大学学部，2019，41（2）：80－92.

二、英文参考文献

［92］Abdullah S. N. Board structure and ownership in Malaysia：The case of distressed listed companies［J］. Corporate Governance，2006，6（5）：582－594.

［93］Abernathy W. J.，Utterback J. M. Patterns of Industrial Innovation［J］. Technology Review，1978，80（7）：40－47.

［94］Acquaah，M. Social networking relationships，firm－specific managerial experience and firm performance in a transition economy：A comparative analysis of family owned and nonfamily firms［J］. Strategic Management Journal，2012，33（10）：1214－1228.

［95］Adler，P. S.，Kwon，S. K. Social capital：Prospects for

a new concept [J]. Academy of Management Review, 2002, 27 (1): 17 -40.

[96] Aghion, P., Van R., et al. Innovation and Institutional Ownership [J]. The American Economic Review, 2013, 103 (1): 277 -304.

[97] Allen F, Qian J, Qian M. Law, finance, and economic growth in China [J]. Journal of Financial Economics, 2005, 77 (1): 57 -116.

[98] Amit, R., Zott, C. Value creation in e - business [J]. Strategic Management Journal, 2001, 22 (6): 493 -520.

[99] Ang, SH. Competitive intensity and collaboration: Impact on firm growth across technological environments [J]. Strategic Management Journal, 2008, 29 (10): 1057 -1075.

[100] Balkin, D., Markman, G., Gomez, M. L. Is CEO pay in high technology firms related to innovation? [J]. Academy of Management Journal, 2010, (43): 1118 -1129.

[101] Barker, V. L., Mueller, G. C. CEO characteristics and firm R&D spending [J]. Management Science, 2002, (48): 782 - 801.

[102] Batjargal, B., Liu, M. Social capital and entrepreneurial performance in Russia: A longitudinal study [J]. Organization Study, 2003, 24 (4): 534 -556.

[103] Batjargal, B., Hitt, M. A., Tsui, A. S., et al.. Institutional polycentrism, entrepreneurs' social networks, and new venture growth [J]. Academy of Management Journal, 2013, 56 (4): 1024 -1049.

[104] Bellettini G., Ceroni C. B. Prarolo G. Knowing the

Right Person in the Right Place: Political Connections and Economic Growth [J]. Social Science Electronic Publishing, 2009, 12 (3): 641 -671.

[105] Bengtsson O., Hsu D. H. Ethnic matching in the U. S. venture capital market [J]. Journal of Business Venturing, 2015, 30 (2): 338 -354.

[106] Benner M. J., Tushman M. L. Exploition, Exploration, and Process Management: The Productivity Dilemma Revisited [J]. Academy of Management Review, 2003, 28 (2): 238 -256.

[107] Berry L. L., Parish J. T., et al. Creating new markets through service innovation [J]. Mit Sloan Management Review, 2006, 47 (2): 56 -63.

[108] Boeker, W. Strategic change: The influence of managerial characteristics and organizational growth [J]. Academy of Management Journal, 1997b, (40): 152 -170.

[109] Boubakri N., Cosset J. C., Saffar W. The Role of State and Foreign Owners in Corporate Risk - Taking: Evidence form Privatization [J]. Journal of Financial Economics, 2013, 108 (3): 641 -658.

[110] Bourdieu P., Wacquant L. J. An invitation to reflexive sociology [M]. Chicago: University of Chicago Press, 1992.

[111] BrettelM, Cleven N. J. Innovation Culture, Collaboration with External Partners and NPD Performance [J]. Creativity and Innovation Management, 2011, 20 (4): 253 -272.

[112] Burt, R. S. Structural holes: The social structure of competition [M]. Cambridge, MA: Harvard University Press, 1992.

[113] Byrd D. T., Mizruchi M. S. Bankers on the board and

the debt ratio of firms [J]. Journal of Corporate Finance, 2005, 11 (1): 129 - 173.

[114] Campbell, W. K., Goodie, A. S., Foster, J. D. Narcissism, confidence, and risk attitude [J]. Journal of Behavioral Decision Making, 2004, (17): 297 - 311.

[115] Carpenter M. A., Geletkanycz M. A., Sanders W. G. Upper echelons research revisited: Antecedents, elements, andconsequencesof top management team composition [J]. Journal of Management, 2004, 30 (7): 749 - 778.

[116] Casadesus M. R., Zhu F. Business model innovation and competitive imitation: The case of sponsor - based business models [J]. Strategic Management Journal, 2013, 34 (4): 464 - 482.

[117] Chen S, Sun Z, Tang S, et al. Government intervention and investment efficiency: Evidence from China [J]. Journal of Corporate Finance, 2011, 17 (2): 259 - 271.

[118] Chen, X., Wu J. Do different guanxi types affect capability building differently? A contingency view [J]. Industrial Marketing Management, 2011, 40 (4): 581 - 592.

[119] Chen, X. P., Chen, C. C. On the intricacies of Chinese guanxi: A process model of guanxi development [J]. Asia Pacific Journal of Management, 2004, (21): 304 - 324.

[120] Coleman J. S. Social capital in the creation of human capital [J]. American Journal of Sociology, 1988, 94 (5): 94 - 120.

[121] Coleman, J. S. Foundations of social theory [M]. Cambridge, MA: Belknap Press, 1990.

[122] Cornaggia J., Yifei Mao, Xuan Tian, Wolfe B. Does banking competition affect innovation? [J]. Journal of Financial Eco-

nomics, 2015, 115 (1): 189 -209.

[123] Cosci S., Meliciani V., Sabato V. Relationship Lending and Innovation: Empirical Evidence on a Sample of European Firm [J]. Economics of Innovation & New Technology, 2016, 25 (4): 334 -357.

[124] CrossanM., ApaydinM. A. multi - dimensional framework of organizational innovation: A systematic review of the literature [J]. Journal of Management Studies, 2010, 47 (6): 1154 -1191.

[125] Crossland, C., Zyung, J., et al. CEO career variety: Effects on firm - level strategic and social novelty [J]. Academy of Management Journal, 2014, (57): 652 -674.

[126] Cumming D., Rui O., Wu Y. Political Instability, Access to Private Debt and Innovation Investment in China [J]. Emerging Markets Review, 2016, (29): 68 -81.

[127] Davila T., Epstein M., Shelton R. Making innovation work: how to manage it, measure it, and profit from it [J]. Research - Technology Management, 2007, 50 (5): 69 -70.

[128] Davis G. F., Cobb J. A. Resource dependence theory: Past and future [J]. Research in the Sociology of Organization, 2010, 28 (10): 21 -42.

[129] Dewar R. D., Dutton J. E. The Adoption of Radical and Incremental Innovations: An Empirical Analysis [J]. Management Science, 1986, 32 (11): 1422 -1433.

[130] Eggers, J. P., Kaplan, S. Cognition and capabilities: A multi - level perspective [J]. Academy of Management Annals, 2013, (7): 294 -340.

[131] Elsaid, E., Ursel, N. D. CEO succession, gender and

risk taking. Gender in management [J]. Anais: An International Journal, 2011, (26): 499 - 512.

[132] Engelberg J., Gao P., Parsons C. A. The Price of a CEO's Rolodex [J]. Review of Financial Studies, 2012, 103 (1): 169 - 188.

[133] Faccio, M., Lang, P. The ultimate ownership of Western European corporations [J]. Journal of Financial Economics, 2002, 65 (3): 364 - 396.

[134] Faccio et al. CEO gender, corporate risk - taking and efficiency of capital allocation [J]. Journal of Corporate Finance, 2016, 39 (8): 193 - 209.

[135] Filatotchev, I., Liu, X., Buck, T. The export orientation and export performance of high - technology SMEs in emerging markets: The effects of knowledge transfer by returnee entrepreneurs [J]. Journal of International Business Studies, 2009, 40 (6): 1004 - 1021.

[136] Finkelstein, S., Hambrick, D. C., Cannella, A. A. Strategic leadership: Theory and research on executives, top management teams, and boards [M]. New York, NY: Oxford University Press, 2009.

[137] GAO S., Xu K., Yang J. Managerial Ties, Absorptive Capacity, and Innovation. Asia Pacific Journal of Management [J]. 2008, (25): 394 - 412.

[138] Gavin D J. Power in the Corporate Boardroom: A New Dimension in Measuring Board Power [J]. Journal of Business & Economic Studies, 2012, 6 (18): 637 - 653.

[139] Geletkanycz, M. A., Hambrick D. C. The External Ties

of Top Executives: Implications for Strategic Choice and Performance [J]. Administrative Science Quarterly, 1997, 42 (4): 654 -681.

[140] Ghosh S. Banker on Board and Innovative Activity [J]. Journal of Business Research, 2016, 69 (10): 4204 -4214.

[141] Granovetter, M. S. The strength of weak tie [J]. The American Journal of Sociology, 1973, 78 (6): 1364 -1380.

[142] Gronovetter, M. Economic action and social structure [J]. American Journal of Sociology, 1985, (91): 481 -510.

[143] Gupta, A. K., Smith K. G., Shalley C. E. The interplay between exploration and exploitation [J]. Academy of Management Journal, 2006, 49 (4): 693 -706.

[144] Hambrick D. C., Mason P. A. Upper echelons: The organization as a reflection of its top managers [J]. Academy of Management Review, 1984, 9 (2): 193 -206.

[145] Hansen M. T. The search - transfer problem: The role of weak ties in sharing knoeledge across organization subunits [J]. Administrative Science Quarterly, 1999, 44 (1): 82 -111.

[146] Hayward, A., Hambrick, D. C. Explaining the premiums paid for large acquisitions: Evidence of CEO hubris [J]. Administrative Science Quarterly, 1997, (42): 103 -127.

[147] He, J. J., X. Tian. "The Dark Side of Analyst Coverage: The Case of Innovation", Journal of Financial Economics, 2013, 109 (2): 856 -878.

[148] Zhaozhao He, WintokiM. B. The cost of innovation: R&D and high cash holdings in U. S. firms [J]. Journal of Corporate Finance, 2016, 41 (3): 280 -303.

[149] Heavey, C., Simsek Z., Fox B. C. Managerial social

networks and ambidexterity of SMEs: The moderating role of a proactive commitment to innovation [J]. Human Resource Management, 2015, 54 (1): 201 -221.

[150] HelfatC. E. , Peteraf M. A. Managerial cognitive capabilities and the micro - foundations of dynamic capabilities [J]. Strategic Management Journal, 2015, (36): 831 -850.

[151] Hilary G. , Hui K. W. Does religion matter in corporate decision making in America? [J]. Journal of Financial Economics, 2009, 93 (3): 454 -473.

[152] Hillman A. J. , Withers M. C. , Collins B. J. Resource Dependence Theory: A Review [J]. Journal of Management, 2009, 35 (6): 1404 -1427.

[153] Hillman, A. J. , Hitt M. A. Corporate political strategy formulation: A model of approach, participation, and strategy decisions [J]. Academy of Management Review, 1999, 24 (4): 824 - 842.

[154] Jansen, P. , Simsek Z. , Cao Q. Ambidexterity and performance in multiunit contexts: Cross - level moderating effects of structural and resource attributes [J]. Strategic Management Journal, 2012, 33 (11): 1286 -1303.

[155] Jensen, M. C. , Meckling, W. H. Theory of the firm: Managerial behavior, agency costs and ownership structure. Journal of Financial Economics, 1976, 3 (4): 304 -360.

[156] Jensen, M. , Zajac, E. J. Corporate elites and corporate strategy: How demographic preferences and structural position shape the scope of the firm [J] . Strategic Management Journal, 2004, (25): 507 -524.

[157] John K. , Litov L. , Yeung B. Corporate governance and risk - taking [J]. Journal of Finance, 2008, 63 (4): 1679 - 1728.

[158] Judge, T. A. , Locke, E. A. , Durham, C. C. The dispositional causes of job satisfaction: A core evaluations approach [J]. Research in Organizational Behavior, 1997, 56 (19): 151 - 188.

[159] Kim, Y. , Liu S. The impact of external network and business group on innovation: Do the types of innovation matter? [J]. Journal of Business Research, 2015, (68): 1964 - 1973.

[160] Kotabe, M. , Jiang C. X. , Murray J. Y. Managerial ties, knowledge acquisition, realized absorptive capacity and new product market performance of emerging multinational companies: A case of China [J]. Journal of World Business, 2011, 46 (2): 166 - 176.

[161] Kreiser, P. M. , Marino L. D. , et al. Cultural Influences on Entrepreneurial Orientation: The Impact of National Culture on Risk Taking and Proactiveness in SMEs. Entrepreneurship Theory and Practice, 2010, 34 (5): 959 - 983.

[162] Kyriakopoulos G. L. , Garyfallos Arabatzis. Electrical energy storage systems in electricity generation: Energy policies, innovative technologies, and regulatory [J]. Renewable and Sustainable Energy Reviews, 2016, 56 (7): 1044 - 1067.

[163] Lee, I. . A social enterprise business model for social entrepreneurs: theoretical foundations and model development [J]. International Journal of Social Entrepreneurship and Innovation, 2015, 3 (4): 269 - 301.

[164] Leenders, M. , Wierenga B. The effect of the marketing - R&D interface on new product performance: The critical role of resources and scope [J]. International Journal of Research in Marketing

ing, 2008, 25 (1): 56 -68.

[165] Lewellyn, K. B., Muller - Kahle, M. I. CEO power and risk taking: Evidence from the subprime lending industry [J]. Corporate Governance: An International Review, 2012, (20): 289 - 307.

[166] LI J. J. The Formation of Managerial Networks of Foreign Firms in China: The Effects of Strategic Orientations. Asia Pacific Journal of Management [J], 2005, (22): 423 -443.

[167] Li, J., Tang, Y. 2010. CEO hubris and firm risk taking in China: The moderating role of managerial discretion [J]. Academy of Management Journal, 2010, (53): 44 -68.

[168] Li, K., Griffin D., et al. How Does Culture Influence Corporate Risk - Taking? [J]. Journal of Corporate Finance, 2013, 23 (3): 1 -22.

[169] Li, Y., Zahra S. A. Formal Institutions, Culture, and Venture Capital Activity: A Cross - Country Analysis [J]. Journal of Business Venturing, 2012, 27 (1): 94 -111.

[170] Lin H, Zeng S X, Ma H Y, et al. Can Political Capital Drive Corporate Green Innovation: Lessons from China [J]. Journal of Cleaner Production, 2014, 64 (2): 63 -72.

[171] Lin N. Building a network theory of social capital [J]. Connections, 1999, 22 (1): 28 -51.

[172] Liu, Y., Taffler, R., John, K. CEO value destruction in M&A deals and beyond [J]. Long Range Planning, 2009, (31): 347 -353.

[173] LukC. L., YauO. H, SIN M. et al. The effects of social-capitaland organizational innovativeness an different institutional con-

texts [J]. Ournal of International Business Studies, 2008, (39): 589 -612.

[174] Luo, Y. D. Shifts of Chinese government policies on inboud foreign direct investment [J]. Strategic Management Journal, 2008, 9 (4): 383 -400.

[175] Mahmood, I. P., Zhu H., Zajac E. J. Where can capabilities come from? Network ties and capability acquisition in business groups [J]. Strategic Management Journal, 2011, 32 (8): 820 -848.

[176] Malmendier, U., Tate, G. Who makes acquisitions? CEO overconfidence and the market's reaction [J]. Journal of Financial Economics, 2008, (89): 20 -43.

[177] Malmendier, U., Tate, G. Does overconfidence affect corporate investment? CEO overconfidence measures revisited [J]. European Financial Management, 2005, (11): 649 -659.

[178] Maurer I., Ebers M. Dynamics of social capital and their performance implication: Lessons from biotechnology start - ups [J]. Administrative Science Quarterly, 2006, 51 (2): 262 -292.

[179] Michelfelder, I., Kratzer J. Why and how combining strong and weak ties within a single inter - organizational R&D collaboration outperforms other collaboration structures [J]. Journal of Product Innovation Management, 2013, 30 (6): 1159 -1177.

[180] Miller, D., Shamsie, J. Learning across the life cycle: Experimentation and performance among the Hollywood studio heads [J]. Strategic Management Journal, 2001, (22): 724 -745.

[181] Mitchell W., Singh K. Death of the Lethargic: Effects of Expansion into New Technical Subfields on Performance in a Firm's

Base Business [J]. Organization Science, 1993, 4 (2): 152 - 180.

[182] Moran, P. Structural vs relation embeddedness: Social capital and managerial performance [J]. Strategic Management Journal, 2005, (26): 1129 - 1151.

[183] Mousa, F., Wales, W. Founder effectiveness in leveraging entrepreneurial orientation [J]. Management Decision, 2012, (50): 304 - 324.

[184] Nahapiet J., Ghoshal S. Social Capital, Intellectual Capital and the Organizational Advantage [J]. Academy of Management Review, 1998, 23 (2): 314 - 337.

[185] Ozer, M., Zhang W. The effects of geographic and network ties on exploitative and exploratory product innovation [J]. Strategic Management Journal, 2015, (36): 1104 - 1114.

[186] Palmer, D., Barber, B. M. Challengers, elites, and owning families: A social class theory of corporate acquisitions in the 1960s [J]. Administrative Science Quarterly, 2001, (46): 87 - 120.

[187] Park, S. H., LuoY. D. Guanxi and organization dynamic: Organizational networking in Chinese firms [J]. Strategic Management Journal, 2001, (22): 454 - 477.

[188] Peng M. W., Luo Y. Managerial ties and firm performance in a transition economy: the nature of a micro - macro link [J]. Academy of Management Journal, 2000, 39 (6): 486 - 501.

[189] Peng, M. W. Institutional transitions and strategic choices [J]. Academy of ManagementReview, 2003, 28 (2): 274 - 296.

[190] Peteraf, M. A. The cornerstones of competitive advantage: A resource - based view [J]. Strategic Management Journal,

1993, 14 (3): 179 -191.

[191] Pfeffer, J., Salancik, G. The external control of organizations: A resource dependence perspective [M]. New York: Harper and Row, 1978.

[192] Pierre Bourdieu. Sport and social class [J]. Social Science Information, 1978, 17 (6): 819 -840.

[193] Portes, A. Social capital: Its origins and applications in modern sociology [J]. Annual Review of Sociology, 1998, (22): 1 -24.

[194] Putnam, R. D. Making democracy work. Civil traditions in modern Italy [M]. Princeton, NJ: Princeton University Press, 1993.

[195] Quigley, T. J., Hambrick, D. C. Has the "CEO effect" increased in recent decades? A new explanation for the great rise in America's attention to corporate leaders [J]. Strategic Management Journal, 2015, (36): 821 -830.

[196] RhodesE., WieldD. Implementingnewtechnologies: innovationandthe management of technology [M]. Oxford: NCC, Blackwell, 1994.

[197] Schumpeter J. A. The theory of economic development: an inquiry into profits, capital, credit, interest, and the business cycle [M]. Boston: Harvard University Press, 1934.

[198] Sheng, S. B., Zhou K. Z., Li J. J. The effects of business and political ties on firm performance: Evidence from China [J]. Journal of Marketing, 2011, 75 (1): 1 -15.

[199] Shi Y., Zhu P. The Impact of Organizational Ageing and Political Connection on Organization Technology Innovation: An Empir-

ical Study of IT Industry and Pharmaceutical Industry in China [J]. Asian Journal of Technology Innovation, 2014, 22 (2): 234 - 251.

[200] Shu, C., Page, A. L., Gao, S. Managerial ties and firm innovation: is knowledge creation a missing link [J]. Journal of Product Innovation Management, 2011, 29 (1), 124 - 143.

[201] Simon, M., Houghton, S. M. The relationship between overconfidence and the introduction of risky products: Evidence from a field study. Academy of Management Journal, 2003, (46): 139 - 149.

[202] Simsek, Z., Heavey, C., Veiga, J. F. The impact of CEO core self - evaluation on the firm's entrepreneurial orientation [J]. Strategic Management Journal, 2010, (31): 110 - 119.

[203] Sirmon, D. G., Hitt M. A., Ireland R. D. Managing firm resources in dynamic environments to create value: Looking inside the black box [J]. Academy of Management Review, 2007, 32 (1): 273 - 292.

[204] Sisli C. E. Monitoring by Affiliated Bankers on Board of Directors: Evidence from Corporate Financing Outcomes [J]. Financial Management, 2012, 41 (3): 664 - 702.

[205] Souder, D., Simsek, Z., Johnson, S. G. The differing effects of agent and founder CEOs on the firm's market expansion [J]. Strategic Management Journal, 2012, (33): 23 - 41.

[206] Strandholm, K., Kumar, K., Subramanian, R. Examining the interrelationships among perceived environmental change, strategic response, managerialcharacteristics, and organizational performance [J]. Journal of Business Research, 2004, (57): 58 - 68.

[207] Thomas, A. S., Litschert, R. J., Ramaswamy, K.

The performance impact of strategy - manager coalignment: An empirical examination [J]. Strategic Management Journal, 1991, (12): 509 - 522.

[208] Timmers, P. Business Models for Electronic Markets [J]. Electronic Markets, 1998, 8 (2): 3 - 8.

[209] Tong A Q, Chen W. An Empirical Study on The Influence of Government Subsidies on R&D Investments: From A New Perspective of Political Connection of Private Small and Medium - sized Listed Firms [J]. Studies in Science of Science, 2016, 34 (7): 1044 - 1053.

[210] Turner, N., Swart J., Maylor H. Mechanisms for managing ambidexterity: A review and research agenda [J]. International Journal of Management Reviews, 2013, (15): 317 - 332.

[211] Utterback, J. M. Innovation in industry and the diffusion of technology [J]. Science, 1974, 183 (5): 620 - 626.

[212] Wang Z., Yang J., He H., et al. The Mechanism of Politically - connected Managers on Technological Innovation for Small and Medium High - tech Enterprises: Empirical Evidence from Listed Firms in Chinese SMEs Stock Market [J]. International Journal of Service & Computing Oriented Manufacturing, 2013, 1 (2): 178 - 195.

[213] Wang, C. H, Hsu L. C. Building exploration and exploitation in the high - tech industry: The role of relationship learning [J]. Technological Forecasting & Social Change, 2014, (81): 331 - 340.

[214] Wiklund, J., Shepherd, D. Entrepreneurial orientation and small business performance: A configurational approach [J]. Journal of Business Venturing, 2005, 20 (1): 71 - 91.

[215] Woolcock, M. Social capital and economic development: toward a theoretical synthesis and policy framework [J]. Theory and Society, 1998, 27 (2): 151 -208.

[216] Wooldridge, J. M., Semykina, A. Estimating panel data models in the presence of endogeneity and selection [J]. Journal of Econometrics, 2010, 157 (2): 374 -380.

[217] Wu, J. Asymmetric roles of business ties and political ties in product innovation [J]. Journal of Business Research, 2011, 64 (11): 1151 -1156.

[218] Wu, S., Levitas, E., Priem, R. L. CEO tenure and company invention under differing levels of technological dynamism [J]. Academy of Management Journal, 2005, (48): 859 -873.

[219] Xiao Z., Tsui A. S. When brokers may not work: The cultural contingency of social capital in Chinese high - tech firms [J]. Administrative Science Quarterly, 2007, 52 (1): 1 -31.

[220] Xu G., Yano G. How Does Anti - corruption Affect Corporate Innovation? Evidence from Recent Anti - corruption Efforts in China [J]. Journal of Comparative Economics, 2016, 45 (3): 498 -519.

[221] Yamaguchi, S., Gelfand, M., et al. The Cultural Psychology of Control Illusions of Personal Versus Collective Control in the United States and Japan [J]. Journal of Cross - Cultural Psychology, 2005, 36 (6): 750 -761.

[222] Zhang J. A., Cui X. L. In search of the effect of business and political ties on innovation ambidexterity [J]. International Journal of Innovation Management, 2017, 21 (2): 224 -252.

[223] Zhang, X, X Ma, Y Wang, et al. What drives the in-

ternationalization of Chinese SMEs? The joint effects of international entrepreneurship characteristics, network ties, and firm ownership [J]. International Business Review, 2016, 25 (2): 522 - 534.

[224] Zheng, W., Singh K., Mitchell W. Buffering and enabling: The impact of interlocking political ties on firm survival and sales growth [J]. Strategic Management Journal, 2015, (36): 1614 - 1636.

[225] Zhou W. Political Connections and Entrepreneurial Investment: Evidence from China's Transition Economy [J]. Journal of Business Venturing, 2013, 28 (2): 299 - 315.

[226] Zhu X. F., He Y. Q. How managerial ties influence firm performance in China: A perspective of sense making [J]. International conference on Industrial Engineering and Engineering Management, 2010, 1711 - 1715.